融合型·新形态教材
复旦社云平台 fudanyun.cn

普通高等教育"十一五"国家级规划教材

U0730957

学前儿童语言教育活动指导

（第四版）

主　审　张加蓉

主　编　卢　伟

编　者（按姓氏笔画排列）

万　中　马晓春　卢　伟　全晓燕　刘　音　闫社娟
李凤霞　佘　玮　杨　满　张加蓉　张　敏　张海燕
单汝荣　范　勇　郭　莉　唐正军　黄　曦　彭绘芳
谢小于　虞小明　瞿亚红

复旦大学出版社

内容提要

本教材立足学前儿童语言教育的教学实际，力图较好地体现《幼儿园教育指导纲要（试行）》《3—6 岁儿童学习与发展指南》的基本精神，体现学前儿童语言教育理论与实践研究的最新成果。全书内容包括学前儿童语言教育基本理论、学前儿童语言发展基本特点与规律、不同类型学前儿童语言教育活动设计与指导、学前儿童语言教育评价等，研究对象涵盖整个学前期。同时，本教材构筑了全面性、立体化、多层次的蓝本，每章均采用学习内容思维导图、学习要点提示、学前儿童语言教育有关理论和观点阐述、典型案例佐证、案例评析引导、相关参考资料、课后思考与练习的结构，并提供可以直接扫码观看的视频，在理论、学术和实践之间架构桥梁，从多侧面、多角度呈现教学内容，提升教材的融通性、实用性和指导性，利于教师和学生理解使用。

本教材配有活动视频，可扫码观看，教学课件、真题练习等资源，可登录复旦社云平台（www.fudanyun.cn）免费下载。

复旦社云平台
数字化教学支持说明

为提高教学服务水平，促进课程立体化建设，复旦大学出版社学前教育分社建设了"复旦社云平台"，为师生提供丰富的课程配套资源，可通过"电脑端"和"手机端"查看、获取。

【电脑端】

电脑端资源包括 PPT 课件、电子教案、习题答案、课程大纲、音频、视频等内容。可登录"复旦社云平台"（www.fudanyun.cn）浏览、下载。

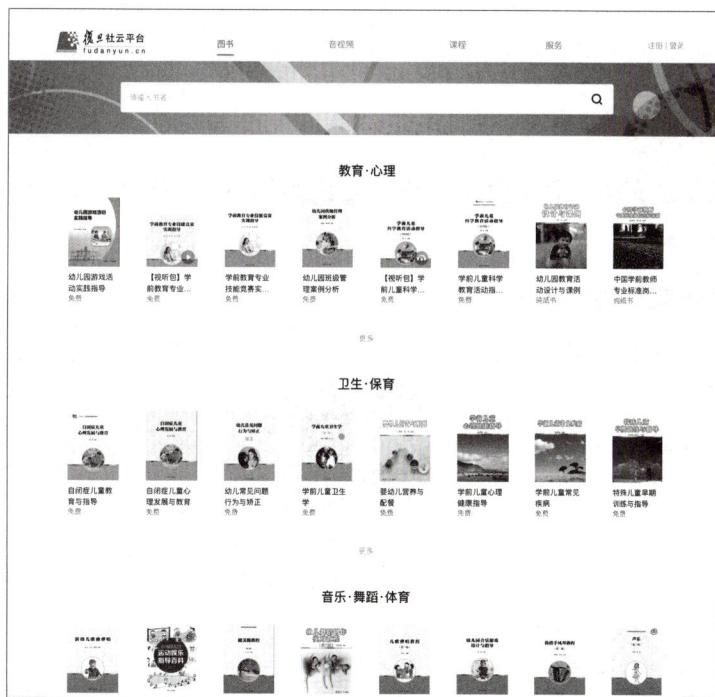

Step 1 登录网站"复旦社云平台"（www.fudanyun.cn），点击右上角"登录 / 注册"，使用手机号注册。

Step 2 在"搜索"栏输入相关书名，找到该书，点击进入。

Step 3 点击【配套资源】中的"下载"（首次使用需输入教师信息），即可下载。音频、视频内容可通过搜索该书【视听包】在线浏览。

《学前儿童语言教育活动指导》(第一版)于2005年6月由复旦大学出版社出版，2007年7月，经教育部评审公示，本教材被列选为普通高等教育"十一五"国家级规划教材。随后由主编组织各章编者不断进行修订、优化，2009年出版第二版，2013年出版第三版。前三版均多次印刷，在全国普通高等学校学前教育专业和幼儿师范高等院校使用过程中反映良好。

2012年10月，教育部颁布了《3～6岁儿童学习与发展指南》(以下简称《指南》)，引发了各方的高度关注和研究，在十余年的践行过程中，学前儿童语言教育领域在理论和实践层面都呈现出较为丰富的成果。本次修订对应《指南》中提出的语言教育标准和建议，在语言教育的基本观念、语言教育目标阐述、语言教育内容选择、语言活动组织指导、语言教育评价上进一步体现先进的语言教育思想(如增加幼儿语言学习支持性班级环境评价等内容)；并有机融入儿童能够理解的爱幼儿园、爱家乡、爱祖国、爱中华传统文化，以及勤劳勇敢、勇于创新、自信自强等课程思政的内容。同时，对某些章节再次进行梳理，使内容和结构更为科学；替换和补充近年实践中的优秀活动案例，注重案例分析的针对性，保持案例的前沿性和代表性，加强指导性和延展性；此外，增加了历年幼儿教师资格证考试语言领域真题例选作为附录，便于学生们学习参考。

为了便于师生理解和使用本教材，丰富课堂教学内容，提高学生的学习兴趣和提高教学效率，修订版教材新增了部分可以直接扫码观看的微课视频，更新了全套教学课件，使教材更加立体化。

第四版教材由卢伟主编，张加蓉主审。各章编写人员是：第一章马晓春、瞿亚红，第二章范勇、卢伟、闫社娟，第三章全晓燕、虞小明、卢伟，第四章刘音、黄曦、卢伟，第五章郭莉、杨满，第六章张加蓉、万中、谢小于，第七章单汝荣、张海燕，第八章黄曦、彭绘芳，第九章卢伟、张敏、佘玮，第十章卢伟、李凤霞、唐正军。全书由卢伟统稿。

本次修订过程中，得到多方鼎力支持，特别要感谢成都文理学院教育学院梁祖连、尹清蓉、范漱引、王洁、雷易等各位任课教师，他们根据自身教学及思考修订制作了各章PPT，吴胜老师收集整理了历年幼儿教师资格证考试真题。感谢四川省绵阳市花园实验幼儿园何云竹园长及课程研究团队、四川省绵竹市第二示范幼儿园徐巧玲园长及课程研究团队，他们是先进理念指导下的幼儿园课程探究者和践行者，正是他们提供的大量微课视频资源，使教材呈现出3.0时代的教育特质。成都市秦俐名师工作室及新津区第一幼儿园罗赛华老师参与了第六章部分内容的修订，成都市高新区石羊第六幼儿园文巧老师参与了部分视频剪辑，其他提供案例与视频的单位和教师在教材相应部分已注明，这里不再一一赘述。复旦大学出版社学前教育分社查莉总编持续关注、竭力支持本教材编撰工作，在此一并致谢！

本书在编写过程中参考、借鉴、引用了近年来许多国内外学者的研究成果，在书中进行了注明或在书后列出了参考文献，在此一并表示衷心感谢。同时，编写成员虽付出极大努力，但仍然有诸多疏漏与不足，敬请大家不吝指正！

目录
CONTENTS

学前儿童语言教育概述

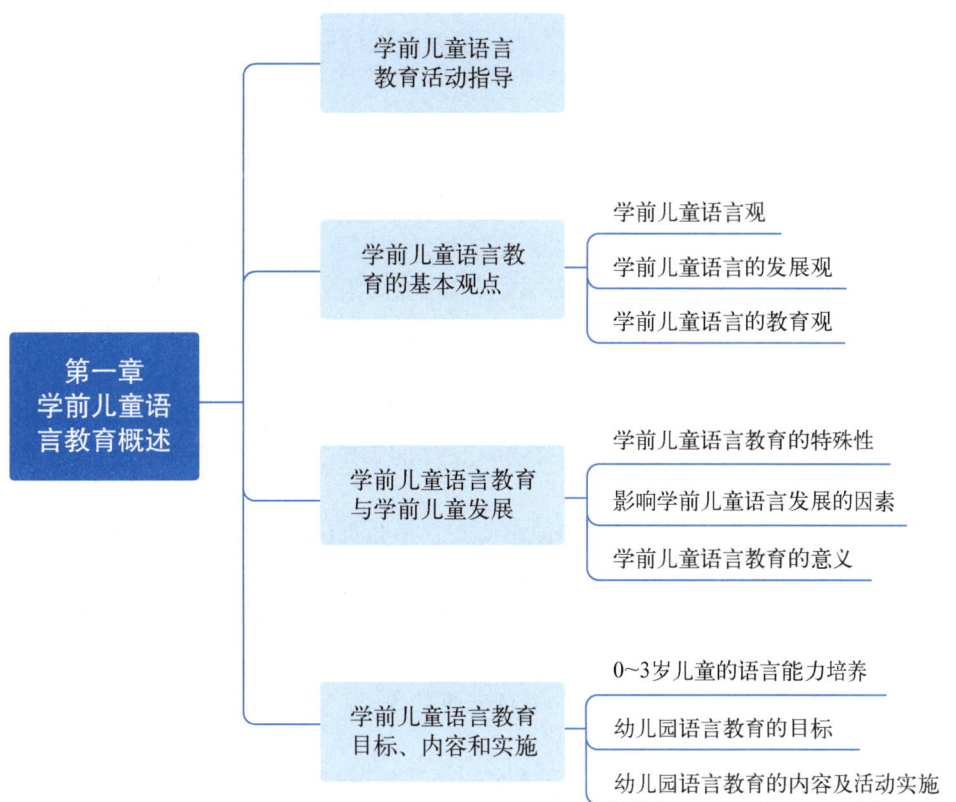

```
                    ┌─────────────────┐
                    │ 学前儿童语言      │
                    │ 教育活动指导      │
                    └─────────────────┘

                                        ┌─────────────────┐
                                        │ 学前儿童语言观    │
                    ┌─────────────────┐ └─────────────────┘
                    │ 学前儿童语言教   │ ┌─────────────────┐
                    │ 育的基本观点     │ │ 学前儿童语言的发展观│
                    └─────────────────┘ └─────────────────┘
                                        ┌─────────────────┐
                                        │ 学前儿童语言的教育观│
┌─────────────┐                         └─────────────────┘
│ 第一章        │
│ 学前儿童语    │                        ┌──────────────────┐
│ 言教育概述    │                        │ 学前儿童语言教育的特殊性│
└─────────────┘    ┌─────────────────┐ └──────────────────┘
                    │ 学前儿童语言教育 │ ┌──────────────────┐
                    │ 与学前儿童发展   │ │ 影响学前儿童语言发展的因素│
                    └─────────────────┘ └──────────────────┘
                                        ┌─────────────────┐
                                        │ 学前儿童语言教育的意义│
                                        └─────────────────┘

                                        ┌──────────────────┐
                                        │ 0~3岁儿童的语言能力培养│
                    ┌─────────────────┐ └──────────────────┘
                    │ 学前儿童语言教育 │ ┌─────────────────┐
                    │ 目标、内容和实施 │ │ 幼儿园语言教育的目标│
                    └─────────────────┘ └─────────────────┘
                                        ┌──────────────────┐
                                        │ 幼儿园语言教育的内容及活动实施│
                                        └──────────────────┘
```

学习要点

● 学前儿童语言教育的基本观点。

● 学前儿童语言教育与学前儿童发展。

● 学前儿童语言教育各级目标的内涵及其关系。

● 学前儿童语言教育内容与指导要点。

● 学前儿童语言教育活动的设计原则和方法。

学前儿童语言教育是专门研究0～6岁儿童语言发展及其教育的一门应用性学科。婴儿从出生之日起就已经开始运用语言和非语言的交际手段获得人类业已不断成熟的语言经验，逐渐获得大量关于他们周围世界的知识，发展智力，习得社会道德行为规范。同时，儿童通过语言理解他人的思想、情感，利用语言表达自己的感受、见解、愿望，倾诉自己的感情，参与社会交往活动，指导和评价自己的行为。获得他们认识世界、了解世界、表达情感的媒介。因此，学前儿童语言的发展与其智力、认知、社会性及其个性等心理品质的发展有着密切的联系。

第一节　学前儿童语言教育的基本观点

学前儿童语言教育的基本观点是指教育观念，即如何看待学前儿童语言教育。它直接影响着学前儿童语言教育的效果，对语言教育效果起决定性作用。我们将学前儿童语言发展和教育看成一个有机整体，从学前儿童语言观、发展观及教育观三个方面进行系统的阐述。

⭐ 一、学前儿童语言观

学前儿童语言观，即指人们如何看待学前期儿童的语言。

首先，语言是信息传递的主要载体，也是人与人交流的重要工具。对于学前儿童，倾听、理解、表达和阅读在他们人生的起步阶段起着举足轻重的作用。语言作为一种重要的交际工具和学习手段成为学前儿童特殊的学习对象。此外，儿童习得语言，被称为儿童社会化历程中的一个里程碑。随着儿童各种需要的发展和语言的发展，他们与周围人们的交际也增多了。在交际中他们不仅得到各种需要的满足，产生愉快的体验、积极的情绪，而且学会表达自己、理解他人，学会关怀、学会合作。这些经验既促进了儿童语言交际能力的发展，也促进了他们社会化行为的发展。

其次，学前儿童语言的产生具有很强的规律性，它是儿童由自然属性向社会属性发展的一个重要指标，是伴随着儿童社会经历的不断丰富而变化发展的。如：

新生儿出生时，哭是他们唯一的语言，它代表饥饿、疼痛、尿湿，而母亲常能通过哭声的响度、音调来分辨其不同的原因。

2～3个月的婴儿已能"啊""咿""喔"不自主地发音。

1岁左右，能有意识地叫"爸爸""妈妈"。

18个月以后开始出现了用一两个字代表较多的含义的单词句，如"饭饭"代表"这是饭"或"我要吃饭"。

3岁的儿童已经基本掌握本地区语言的全部语音，同时词汇量增加也很快，尤其是实词增长更为迅速。

4岁儿童已能清晰地谈话，词汇开始丰富，能够独立地讲故事或叙述日常生活中的各种事物，但有时讲话会断断续续。会根据对不同对象的理解水平调整自己的语言，如对小妹妹说："爸爸走了。"对妈妈说："爸爸去商店买吃的东西了。"

5～6岁是儿童语言表达能力明显提高的时期。在与成人和同伴的交谈中，以自我为中心的表达逐步减少，能依据别人的言语调整谈话内容。看图讲述能力也明显提高，儿童在讲述时根据图片内容想象角色的心理活动，语言表达灵活多样，并力求与别人不同。同时，儿童的阅读兴趣在这个年龄段也会显著提高，他们不但对图书的阅读兴趣浓厚，能较长时间专心看书，而且对内容的理解能力也较强。他们开始对文字产生兴趣，识字的积极性很高，记忆力也很强。他们还常常在自己的绘画作品中写上歪歪扭扭的汉字。到了大班下学期，儿童会聚在一起边看图书边连猜带蒙地念书中的文字，阅读成了他们极大的乐趣。

二、学前儿童语言的发展观

学前儿童语言的发展可以从语言形式、语言内容和语用技能三方面综合考察。

语言形式包括对语音和语法的获得。其中，儿童的句法结构从单词句、电报句向完整句、复合句过渡。语言内容包括对词义和句义的获得。语用技能是语言运用过程中生理和心理的准备能力，包括对语言的操作能力、对环境的感知能力和心理预备能力[①]。

（一）学前儿童语言发展的特点

1. 社会性

社会发展是儿童语言发展变化的首要原因。语言是一种社会现象，其发展变化必然要受到社会发展变化的影响。语言作为儿童最重要的交际工具和思维的工具，必须适应因社会的发展而产生的新的交际需要，与社会的发展保持一致，因此必然要发生变化，社会的任何变化都会在语言中反映出来。社会的分化、统一、接触直接影响语言。儿童是社会中的个体，只要社会生活还在对其产生影响，儿童的语言发展就会继续下去。

2. 连续性和阶段性

学前儿童的语言发展是一个由量变到质变的过程。量变过程即语言发展的连续性。量变到一定阶段，引起质的变化，标志着语言发展的阶段性。前一阶段是后一阶段的基础和准备，后一阶段是前一阶段的延续和升华。以儿童掌握词汇为例：从出生开始婴儿就表现出对语音的浓厚兴趣，在2个月的时候，婴儿就可以比较清楚地感知语音、分辨语音；6个月以后，婴儿能够发出重叠性的双音节"妈妈"；10个月以后，婴儿的语言显现出语言交际的主要功能；一岁半以后，儿童的语言开始从语言形式、语言内容和语言运用三个方面得到不同程度的发展，进入了一个新的阶段。3～4岁时，他们已经能基本掌握本民族、本地区语言的全部语音。6岁儿童的词汇量增长了3～4倍，达到3 000～4 000个词汇。由此可见，学前儿童的语言发展是一个不断积累又不断突破的过程。所以，语言教育应遵循儿童语言发展的连续性和阶段性的特点，既要考虑儿童现有的语言发展水平，又要积极创造条件，促进学前儿童语言不断获得质的飞跃。

3. 实践性

对于学前儿童，语言既是交际的工具，也是学习的对象。在不断使用语言的过程中，儿童学会了在不同的场合使用相应的语言表达；面对不同的人，运用不同的语音、语调和表情。通过对语言长期的、反复的使用，增强学前儿童的语言运用能力。另一方面，将语言能力的培养作为学习的任务，家长和幼儿园教师围绕具体的语言内容，随时随地训练儿童倾听、表述、阅读、书写的能力，以及在不同的情境下灵活运用语言进行人际交往和情感交流。可见，学前儿童是在学习中增强交际能力，在交际中获得语言知识。所以，儿童语言获得的过程就是一个不断实践的过程。语言作为社会通用的交流手段，受到社会发展的影响，随着社会发展变化而变化。因此，语言只有放在社会环境中不断运用才能具有普遍适用性，才能跟上时代的发展。

4. 不平衡性

语言发展的不平衡性有两层含义：第一，语言系统的各个组成部分的发展不平衡，发展速度不一样，有的快，有的慢，其中词汇变化最快，语音和语法发展比较慢，例如儿童会说"在线""扫码"这样的词都源于社会发展的需要、源于人们交际的需要；第二，语言在不同地域的发展速度和发展方向也不一样，同一种语言现象，在有的地区变化，在有的地区不发生变化，有的地区是另一种变化，其结果是形成地域方言（和社会方言），例如南方儿童和北方儿童由于生活地域的差别，在语音、语言内容和语言形式上都有显著的变化。

---

① 周兢.学前儿童语言教育［M］.南京：南京师范大学出版社，2003

（二）学前儿童语言发展的方向

1. 产生对语言学习的浓厚兴趣

语言是人类最重要的交际工具，婴儿从出生起，虽然还不会说话，但他们已经开始对声音产生了强烈的探索欲望。他们会长时间地聆听成人有意无意所制造的各种声音；他们开始尝试分辨各种语音以及语音所代表的含义；他们能够用不同的哭声表达他们的需要，唤起家长对他们的关注，用手脚动作及面部表情表达各种情绪。婴儿正是在生理需求的基础之上逐渐产生了交际倾向。

儿童一旦掌握了语言，就会使他们的发展产生一种飞跃，也就产生了对语言学习的浓厚兴趣。婴儿在不会说话以前，一直在用非语言的方式与周围的人交往，但是，这些非语言方式的表达，有很大的局限性，常常不被他人正确理解，使得自己的需要得不到及时满足。因此，只有准确表达各种意思的有声语言，才是人们最简便、准确、迅速的交际工具。儿童学会了说话，可以准确地表达自己的感受和愿望时，他们和周围人的交往就进入了一个新的境界，彼此之间的沟通就变成极为容易的事。语言可以使婴幼儿清楚地讲出自己的感觉、感受或需要，让成人及时了解自己，或引起别人对自己的注意。语言可以提高婴幼儿在交际中的地位，因为能用清楚的语言表达自己情感的孩子，总是受周围人的喜爱，使其情感得到极大的满足。在与周围人的社会生活中，儿童会自觉地产生语言学习的意识。语言既是儿童进行交流的工具，同时也成为他们探索的对象，由于语言的多元化和多变性，充分调动了儿童的积极性，从而使他们陶醉其中，乐此不疲。

2. 能够自然流畅地运用语言

儿童能够自然流畅地运用语言是儿童语言发展的必然阶段，同时也是家长和教师努力达到的目标之一。儿童语言的发展是一个渐变的过程，儿童在学习和运用语言的过程中、在多方面因素（如遗传、环境、教育等）的影响下不断地增强语用技能。所谓语用能力是指交际双方根据交际目的和语言情境有效地使用语言工具的一系列技能。学前儿童的语用能力是在言语交际过程中表现出来的，随着儿童认知、思维、想象力的发展，儿童逐渐掌握了一定的语用知识和技能。儿童有了"有话要说""有话想说""有话会说"的表现。逐渐丰富的社会经验和语言知识使得儿童能够在不同的场合对不同的人使用不同的表达方式，能够及时感知外部环境的变化，随时调整语言内容，真正使语言成为儿童与外界环境交流的有利工具。

3. 为书面语言的学习奠定基础

学前期儿童语言教育的主要任务是培养儿童口头语言的表达能力，而书面语言的学习早在儿童对商店的招牌、广告牌和街上各种招贴的关注下已经悄然开始了。我们经常会看到他们拿着书摇头晃脑，口中念念有词，好像读书的样子，拿着纸和笔模仿成人描描画画，这一切反映出儿童很早就已开始了书面语言学习的萌芽。书面语言和口头语言同时影响着人们的生产和生活。在学前阶段，儿童已经基本掌握了95%的口头语言。不断发展的口语表达能力使儿童逐渐具备了感知认识书面语言、理解书面语言的条件。儿童对图书的兴趣、对文字的好奇感以及对涂鸦的热爱都源于扎实的口头语言。可以说，口头语言丰富了儿童的学习经验和生活经验，同时提供了一个熟悉书面语言、学习书面语言的平台。

★ 三、学前儿童语言的教育观[①]

随着社会的不断发展，社会对人才的需求不断发生着变化。为了向社会输送合格的、具有时代感的新社会人才，教育必须具有超前性，人们的教育观念也必须跟上时代发展的步伐。我们只有不断学习，积极吸收当前世界学前儿童语言教育的新思潮、新观念，勇于探索、敢于创新，不断完善教育观念，才能真正促进学前儿童语言的发展。在这里，简单介绍几种现阶段对学前儿童语言教育颇具影响力的教育观，便于大家较全面地认识语言教育。

（一）完整教育观

在学前儿童语言教育中树立完整语言教育观念，就是强调学前儿童语言教育目标应当是完整

---

① 周兢.学前儿童语言教育［M］.南京：南京师范大学出版社，2003

的，学前儿童语言教育的内容应当是全面的、完整的；学前儿童语言教育活动应当是真实的、形式多样的交流情境。

1.学前儿童语言教育目标应该是完整的

把听、说、读、写等方面的情感态度、认知和能力的发展，作为儿童语言教育的完整目标，即培养幼儿听、说能力，良好的听、说行为习惯，以及早期阅读和书写的技能。

2.学前儿童语言教育内容应该是完整的

语言教育的内容，既要引导幼儿学习口头语言，也要学习书面语言；既要幼儿理解和运用日常生活用语，也要引导幼儿学习文学语言。也就是说，把幼儿语言教育中的"语"和"文"融为一个整体，而不是分为割裂的两个部分。

3.学前儿童语言教育活动的过程应该是真实的、形式多样的

完整语言教育观强调教育活动的真实性，即教师在组织活动时应着眼于创设真实的双向交流情境，使语言教育活动的过程成为教师与幼儿共同建设的、积极互动的过程。因为，儿童的语言必须在一定的情境中使用才能真正得到体现和发展。

语言教育提倡以教师和儿童共同参与的活动作为语言教育的基本形式，活动的形式应该多样化。教师要为幼儿提供动脑、动口、动手的生活环境和学习材料，使幼儿成为主动的学习者。在专门的语言教育活动、日常语言教育活动中，随时随地开展语言教育活动，展现给儿童一个完整的、真实的语言学习环境。

（二）整合教育观

整合的语言教育观念是指把儿童语言学习看成一个整合的系统，充分意识到儿童语言发展与其他智能、情感等方面发展是整合一体的关系。在教学中，表现为语言教育目标的整合，语言教育内容的整合，语言教育方式的整合。

正常婴儿先天就具备语言器官，获得了学习语言的所有内部条件，提供了语言发展的物质基础。但是，能不能很好地来利用，促进其发展，取决于后天的教育，而语言发展的最佳期是在婴幼儿阶段。因此，发展婴幼儿语言能力是学前教育的重要任务之一。而发展幼儿语言能力，不能仅限于语言教育活动中，我们要树立整合教育观，把语言领域目标渗透到各个领域中，渗透到日常生活中、人际交往中、游戏中、认知活动中、体育活动中。把语言教育融入一日生活的各个环节。在家庭中、社会中、幼儿园集体活动中，引导孩子多听、多说、多看、多练，在运用与交往中发展孩子的语言。

1.语言教育目标的整合

整合的语言教育目标是指既要促进儿童的情感、能力和知识的发展，还要促进语言在相关的其他领域的发展。把学前儿童语言教育目标放入儿童整体发展之中去考虑，使语言教育目标成为以促进儿童语言发展为主线，同时促进儿童其他方面发展的整合的目标体系。

2.语言教育内容的整合

学前儿童语言的发展是儿童个体发展中的一个有机组成部分，具有举足轻重的地位。在选择语言教育内容时，应立足于儿童的发展，考虑学习内容与儿童发展之间的整体适应性，满足儿童发展的多元化，使语言教育立体化。因此，学前儿童语言教育内容应该体现社会知识、认知知识和语言知识的整合。

3.语言教育方式的整合

学前儿童的语言教育可以抓住有利时机，随时随地来进行。以各种方式的活动来组织语言教育内容，通过专门的语言教育活动和与其他活动结合的语言教育活动，激发多种因素促进儿童与外界多变环境和刺激的相互作用，在主动探索中满足儿童运用语言与人、事、物交往的需要，使儿童在整合的语言教育环境中获得语言和其他方面的共同发展。

（三）活动教育观

活动教育观是指以活动的形式来组织学前儿童语言教育过程，帮助学前儿童学习语言的观念。强调教师和儿童共同参与的活动作为语言教育的基本形式，强调引导学前儿童在生动活泼的操作实践中动脑、动口、动手，从而使其成为主动的语言学习者。

1. 提供学前儿童充分操作语言的机会

儿童的语言发展也是通过儿童个体与外界环境中与各种语言和非语言材料交互作用得以逐步获得的。儿童发展需要外界环境中的人、事、物的各种信息，但这些信息不是由成人灌输去强迫儿童接受的，而是在没有压力、非强迫的状态下，儿童通过自身积极与之相互作用而主动获得的。学前儿童语言教育便是引导幼儿积极地与语言及其相关信息进行相互作用的过程。

2. 通过多种形式的操作，促进儿童语言的发展

儿童语言的发展有赖于认知的发展，而认知的发展主要依靠儿童自身的动作。儿童正处在动作思维向具体形象思维发展的阶段，对客观事物的认识主要依赖于自身的各种操作活动，通过动手、动脑和手脑并用的操作来发生与环境的交互作用。在亲身体验中增强儿童语言操作的积极性，使他们获得愉快体验。在对操作材料的探索中激发学习的内在兴趣和动机，变被动学习为主动学习，真正实现以活动的形式促进儿童语言的发展。

3. 发挥学前儿童在活动中的主体作用和教师在活动中的主导作用

所谓学前儿童的主体地位，是指在活动组织设计时充分考虑内容与形式适应幼儿发展水平和需要；学前儿童在活动过程中始终有积极的动机、浓厚的兴趣和主动的参与精神，而不是被动的消极的受教者；活动为每个参与者提供适合他们发展特点与需要的环境条件。

教师在儿童活动中从旁引导，扮演着促进儿童积极参与、良性发展的角色。教师在语言活动中的主导作用表现为：在活动开始之前，为儿童创设良好的语言教育环境、准备充分的语言材料；在活动过程中，教师运用提示、提问、示范、暗示等方法，指导学前儿童正确操作材料，根据儿童不同的特点，因材施教，帮助他们找到行之有效的学习方法，顺利完成学习任务；在活动结束时，教师要及时点评，总结学前儿童活动的成果，对学前儿童的活动提出新的要求，使儿童明确更高的目标，为下个环节的活动奠定基础。

第二节　学前儿童语言教育与学前儿童发展

语言是人类的交际工具。人们借助于语言交流思想、增进了解；人类文明借助于语言得以传承。语言具有鲜明的社会性和工具性。学前儿童掌握语言的过程本身就是不断社会化的过程，是学前儿童由不成熟迈向成熟的第一步。因此，掌握学前儿童语言教育的特点、意义及学前儿童语言发展的条件，才能从根本上促进学前儿童的发展。

⭐ 一、学前儿童语言教育的特殊性

学前儿童语言的获得是一个相对复杂的过程。作为一个新生个体，学前儿童对于语言刺激所产生的一系列言语反应都遵循着一定的规律。学前儿童的语言教育必须切实把握儿童的发展特点，关注其兴趣、需要和认知发展等。同时，语言作为学前儿童课程中的一个领域，有其独特的教育功能，作为教育者必须正确认识儿童学习语言的特殊规律。

（一）学前儿童语言教育的渗透性

学前儿童语言教育的渗透性主要表现在两个方面。其一，学前儿童语言学习的过程是一个在社会生活中不断积累、潜移默化的过程。儿童刚开始接收到多方面的语言信息时好像还处于懵懂、无序的状态，其实他们在不知不觉中已经开始发展语言能力，往往在家长们的惊喜中才发觉孩子语言的进步。其二，儿童处于直觉行动思维和具体形象思维阶段，语言的理解与产生都离不开现实的情景。充分利用儿童一日生活的每一个环节提供广泛的语言学习的机会符合儿童言语行为的特点。学前儿童的语言教育主要渗透在以下三个环节。

1.渗透在日常生活中的语言教育

日常生活中的语言教育是儿童进行语言交流、建立友好同伴关系最自然的方式，可以帮助学前儿童自然地面对不同的场合，恰当地运用语言进行言语和情感的交流。在日常生活中对儿童进行的语言教育具有相对的隐蔽性，在"模糊"了学习目的之后，可以让儿童减轻压力，在轻松自然的氛围下获得进步。例如，在实际生活中，教儿童运用礼貌用语；仔细倾听、接收正确的语言信息；对售货员准确表达自己的意图等等。

2.渗透在游戏活动中的语言教育

游戏是儿童最有效的学习手段。爱玩、会玩是儿童的天性。儿童可以在游戏中获得愉快体验，在游戏中充分发挥想象力，获得满足感。因此，我们可以利用学前儿童对游戏的高度热情进行语言教育。将语言学习的内容渗透在各种游戏活动之中，可以让学前儿童在愉快的气氛中不知不觉地达到学习的目的。例如，在角色游戏中，让儿童通过语言进行协商，分配角色；在创造性游戏中，儿童拥有广泛的空间，可以利用游戏材料进行语言的构思与表达，用语言协调与同伴之间的冲突；在体育游戏中，语言是儿童准确把握游戏规则的关键。

3.渗透在其他领域中的语言教育

其他领域的教育活动与语言教育始终交叉在一起，它们相互支撑、相互促进。儿童在其他领域的教育活动中丰富了谈话和讲述的内容，在各种教育活动中接触了大量的新鲜事物，通过多种形式的观察和操作，增强了儿童对客观事物的认识，更加明确了事物之间的联系，可以通过亲身体验运用语言正确表达自己对事物的认识。

不同领域的活动各有其特点，在培养目标上各有侧重。但是，不管是哪一个领域的活动，都离不开语言的交流，这就为渗透语言教育提供了一个广阔的平台。例如科学活动中，我们可以逐步发展儿童抽象的逻辑思维和言语的严密性，培养儿童在科学活动中总结性谈话的能力，通过语言和其他方式向他人表达、传递自己对客观事物的认知与感受，告知自己观察的结果，提出疑问，讲述自己在科学探索中的发现等。比如美术活动，儿童对于这个有色、有形的活动非常感兴趣，教师可以请儿童用语言解释作品的内容，并说明在完成作品的过程中自己的构思和如此构思的原因，把美术活动与发展儿童的口语表达能力有机地结合起来。在文学欣赏和音乐欣赏中，教师可以请儿童用语言描述自己对作品的感受，给儿童创造一个想象的空间和说话的语境，儿童可以凭借自己对作品的感受和理解，结合自己的生活经验创编内容。

事实上，在对儿童的培养过程中，我们很难将某一领域孤立起来单独进行教育。各领域间都是相互渗透、相互作用的。我们不能为强调语言教育而忽视其他领域的教育，同时也不能在其他领域活动中将语言教育排除在外。

（二）学前儿童语言教育的易行性

学前儿童语言是在成人不断的影响下，在环境的刺激下，在儿童对语言刺激表现出的敏感性和主动性中迅速发展起来的。只要给儿童提供一个良好的语言学习环境，严格按照儿童语言学习特点进行引导，学前儿童的语言教育是很容易取得成功的。

1.教育对象的主动性

出生的头几年是口语生理机能成熟最为迅速的时期，也是口语发展的最佳期。儿童在这一时期对语言表现出的敏感性和主动性为语言教育提供了一个良好的契机。例如，婴儿出生不到10天就能分辨言语的声音和其他声音；2岁以后就能成段成段地模仿成人的语言，喜欢识记各种语言符号，这一时期儿童能主动地倾听，对语言表达有强烈的愿望。因此，教师和家长应该抓住这个语言学习的最佳时机，充分利用儿童的积极性，因势利导进行教育，就能得到事半功倍的效果。

2.教育主体的全员性

学前儿童语言的学习是一个与周围语言环境相互作用的过程。儿童在不同的情境中、和不同的人能获得不同的语言经验。教师是儿童语言教育的主力军，幼儿园是语言教育的主阵地。此外，家长也逐渐意识到家庭教育的重要性，开始积极储备语言教育的知识，注意环境对儿童语言发展的影响，利用成人对儿童的榜样作用来促进儿童语言的发展。在科技不断进步的今天，人们都已经意识到了教育的重要性，开始以积极的心态关注、引导儿童。在教育主体全员性的作用下，学前儿童语言的发展将十分迅速。

3. 教育内容的广泛性

随着科学技术的发展，社会的变化日新月异，每天给儿童提供的知识也是种类繁多，儿童眼中的世界是个充满神秘色彩的奇妙的世界。各个领域、各种新鲜的事物，都充分刺激了儿童的求知欲，可以让他们在知识的海洋里畅游。在家庭里，《十万个为什么》成为父母育儿必备；在幼儿园，全面、系统的知识保证了儿童循序渐进的发展。但是，不管对哪种知识的探索都需要语言作为交流的媒介，在知识的海洋里，儿童可以大胆尝试各种表达的方式，获取丰富的语言经验。所以，广泛的学习内容也是学前儿童语言发展的必要保证。

4. 教育形式的多样性

学前儿童作为一个特殊群体，他们的学习方式也不可能是单一的。我们要充分考虑儿童学习的特点，以满足他们发展需要的方式进行语言教育。儿童自身语言发展的特点和语言的学科特点决定了学前儿童语言活动形式多样的组织模式，例如游戏、户外活动、集体教学、分组讨论、个别指导等等。针对不同的内容采用不同的教育形式，让儿童保持对教育活动的新鲜感和热情是进行语言教育活动的先决条件。

（三）学前儿童语言教育的积累性

学前儿童语言教育的过程就是帮助儿童积累口头语言经验的过程，即让儿童在语言运用中逐渐获得听得懂、记得住、想得出、说得好的经验和习惯。教育者必须充分利用周围的语言学习环境，激发儿童语言学习的兴趣，创造言语互动交流的机会，多看、多听、多想、多记、多说。在语言学习的关键期积累尽可能多的语言经验，为日后的语言学习奠定基础。事实上，进入小学以后很多儿童突出的语言成绩都源于早期的语言经验的积累。所以，无论教师还是家长，不仅要注重新的语言经验的学习，还要关注儿童对新旧经验的融会贯通，将学前儿童的语言教育作为一个长期的、复杂的、积累的过程来看待。

二、影响学前儿童语言发展的因素

语言是人类所特有的一种高级神经活动形式，是人类相互交往的工具，也是人表达自己内心世界、思维的一种工具，它在人的心理活动中起着重要的作用。人掌握并运用语言不是一件容易的事，因为语言的发展不仅需要一个相当复杂且漫长的过程，而且还要具备一定的条件。

（一）遗传素质

1. 正常的发音器官

语言的发音首先要有正常的发音器官，包括喉、声带、咽、舌、唇、齿、腭等结构。要求这些结构完整，具有正常的功能，否则会出现口吃、口齿不清等语言障碍。

2. 正常的听觉功能

正常的听觉是语言发展的保证。儿童在发出第一个有意义的词之前已经能够听懂很多语句，所以说，言语的吸收总是先于言语表达，言语理解总是先于言语的产生。语言的发育依赖于听力，只有先接受外界语言的刺激，个体才会做出相应的应激反应，逐渐产生语言。如果听力出现障碍，就不会感受到声音，也就无从学习说话。听力在言语活动中还起着监督的作用，它能协调舌和咽腔活动的相互联系，从而保障说话的流畅性和发音的准确性。如果听觉减弱的话，就不能够听清正确的发音，也就不能区分错误的发音，会出现言语的不清晰，因此儿童要学会准确发音，一定要有良好的听力。

3. 正常的智力发展

儿童语言的发展还必须依赖于一个健全的大脑。大脑是语言活动的中枢所在，人的语言经过视觉器官和听觉器官感知后输入中枢，经中枢分析处理后，再经神经传出支配外周发音器官进行言语的口头表达。如果大脑受到损伤，儿童就不能正确地处理接收到的语言信息，会出现偏听、误听、误解等现象，自然也就不能正确地进行言语的表达，进而影响到儿童与他人进行言语交流，使儿童的语言发展出现各种不同类型的言语障碍。

发音器官、听觉、大脑这三个环节是保证语言发育的先决条件，任何一个环节出现问题都会导致语言或言语的障碍。

（二）语言环境

环境能决定语言潜力能开发到何种程度。如果一个环境充满了说话声，这种语言环境就能刺激幼儿在早期便开始学习语言，并能伴随孩子成长的整个过程，不断提高其语言学习的能力。

1. 亲子环境

儿童最先接触的环境就是家庭，父母是儿童语言学习的启蒙者。从宝宝一出生，父母就必须常常与宝宝说话，让他从小就接触"有声音"的环境、感受声音。幼儿的语言发展是通过不断模仿、练习获得的，语言的发展与环境所提供的信息刺激量的多少有关，接受外界信息刺激多的孩子，其语言发展就快于其他儿童，所以父母不妨让宝宝多接触不同的人、事、物，如超市购物、逛公园、探望朋友……通过扩展其生活圈，进而将各种事物、动作介绍给他、教他模仿，为语言表达提供素材。当孩子稍稍具备语言表达能力时，父母须专心倾听孩子说话，耐心回答他的疑问，并鼓励他继续表达。父母要提供一个安全的环境，让宝宝去摸、去探索、去操作他所看到的东西，这对语言的发展有很大的帮助。教幼儿说话时，要以孩子的兴趣、喜好为中心，不可强迫他说些较生涩的语句。在跟孩子说话时，应放慢速度，跟随宝宝的步调，句子尽量简单。此外，每句话要留给孩子说话的机会，增强他说话的能力。在家庭中，父母对儿童语言发展的影响是不可低估的，父母经常陪孩子说话、做游戏，带着他们认识周围世界，这些活动大大增进了父母与儿童之间的感情，使儿童有安全感。稳定、温馨的家庭环境也是保证儿童口语能力发展的基础。

2. 社区环境

社区是城市建设发展的产物。在这个相对较广阔的环境里，儿童可以感受到更多的人文环境所带来的信息，与更多的人进行言语交流，形成最初的个体与群体的概念。和人们广泛的接触促进了儿童亲社会行为的发展。所谓亲社会行为，通常指对他人有益或对社会有积极影响的行为，包括分享、合作、助人、安慰、捐赠等。在这个较大的社会群体中，儿童开始逐渐感受到集体的力量，出现了较为丰富的情绪情感，形成了最初的道德判断标准。这一系列的变化都成为儿童语言发展的强大基础。

3. 幼儿园环境

现代家庭中，独生子女多，儿童从小缺少游戏伙伴，家庭给予儿童知识的灌输毕竟不成系统，所以，3岁左右儿童就可以进幼儿园继续接受正规的学前教育。在幼儿园，有教师系统、认真、成套的教学计划；有很多不同年龄的孩子做伴，一起学习、生活、游戏。幼儿园给儿童提供了一个全新的语言学习的场所，儿童可以在这里充分发挥自己的所学，并且可以得到老师耐心、细致的指导和充满鼓励的微笑。在幼儿园里，教师为儿童提供真实而丰富的语用情境，创设可以帮助他们操作运用多种语言交流行为的交往情境。例如，在专门的语言教育活动中，让儿童学习不同的语用情境里如何运用相应的语言交流方式来与人交往。比如，谈话活动中儿童学习如何倾听他人的语言，并采用合适的内容和语言形式与他人交谈；讲述活动中儿童学习怎样在集体面前比较清楚地叙述个人的看法；文学活动中儿童侧重理解和使用叙事性的语言表达方式；语言游戏要求儿童使用敏捷应变的语言；早期阅读活动给儿童接触书面语言的机会等等。在这里，儿童正式开始了规范、系统、科学的语言训练，为学前儿童进入小学学习书面语言打下了基础。

（三）语言教育

学前期是人的一生中语言发展与运用的关键时期。幼儿只有具备了一定的语言素质，才能表达思想，获取知识，才谈得上今后的全面发展。因此，对学前儿童进行语言教育显得尤为关键。

在教育的这个环节中，首先影响语言教育的就是教育观念，即如何看待学前儿童的语言教育，明确语言教育的指导思想是什么。在社会大环境的影响下，我国实施了计划生育这一基本国策，大部分家庭都只有一个孩子，父母望子成龙心切，而幼儿园又迫于社会和家庭的压力，在教育上出现了功利化的思想倾向。在这种偏颇思想的影响下，儿童的语言教育很难与儿童全面发展的目标保持一致。所以，明确学前儿童语言教育的定位，切实把握语言教育的指导思想，把语言教育与儿童发展紧密联系起来，只有这样才能保证教育活动科学、稳步地发展。其次，教育方式是落实教育指导思想的关键。现阶段学前儿童语言教育出现了成人化、小学化、无序化的状态，给语言教育带来了很大的弊病。在家长殷切的期望之下，在入幼儿园之前就教孩子识字、吟诗，使儿童机械识记，以成人的标准去要求儿童。在幼儿园，有些教师为了迎合家长望子成龙的心，将小学部分内容提前到幼儿园大班使用，把教学重心放在教幼儿识字方面，忽视幼儿的口语表达。或者在语言教育中体现不出教学内容的有序性，无一定计划与目标，有的是即兴发挥，有的是年年照搬，不去注入新的内容、新的方法，不能利用幼教的研究新成果。有的教师在语言教育中缺乏创造性，不能在课堂上灵活机动地处理突发问题，一切按部就班，不能因势利导。以上这些在语言教育活动中出现的处理不当的问题都会影响学前儿童语言教育的开展。

由此可见，要想搞好学前儿童语言教育，既要有先进的理论为指导，还要有实事求是的态度，不断探索、勇于创新的精神，严格贯彻落实的恒心。通过理论指导实践，利用实践反思、完善理论的循环过程，达到学前儿童语言教育的最佳效果。

（四）认知发展

认知是人类个体对客观世界的认识过程。学前儿童对客观世界的认识依赖于自身的动作，依靠语言表述。学前期儿童正处在动作思维向具体形象思维转化的阶段，儿童逐渐能够将语言形式和语言内容加以区别。例如，学习"笔"这个词时，儿童逐渐能够理解"笔"不仅指自己手中的画笔，而且可以表示一类。随着儿童对客观世界的探索，认知得到了迅速发展，儿童开始对一些抽象的、复杂的语言有了比较准确的理解和运用。例如，在长期语言经验积累的基础上，儿童能够理解"碰"这个词，在"妈妈在街上碰到爷爷"这句话中表示"遇见"。因此，在学前儿童语言发展过程中，认知发展水平是基础。语言的发展随认知的发展而发展，反过来，语言又可以作为认知发展的重要手段。

三、学前儿童语言教育的意义

1.促进学前儿童的社会性发展

儿童社会化是儿童在一定的条件下逐渐独立地掌握社会规范，正确处理人际关系，妥善自治，从而客观地适应社会生活的心理发展过程。儿童社会性发展的特征表现为：他们大都不甘寂寞，喜欢与同伴一起玩，而且游戏的关系由比较疏松的撮合到比较协调的、有规则约束的结合，社会化程度大大提高。影响儿童社会化的条件有社会环境系统、生物因素和心理工具，其中，心理工具指儿童的符号系统，主要是语言。语言的发展帮助儿童逐步发展对外部世界、对他人和对自己的认识，使儿童社会性发展得以正常进行。

2.促进学前儿童认知能力的发展

幼儿语言发展与认知发展相互促进、共同发展。一方面，幼儿的认知发展水平决定语言发展水平。当幼儿处在前运算阶段，幼儿只能掌握情境性很强的语言，处在具体运算阶段时，才有可能掌握连贯性语言。抽象的词和语法的掌握有赖于认知的发展。另一方面，作为一种心理表征符号，语言一旦被个体所理解和掌握，就能够对认知的发展起推动和加速作用，主要表现为增加认知的速度、广度和强度，使认知过程具有极大的机动性和普遍性。没有这种工具，个体的认知始终会停留在个人心理层面。正如皮亚杰所说，"语言具有双重意义：它既是一种凝缩的符号，又是一种社会的调节。语言在这种双重意义中便成为思维精密发展不可缺乏的因素。"

此外，儿童对文学作品有一种天生的热爱。他们可以从不同形式、不同内容的作品中获得满足感，在对作品的不断理解中获得最初的人生观和价值观。

3.促进学前儿童语言的发展

学前儿童正处于语言发展初期，他们对于语言始终保持着浓厚的兴趣和模仿的冲动。在语言学习中儿童所表现出来的这种主动性正好为我们良性引导、科学教育创造了先决条件。

家庭中，父母也承担了儿童语言教育的任务。以父母为榜样，儿童积极模仿，主动学习，掌握了基本的日常用语，具备了和人简单交流的条件，也为进入幼儿园接受系统的教育奠定了基础。但是，这时的学习多数是在无目的的情况下随机进行的，教育方式常常表现为多对一的模式，这与促进儿童语言能力的速度发展还有很大一段距离。因此，3岁以后儿童在幼儿园的学习成为大家关注的重心。

在我国，幼儿园主要采用的是集体教学模式，由专门从事幼教工作的教师有目的、有计划、有组织地对儿童进行系统的语言训练；针对儿童的不同特点制订行之有效的教学计划；在集体环境中最大限度地激发儿童语言表达的热情；从听、说、读、写四个方面培养儿童综合运用语言的能力；使儿童顺利完成由口头语言向书面语言的过渡。所以，幼儿园时期是儿童语言成熟的重要时期，选择正确的教学方式成为儿童语言发展的关键。总而言之，无目的的教育是盲目的教育，只有按照儿童语言发展的规律，因势利导，对儿童进行语言教育，才能使儿童语言得到飞速的发展。

4. 有利于学前儿童心理健康和成熟

儿童心理发展是指从出生到成熟时期（0～18岁）的心理发展。学前阶段是人生的初期阶段，各种心理活动都在这个阶段开始发生。人类特有的心理活动，包括知觉、注意、记忆、表象、想象、思维、语言、情感和意志等，语言作为其中一个心理活动特征，在儿童心理发展中起重要作用。

儿童初涉社会，面对这个陌生的而又充满诱惑的世界，他们表现出来的是前所未有的热情。他们会尝试用各种力所能及的方式与周围人们进行交流，表达情感。通过交流，获得情感的需要、社会的认同，获得尊重与被尊重等等。在这中间，最最有效的当然要数语言交流了。通过言语的交流，使儿童增长见闻、扩大视野；通过交流，使儿童体验到和同伴一起学习、一起游戏的无限乐趣；通过言语交流，使儿童增强战胜困难的决心和面对挫折的勇气，从而保证真正健康地成长。

此外，受居住环境的限制，儿童活动的空间越来越小，儿童游戏的对象也越来越少，而家长对孩子的期望和要求都越来越高，面对日趋增长的压力，儿童也需要恰当的方式进行心理疏导，保持积极、乐观、向上的健康心态，语言就成为儿童宣泄情绪、调节心情的有效方法。

第三节 学前儿童语言教育的目标、内容和实施

★ 一、0～3岁儿童的语言能力培养

（一）0～3岁是儿童语言发展的关键期

语言是人类特有的社会现象，是人类社会交际的工具，也是思维的工具（用语言进行思维）和学习知识的工具（通过语言学到新知识），出色的语言能力可以使儿童的社会交往能力、思维能力和智力得到明显的发展和提高。因此，家长必须注意儿童的语言能力的培养。语言能力，包括倾听语音、辨析语音的能力、理解词义的能力、口头表达能力（即口语能力）、书面表达能力（即写作能力）、欣赏和阅读的能力等。对0～3岁的儿童来说，主要就是培育倾听能力和口语能力。心理学研究证明，0～3岁阶段是儿童语言能力发展最快、学习效果最好的阶段。因此，从孩子出生到3岁，都是儿童学说话的最佳时期，也是关键期。

（二）0～3岁儿童语言培育的依据

1. 以儿童语言学习规律和特点为依据

心理学研究证明，0～3岁的儿童学习语言的各阶段重点和特点是不一样的。学习说话，首先要会"听"语音，并能辨析语音，再理解不同语音表达不同含义，最后才能用语言表达自己的感情和要求。在0～1岁阶段中，主要是培养儿童的听力和倾听别人说话的良好习惯；1～1岁半阶段是儿童理解语意的最佳阶段，在此阶段中，儿童开始用单词句应答别人的语言；1岁半～3岁则是儿童说话表达发展最快的阶段。在培育儿童说话能力时，应该根据各阶段的不同培养目标有重点地注意儿童的听、说能力培养。

2. 以儿童认识和记忆的特点为依据

由于0～3岁儿童主要是用右脑整体模式识别的方式来认知事物，左脑的逻辑思维能力尚未发展起来，所以儿童的思维、认知事物的方法和特点与成人有很大的不同，甚至是相反的。成人是先理解后记忆，先局部后整体；儿童则是先记忆后理解，先整体后局部。打个比方，成人认知事物的方式犹如画像，由局部到整体，是分析性、逻辑性的；而儿童认知事物的方式犹如照相，快门一按，整个形象同时收入。一般人都知道，年纪越大，记忆力越差，但理解能力越强，这就是右脑整体模式识别的能力随着年龄的增长而减退，左脑逻辑思维能力随年龄的增长而增强的缘故。儿童这种认知特点的表现就是"不求甚解""囫囵吞枣"，这是儿童与生俱来的一种超强的整体模式识别能力和自然记忆能力（也称机械记忆能力）。正是这种特殊能力决定了儿童能够通过与环境的互动作用自然习得母语（口语与文字），同时也能自然习得一种或两种以上的非母语口语。这种能力是巨大且惊人的。日本一位心理学家说：儿童特有的这种巨大能力，就是伟大的诺贝尔奖获得者们也都不能相比。儿童特有的惊人的整体模式识别能力和自然记忆能力的发现，在人类生育发展史上是具有划时代意义的。以往的生理机械记忆从根本上否定了儿童所固有的、成人不再具备的获取知识的巨大能力。以成人认知事物的方式对待儿童，极其严重地阻碍了儿童特有的惊人的巨大潜能的发挥。

（三）0～3岁儿童语言培育的目标

0～1岁半阶段主要是语音训练阶段。要让儿童乐于发出声音，首先要让儿童听到语音。这个阶段的首要任务是训练儿童的听音能力和对"听"的兴趣，具体地说，就是让儿童喜欢听别人说话、唱歌、念儿歌，喜欢听乐曲、鸟叫等悦耳的声音。其次，要培育儿童听别人对自己说话时，能用声音、手势、表情或单词做出反应。到1岁左右，还要让儿童说出常见物品的名称，能辨认出身体的某些部位（头、眼、手、嘴、耳等），然后再进一步训练儿童理解简单的语句，执行简单的命令，用单词或手势、表情等向成人表达自己的要求等。

1岁半到3岁是儿童语言快速发展期，也是说话能力培育的关键期。从1岁半开始，儿童对语言的理解程度进一步加深，自己说话也从单词句、双词句向完整句过渡，那些无意义的发音现象已经消失，但由于发音器官不成熟，也存在许多语言错误，如"汽车"不会说，只会说"车车"，把"老公公快快来"说成"老东东快快来"等。这个时期的培育目标，一方面要继续加强"听"话能力的培养，另一方面则要鼓励孩子多说话，培育他说话的兴趣和能力。具体目标可以定为：喜欢听和谐悦耳的声音、乐意听别人说话；喜欢听成人讲述玩具、图片上的物体以及念儿歌、讲故事，并能参与念儿歌、讲故事，喜欢翻阅图书，说出自己的姓名、年龄，能简单回答别人的问题，能说方言或普通话的词，并能让别人听懂，能积极主动地学习新词和新句型，喜欢在游戏中和同伴交谈等。到3岁时，还应该让儿童能听懂普通话，会认真倾听别人说话，能在集体中讲述自己的请求和愿望，并能感受文学作品，学习文中的词句，能看图说话，喜欢看书，养成良好的阅读习惯等。当然，上述目标很大程度上是依靠托儿所或早教机构培育来达到，但家长是孩子的第一任启蒙教师，如果家长能有意识地与孩子交谈，注意培育，一定会使儿童在说话能力上得到很好的发展。

（四）影响0～3岁儿童语言发展速率的因素

影响0～3岁儿童的语言发展速率因素很多，经常表现为以下三种。

不同性别：女孩掌握词汇及语言的能力多比男孩强。例如，1岁半的男孩只能说出七八个单字，但女孩此时已经能说出20个以上的字，这个差距到2岁半后才逐渐拉近。此外，女孩发音较清晰，了解及运用语言的技巧掌握得较好。

缺乏聆听语言的机会：倘若孩子的父母或照顾孩子的人整天忙于工作，很少与孩子说话或交谈，令孩子生活在无语言的世界里，缺乏聆听不同词汇的机会，又怎能指望孩子的语言发展能够达到理想状况呢？

缺乏表达训练的机会：父母如果对孩子照顾得太周到，使孩子经常不需要说话便可以满足要求，就无法鼓励孩子多用语言表达自己的意念。其实，帮助孩子促进语言发展并不太困难，只要父母了解自己是其中的关键人物，给予孩子适当的学习机会，并悉心引导和鼓励，孩子的语言能力必定能逐步有所增长。

二、幼儿园语言教育的目标

幼儿园语言教育目标是幼儿园教育总目标在语言领域的具体化，它指出了通过幼儿园语言教育所要达到的预期效果。作为幼儿园教师必须明确：通过幼儿园语言教育要使幼儿的语言获得什么样的发展，达到何种水平，实现什么目标。明确幼儿园语言教育目标，能更好地指导幼儿园教师确定幼儿园语言教育中的内容，以及所采取的方法和途径。同时，它也是语言教育效果的评价标准。

（一）幼儿园语言教育目标制订的依据

1. 根据我国社会发展的需要

首先，在我国社会经济发展的现阶段，语言是学前儿童全面发展不可缺少的重要组成部分，也是体现儿童发展水平提高的一种重要标志；同时，中华民族几千年的优秀传统文化也需要通过幼儿教育特别是语言教育传承下去。其次，语言教育目标要适应我国生产力发展水平对人才培养的要求。在我国科学技术迅猛发展的今天，语言作为交际工具、思维工具和学习工具，其作用越来越重要，并成为高素质人才不可缺少的基本能力。再次，学前儿童语言教育目标的制订还需要有一定的前瞻性，因为今天的幼儿是祖国未来的栋梁之材，所以，教育要为幼儿终身发展打下良好的基础。

2. 根据幼儿身心发展的特点

幼儿语言教育是以促进幼儿身心发展为根本目的的，因而必须尊重幼儿身心发展的规律。尊重幼儿身心发展的特点，意味着我们在制订教育目标时，必须注意幼儿的语言发展特点和需求，根据他们身心发展的客观进程来实施教育。

3. 根据语言的学科特性和幼儿语言学习的特点

语言作为一门学科或幼儿教育课程中的一个方面，有其独特的教育功能和逻辑结构，幼儿语言学习也有其特殊性。所以，在制订幼儿园语言教育目标时必须充分考虑语言的学科性质及其对幼儿的教育功能和价值，尊重幼儿语言学习特点的恰当的教育目标。

（二）幼儿园语言教育目标的发展

2001年我国教育部颁布了《幼儿园教育指导纲要（试行）》（以下简称《纲要》）。对幼儿语言教育提出了一些新的要求，在一定程度上吸纳了国际儿童语言发展和语言教育研究的最新成果，反映了国际儿童语言教育的最新理论观念，也充分体现了我国幼儿语言教育近年来改革发展的趋势。2012年我国教育部又正式下发了《3～6岁儿童学习与发展指南》（以下简称《指南》），《指南》的目标是"以为幼儿后继学习和发展奠定良好素质基础"，其核心是"以促进幼儿在体、智、德、美各方面的全面协调发展"。这表明，我国的学前教育是以幼儿全面、协调发展和未来的持续、终身发展为出发和落脚点的。《指南》在完善《纲要》的同时，对幼儿语言教育提出了更为科学的合理化建议，针对社会中普遍存在的幼儿教育小学化的现象，将语言教育的重点放在了"主动表达愿望"和"口语交流能力"上，同时加大了对家长教育观念的更新和引导的力度，支持幼儿园开展科学保教、自觉抑制违反儿童身心健康的错误观念和做法。

1. 强调儿童语言运用能力的培养

重视儿童语言运用能力的发展，是近年来国际儿童语言教育的一个共同的趋向。《纲要》对儿童语言交际的功能非常重视，要求让幼儿在使用语言的过程中学习语言，第一次明确地提出了重视儿童语言运用的要求。《纲要》强调了幼儿的"语言能力是在运用的过程中发展起来的"，因此，认为发展幼儿语言的关键不是让幼儿强记大量的词汇，而是要引导幼儿"乐意与人交谈，讲话礼貌；注意倾听对方讲话，能理解日常用语；能清楚地说出自己想说的事；喜欢听故事、看图书；能听懂和会说普通话"。《指南》中再次重申了"听与说"在幼儿期语言教育的重要性，提出了"认真听并能听懂常用语言、愿意讲话并能清楚地表达、具有文明的语言习惯"的具体目标。这样的提法明显地淡化了纯粹重视幼儿语言形式学习的要求，强调语言教育过程中重视语言交际的功能，强调学前儿童在使用语言的过程中学习语言，在充分尊重幼儿主体性的同时又不忘文明语言习惯的养成。

2. 重视学前儿童早期阅读能力的培养

在社会和经济发展迅速的今天，人的阅读能力极其重要，是具有很高价值的能力。近年来，我国幼教界普遍关注幼儿的早期阅读的问题，开始重视研究这个新的课题。《纲要》第一次明确地把幼儿的早期阅读方面的要求纳入语言教育的目标体系，提出要"培养幼儿对生活中常见的简单标记和文字符号的兴趣；利用图书、绘画和其他多种方式，引发幼儿对书籍、阅读和书写的兴趣，培养前阅读和前书写技能"。但是，由于我们的理论研究滞后于实践的需要，有关早期阅读的种种问题，从概念界定到内容方法等等，出现了比较混乱的现象，不少人将"早期阅读"与"早期识字"等同起来，加上诸多商业运作的原因，出现了识字课本和识字读物满天飞的现象。毫无疑问，这样的"早期阅读"教学将对幼儿发展产生比较严重的不利影响。针对这一现象，《指南》将阅读与书写的目标定为喜欢听故事、看图书；具有初步的阅读理解能力；具有书面表达的愿望和初步技能。不难看出，这一提法更突出阅读兴趣和阅读习惯的养成。早期阅读教育的关键是自主阅读能力。因为当儿童能够通过阅读学习独立思考、解决问题时，他们才有良好的在校学习的适应性与学业成就，才具备个人终身学习的倾向与能力。3～8岁是儿童阅读能力形成的关键。然而，儿童不是天生就具备自主阅读的能力。他们自主阅读能力的发展，有其形成过程与规律，在他们的自主阅读能力成长的历程中，需要父母师长的正确引导与温暖陪伴。

3. 重视支持性语言教育环境的创设

在新《纲要》中提出"创造一个自由、宽松的语言交往环境，支持、鼓励、吸引幼儿与教师、同伴或其他人交谈，体验语言交流的乐趣，学习使用适当的礼貌的语言交往"，由此不难看出，创设支持性的语言教育环境成为实现幼儿语言教育目标的重要途径。

支持性语言教育环境的内涵应包括以下三方面。

（1）满足幼儿语言学习的个别需要。

《纲要》强调了"幼儿的语言学习具有个别化的特点，教师与幼儿的个别交流，幼儿之间的自由交谈等，对幼儿语言发展具有特殊意义"。这说明儿童语言发展既有人类语言的一般规律，又有非常明显的个别差异，因而就要给每一个儿童提供符合个别需要的教育机会。同时，《纲要》还指出"对有语言障碍的儿童要给予特别关注"。这给老师提出了更高的要求，做一个细致的人，给这些特殊的儿童更多的关注和鼓励。

（2）创设幼儿开放而平等的语言学习环境。

教师作为儿童的支持者、合作者和引导者，与幼儿交往是平等的。这样才有与幼儿一起分享和协作的学习过程，也只有在这样的过程中才能使幼儿的语言能力得到提高。

（3）鼓励幼儿在活动中扩展语言经验。

《纲要》还关注了促使儿童语言发展的方法、途径问题，明确指出："发展幼儿语言的重要途径是通过互相渗透的各领域的教育"，因而要求"在丰富多彩的活动中去扩展幼儿的经验，提供促进语言发展的条件"。重视幼儿语言运用能力的发展，重视幼儿的早期阅读，重视支持性语言教育环境的创设，不仅是当前我们贯彻《纲要》精神，也是进一步深化幼儿语言教育改革的几个关注点。

案例　园报创制

邮局活动中，幼儿在每日分发报纸、期刊过程中，对报刊的版面有了一定的阅读观察和认知。通过阅读报纸的基本要素及主要内容，激发了对园报的创作兴趣，于是针对报纸内容再次展开阅读理解和研讨，运用符号、图示创制符号园报，通过分析、内化，进行题目设计、版面设计、刊登内容设计等，和同伴、教师交流分享，并且进行全园推广。幼儿将自己阅读报纸的信息理解和认识，再用符号的形式创意表现出来，在绘制符号的过程中也积累了创意书写表达的经验。

视频：《花幼期刊》创制过程①

---

① 视频由绵阳市花园实验幼儿园提供，执教：吴玲，指导：加冬梅

（三）幼儿园语言教育目标结构分析

幼儿语言教育目标的结构分为纵向和横向的分类结构。从纵向的层次结构来看，幼儿园语言教育目标一般可以分解为总目标、年龄阶段目标和具体活动目标三个不同的层次。

首先，幼儿园语言教育总目标，是幼儿园语言教育任务要求的总和，即幼儿园三年语言教育所期望的最终结果。它是幼儿园教育总目标的一个组成部分。

在《纲要》中，我们可以看到幼儿园语言教育的目标主要有这样一些要求：乐意与人交谈，讲话礼貌；注意倾听对方讲话，能理解日常用语；能清楚地说出自己想说的事；喜欢听故事、看图书；能听懂和会说普通话。

其次，幼儿园语言教育年龄阶段目标是语言教育目标的具体化。对幼儿所要达到的语言总目标需要一步一步地落实到不同年龄儿童身上，这样才能够循序渐进地促进儿童的语言发展。以倾听为例，针对不同的年龄班，幼儿倾听目标的实现也有所侧重。如表1-1所示：

表1-1　不同年龄幼儿的倾听目标

	小　班	中　班	大　班
1	乐意听，倾听时保持安静，不打断别人的话	能有礼貌地、集中注意力地倾听	能主动、积极、专注地倾听，迅速掌握谈话的主要内容，并从中获取有用的信息
2	能听懂普通话	能区分普通话和方言的不同发音	能辨别普通话声调、语调和语气的不同变化
3	能听懂简单的指令	能理解多重指令	能理解并执行复杂的多重指令

再次，幼儿语言教育的具体活动目标一般由教师自己制订，它是指在某一具体的教育活动中要达到的目的。有时候，具体活动目标是一次活动中要完成的任务，但也有可能是一组相近的活动或一个主题系列活动的目标，它们使具体的教育内容紧密地联系在一起。无论哪一种活动，都含有一定的要求并通过教师的活动计划和教育实践得以体现。应当说，具体活动目标是为年龄阶段目标、语言教育目标服务的，是总目标和年龄阶段目标的最终分解和具体化，语言教育正是通过每一个具体活动落实到幼儿身上。因此，具体活动目标的积累便构成了年龄阶段目标，乃至语言教育目标。每一次具体活动目标的实现，都向完成年龄阶段目标和语言教育目标迈进了一步。

在幼儿语言教育目标落实到每个幼儿的过程中，必须注意以下三点：高层次目标要准确地转化为若干个低层次目标；具体的教育过程中，教师要把握各个层次教育目标的内涵以及相互间的关系；教师要根据目标来选择相应的教育内容，确定恰当的教育方法，从而确保目标的实现。

从横向的分类结构来看，幼儿语言教育目标是通过倾听、理解；表达、交流；阅读、欣赏三部分来体现的，而每一部分又包括认知、情感、能力三个维度。以倾听为例，《纲要》中明确要求"注意倾听对方讲话，能理解日常用语；能听懂和会说普通话"。结合我国幼儿语言教育的实际情况，又可以从认知、情感和态度、能力和技能三个维度对倾听总目标进行分解。认知目标——懂得别人和自己说话时要注意；情感态度目标——乐意听，有礼貌地、集中注意力地听；能力和技能目标——能听懂普通话，能分辨不同的语音语调，能理解并执行别人的指令。

⭐ 三、幼儿园语言教育的内容及活动实施

幼儿园语言教育的内容是幼儿园为幼儿提供的语言形式、语言内容和语言运用的基本知识、基本态度和基本行为方式的总和，是幼儿学习语言、获得语言经验的载体。幼儿园语言教育内容既包括教师通过有目的、有计划地组织的专门活动内容，也包括渗透在从幼儿入园的问候、晨间谈话，

到幼儿离园时的道别等各个环节之中以及其他领域活动中的语言教育内容。

（一）专门的语言教育内容

专门的语言教育内容，是为幼儿提供与语言进行充分互动的环境，使他们有机会对在日常生活中获得的零碎语言经验进行提炼和深化，达到对语言规则的理解和有意识的运用。专门的语言教育内容是根据既定的语言教育目标，通过有计划地安排和组织幼儿系统学习语言的专门语言教育活动来呈现的。

1. 专门的语言教育内容的选择遵循的原则

（1）根据语言教育目标选择内容；

（2）根据幼儿心理发展的特点选择内容；

（3）在幼儿的新旧语言经验间建立联系。

2. 专门的语言教育内容的范围

专门的语言教育内容分别蕴含在谈话活动、讲述活动、听说游戏、文学活动和早期阅读这五种形式的活动之中。

（1）谈话活动。

谈话活动创设的是日常口语交往情景，要求幼儿调动自己已有的经验，围绕一定的话题倾听他人的意见，表达自己的想法。谈话活动的重点目标在于培养幼儿运用口头语言与他人交际的意识、情感和能力，内容涉及两个方面：围绕自己熟悉的人或事进行谈话；就某一熟悉的场景发表个人的观点和想法。

（2）讲述活动。

讲述活动主要是为幼儿创设正式的口语表达情景，使幼儿有机会在集体面前表达自己对某一图片、实物或情景的认识、看法等，学习表述的方法和技能。这类活动培养幼儿认真倾听的习惯和完整、连贯、清楚的表述能力，促进其独白语言的发展，内容涉及：用简单明了的语言，把某一实物的特征、功用解说清楚；用比较恰当的语言讲述图片或影片中的主要人物、事件；用生动形象的语言，讲述处在某一情境之中的人物的形态、动作。

（3）听说游戏。

听说游戏为幼儿提供一种游戏情景，使幼儿在游戏中按一定规则练习口头语言，培养幼儿在口语交往活动中的快速、机智、灵活的倾听和表达能力。听说游戏涉及以下语言教育内容：巩固难发的音和方言干扰音，练习声调和发声用气；扩展、丰富词汇量，练习词的用法；在游戏中尝试运用某些结构的句子，锻炼语感。

（4）文学活动。

文学活动从某一具体文学作品入手，为幼儿提供一个全面学习语言的机会，使他们在理解感受作品的过程中，欣赏和学习运用文学作品提供的有质量的语言。文学活动着重培养幼儿的欣赏文学作品能力以及利用文学语言表达想象、表达生活经验的能力。文学活动涉及的语言教育内容包括：在欣赏儿童诗歌、散文的基础上，仿照某一首诗歌或一篇散文的框架，编出自己的诗歌或散文段落；童话故事和生活故事的学习、表演或仿编和续编；通过对话、动作、表情进行故事表演，体验作品的情节变化和人物情感的变化。

> **案例　皮影戏表演**
>
> 皮影戏表演是在幼儿观看皮影戏后对皮影偶制作过程解读的基础上展开的。幼儿在识图中学习皮影偶制作步骤，再简化为图画示例制作重点流程内容，便于更多幼儿识图操作。随后幼儿结合幼儿园一日生活经验创编绘本故事，并通过对自创故事内容多次分析、解读后改编成皮影戏表演。筹备皮影戏表演过程中，幼儿通过识图、创制、展示的方法，

感知皮影制作图示的意义，理解皮影制作注意事项和符号的意思，通过分工合作、合作排练、合作表演的方法进行展示，实现了阅读多样化表达。

视频：皮影戏表演①

（5）早期阅读。

早期阅读活动利用图书、绘画，为幼儿创设一个书面语言环境，使幼儿有机会接触书面语言，了解语言的基本文化内涵。早期阅读活动重点培养幼儿对书面语言的兴趣，引导他们逐渐产生对汉字的敏感性，丰富他们前阅读和前书写的经验。早期阅读包括以下内容。前图书阅读：学习翻阅、理解和制作图书，了解图书画面、文字与口语之间的对应关系。前识字：感受文字的功能、作用，了解识字的最基本规律和方法。前书写：感受汉字的基本结构，认识汉字的书写特点和工具，学习书写汉字基本方式。

3. 专门语言教育活动实施

语言教育活动实施需要语言活动方案支撑，而语言教育活动方案是专门的语言教育内容呈现给幼儿的主要载体。设计和组织语言教育活动方案，包括制订活动应达到的目标、选择能实现目标的具体内容、考察与内容相适应的活动方式等。

（1）语言教育活动方案的设计原则。

① 充分了解幼儿语言状况的原则。

只有以幼儿语言经验为基本设计出发点，才能保证设计出的活动方案符合幼儿语言发展的需要，才能使设计的活动对幼儿语言发展真正起到促进作用。充分了解幼儿语言状况的原则包括三个方面的含义：一是设计活动方案时，教师必须考虑教育对象现有的发展水平，否则，设计的活动就会远离幼儿，达不到活动设计目标。二是在设计活动方案时，教师需要考虑根据幼儿原有的经验，再提供一些新的经验内容。三是语言教育活动方案的设计在面向全体幼儿的同时，教师仍需要注意个别幼儿的差异，这样才能真正做到"尊重幼儿身心发展的规律和学习特点"，在设计语言活动时，教师应当考虑本班幼儿的个别特点，对那些有可能超越一般活动要求，或可能在活动中出现困难的幼儿都需要给予帮助。

② 语言教育活动过程围绕语言教育目标原则。

教育目标是活动过程的灵魂，也是整个活动过程设计与实施的目标，没有目标的活动是盲目的活动。而教育活动的过程需要教育内容和教育方法来协助完成。因此教育内容是教育活动过程的核心，但教育内容的选择必须围绕教育目标才能达到促进幼儿发展的目的。教育方法则是活动过程的骨架，恰当的教育方法能保证教育内容得到具体实施，也是达到教育目标的根本保证。

③ 围绕语言不同领域活动因素相互渗透原则。

语言教育活动是以语言教育为目的而组织的教育活动，是以语言符号系统操作为主的活动。因此，活动要求、内容和形式都应从语言角度进行思考，为幼儿提供适应其语言发展需要的学习机会。同时，语言教育活动也是多种符号系统参与的活动，比如音乐、美术、动作等不同发展领域活动的因素参与。这些领域活动因素参与起到的是辅助作用，也就是说，什么时候要辅之以音乐的或美工的活动手段，要根据活动内容的要求而定，要从如何帮助幼儿更好地理解学习内容、主动积极地学习、完成学习任务来确定。

④ 语言活动方案的设计要为活动过程的实施留有余地。

教育是人类可以预见其结果的一种实践活动，但也是一种具有随机创造性的实践活动。教育活动设计的目的，是为了使教育实践活动按照预定的轨道，朝着预期的目标前进。但是，这种设计

---

① 视频由绵阳市花园实验幼儿园提供，执教：孙怡，指导：何苗

千万不能成为具体实施的桎梏，而应该成为教师产生再创造的温床和土壤。由此看来，目前那种将教师如何提问，幼儿如何回答的详细内容全都设计出来的做法是不足取的。

（2）语言教育活动方案设计步骤。

①活动名称：写清楚语言教育活动的具体类型，适合于何种年龄阶段，具体内容是什么。

②幼儿情况分析：简略概括本班幼儿语言发展水平及发展特点。

③活动目标：写清楚通过本次活动应达到的具体目标要求。

④活动准备：写清楚本次活动需要为幼儿做好的准备，包括知识准备、语言准备和物质准备三个方面。

⑤活动过程：一个经过精心策划的完整的活动过程在书写形式上应表明活动的起点和终点；清晰的活动过程步骤以及与这些步骤相关的内容和组织形式；需要重点提出的问题。

⑥活动延伸：设计出本次活动在课堂教学之外扩展和延伸的具体方式和要求，如其他领域中的渗透、活动区活动、户外游戏活动、家园配合等。

⑦活动评价：设计好评价的标准和范围，增加语言教育的科学性和有效性，以便具体的教育活动结束后及时进行评价。

（3）语言教育活动的组织原则。

幼儿语言教育活动的组织原则，是指教师在开展语言教育活动中需要遵循的基本准则和基本要求。它是使活动具有基本质量和必要效率的保证。

①幼儿是活动主体的原则。

第一，要激发幼儿活动的主动性。教师在组织活动的过程中，如果能够成功地激发幼儿的学习、探索的动机，那么就可以使活动产生良好的效果。第二，幼儿是活动中的操作主体。幼儿的活动是通过一系列的动作实现的，而实现动作的方式就是操作，幼儿是操作中的主体，而教师在操作中的角色是幼儿的支持者、合作者和引导者。在语言教育活动中，幼儿操作的方式主要是指语言操作。因此，教师在组织语言教育活动中，要充分创造语言操作的条件，使幼儿在操作中习得和巩固语言。

②促进幼儿语言发展的原则。

在传统的语言教育中，由于以教材为中心，以教师为中心，注重知识的灌输，如背诵一首儿歌，讲述一个故事，而忽视幼儿的语言行为能力的培养。因此，第一，教师要了解语言教育领域的目标。我们这里所讲的发展是教育学意义上的发展，即幼儿通过参与教师组织的有计划、有目的的教育活动所获得的语言发展，而不是心理学意义上的自然成熟。而要使幼儿通过有组织的教育活动获得语言发展，就要了解语言教育这一领域的目标，这样才能使幼儿的发展有着明确的指向，也才能使幼儿的发展有一个可以测量的尺度。第二，语言教育活动的落脚点是幼儿的语言发展。从整个语言教育活动来看，它的活动类型、活动内容和活动形式来看，是多种多样、丰富多彩的。但不论教师选择的内容有多么丰富，形式有多么活泼多样，在指导思想上都应明确，促进幼儿的语言发展是语言教育活动的落脚点，千万不可搞那种表面上热热闹闹，而幼儿的语言没有得到发展的活动。

③自由与规范相统一的原则。

幼儿教育作为个体社会化的过程，其目的就是让幼儿通过学习去掌握社会规范，而它本身又是一种规范。这样，教育就是让幼儿通过规范去学习规范。幼儿语言教育活动本身是一种通过规范去学习语言规范的过程，这就要求幼儿在规范的情境中接受规范的语言，练习规范的语言，用规范的语言进行语言交际。但是，教育的目的之一又是让幼儿的个性得到自由发展，在自由中去创造。正如陶行知先生所说，在教育中要解放儿童的嘴、眼、手、脑，要解放儿童的时间和空间。这样，幼儿在语言教育活动中才能主动、活泼地学习，和谐地发展。因此，教师在组织语言教育活动中，应该注意将自由与规范有机地结合起来。在贯彻这一原则时，应注意以下两个方面。

第一，为幼儿提供自由说话的机会。在教育实践中，往往有一种情况，教师刻板地按照事先设计的教案开展活动，教师问及其行为，幼儿的提问及其行为，都要按照事先规定的进行。如果幼儿回答及其行为稍有偏离，就要硬往这预定的轨道上拉。这样做的结果严重束缚了幼儿的自主性和创造性，致使教育的气氛死气沉沉。因此，在组织语言教育活动的过程中，教师应该创造让幼儿自由说话的机会。不论是哪一类活动，在培养幼儿掌握每一种新的语言经验之前，都要提供一定的空间，让幼儿运用已有的语言经验自由地交谈。即使在获得了新的语言经验之后，也要允许他们在一定规范的范围内练习所习得的新的语言经验。要做到这一点，教师就要灵活运用事先设计的教案，充分利用教育机制，活跃教育活动的气氛。

第二，引导幼儿养成运用规范语言的习惯。语言教育的目的是使幼儿掌握规范的语言，因此在提供幼儿自由运用语言的机会时，万万不可脱离规范的要求。同时，教师在组织语言教育活动时，自身要在语言形式、语言内容和语言运用方面为幼儿做出规范语言的示范，成为幼儿语言学习的榜样。

④ 示范与练习相结合的原则。

示范是一种很重要的教育手段，从父母教孩子怎样系好鞋带到大学教授给大学生传授自然科学知识，都离不开示范。对幼儿语言教育来说，教师的示范是幼儿进行语言模仿的基础。但是，要使教师示范的语言为幼儿所习得，并能为幼儿所牢固掌握和灵活运用，就要提供机会让幼儿反复练习。因此，教师在组织语言教育活动时，必须坚持教师示范与幼儿练习相结合的原则。要贯彻这一原则，教师应注意以下三点。

第一，教师的示范不能限制幼儿的思维。在语言教育活动中，有许多活动类型的活动结构专门设置了教师示范这一步骤，其目的都是希望借助于教师的示范使幼儿模仿并习得规范的语言。在具体操作示范这一步骤的过程中，往往容易出现限制了幼儿想象和思维、阻碍幼儿调动已有语言经验的偏差。例如，当教师示范之后，要求幼儿模仿并练习时，往往出现幼儿死套教师的语句、缺乏想象力和创造性的现象，这是应该注意避免的。因此，教师在实际运用示范这一方法时，应鼓励幼儿在模仿的基础上大胆创新，允许幼儿说出不同于教师的语句及其叙述程序，千万不要使教师的示范限制了幼儿的思维。

第二，注意运用隐性示范。在一般的教育过程中，教师的示范大多为显性示范，即教师明白地告诉模仿者应该怎样做，要求模仿者仔细观察教师的语言和动作。这种显性示范对于某些年龄段的教育对象和某些科目的教育是十分必要的，效果也很好。对幼儿语言教育来说，单纯运用显性示范就显得太单调、太枯燥了。要求幼儿较长时间地集中注意力于教师的示范，不符合幼儿的心理特点。因此，为了使整个活动过程活跃而不死板，就要更多地运用隐性示范。这就要求教师在活动过程中，以一个参与者的身份与幼儿平等地进行活动。如参与幼儿的游戏活动，在谈话活动中谈论自己的经验等。这时，教师并不明确地要求幼儿观察教师的示范，而是通过主导活动的方向和进程，通过种种暗示来给予示范。

第三，提供充分练习的机会。练习是幼儿学习语言的重要方法。通过练习，幼儿可以加深理解语言教育中的有关内容，牢固掌握有关的语言知识，熟练运用语言技能。因此，当教师给予幼儿以某种语言示范之后，就要提供充分的时间和空间，让幼儿反复练习。当然，练习的方式是多样的。尤其要注意的是，教师应利用练习让幼儿迁移新获得的语言经验，使幼儿在迁移性练习中领悟语言的特性。在真实的生活情景中为幼儿提供更加广泛的、多种多样的学习语言的机会，使幼儿更好地运用语言获得新的生活经验和其他方面的学习经验。渗透的语言教育内容既可以使幼儿更好地习得语言，也可以促进幼儿在日常生活、游戏和其他学习活动中的语言交往。

案例　大事件播报

幼儿挖掘身边事情，把从同伴、教师处搜集的园内新鲜事、重要事，运用符号及时记录事件，再归纳梳理后运用符号绘制成大事件播报海报，最后录制所收集的事件在全园播报。幼儿通过认读符号、图示、讲读等多种形式对事件进行表达、传递，将符号理解、口头语言表达、前阅读、前书写等语言教育活动融入其中，同时也促进幼儿热爱幼儿园生活，提升其关注幼儿园生活中的大事要事、学习提取事件中的重要信息等方法。

视频：大事件播报[1]

---

[1]　视频由绵阳市花园实验幼儿园提供，执教：袁小雯，指导：何云竹

（二）渗透的语言教育内容

1. 渗透的语言教育内容的重要性

专门的语言教育内容是必要的，这是因为专门的语言教育活动和内容为幼儿提供一种比较正式的语言交际环境，使幼儿在教师的直接指导和参与下进行比较系统的语言学习，以获得满足其全面发展的最基本的语言知识、能力和情感态度。而渗透的语言教育内容的核心，是促进幼儿与教师、同伴之间的有效言语交流。所以，从某种意义上说，渗透的语言教育内容更加重要。

渗透的语言教育内容和活动对幼儿语言发展有其特殊价值，具体表现在以下三个方面。

首先，渗透的语言教育内容和活动只强调教师为幼儿提供一个宽松的语言学习情景，关注幼儿的语言学习过程，而较少强调幼儿语言学习的结果。没有统一的语言教育目标，允许幼儿有不同的学习结果，并按照自己的进度发展语言，因此符合幼儿在自然交际环境中习得语言的特点。

其次，渗透的语言教育内容往往与幼儿的生活或其他领域的内容同时存在于活动过程之中，幼儿使用语言的自由度更大，发展语言的条件更加宽松。这与"幼儿语言的发展与其情感、经验、思维、社会交往能力等方面的发展密切相关"的规律相吻合，所以能够更好地扩展幼儿的语言经验，提供促进幼儿语言发展的条件。

第三，渗透的语言教育内容和活动更能体现语言教育的个别化。渗透的语言教育内容和活动对幼儿语言学习没有过高的要求，因此教师有机会开展个别指导幼儿活动，根据幼儿的兴趣和经验，让他们以自己独有的方式加工各种语言信息。在与幼儿交流的过程中，始终将自己看作幼儿中的一员，真正实现由权威地位向与幼儿平等交流、共同分享的地位的转化。这是使教师与幼儿之间的交流成为真正的双向互动的根本保证。同时，注意自身与幼儿之间言语沟通技能的提高。还要促进幼儿之间的有效言语互动，即多选择幼儿共同感兴趣的话题；通过提供合作、分享、互相尊重的榜样供幼儿模仿；还应提供机会，让幼儿体验因争执而不能解决问题的失败感，或者体验因采取商量、对话等简单的策略而交流成功的喜悦感。

2. 渗透的语言教育内容的范围

渗透的语言教育内容通常出现在以下三种情景之中。

（1）日常生活中的语言交往。

语言是日常生活中建立良好人际关系的工具，可以起到指导和调节人际关系的作用。从幼儿语言学习的内容上来看，日常生活中的语言交往，可以帮助幼儿学习在不同场合运用恰当的语言形式进行表述和交流，同时又将社会文化习俗的学习与语言的学习结合在一起。具体而言，渗透在幼儿的日常生活过程中的语言教育，可以帮助幼儿获得以下的语言经验：注意倾听、理解和执行生活常规以及成人的指令性语言；学会运用礼貌语言与他人交往；学习运用语言向他人表达自己的需要和要求，对他人提出的要求作出恰当的应答；学习运用恰当的语言解决与同伴之间发生的冲突。由此可见，对幼儿的语言发展来说，一日生活之中蕴含了丰富的教育资源。教师在实践中需要不断提升教育意识，为幼儿创设和谐、多元的语言环境，有效利用日常生活中的语言教育资源，让幼儿在最自然、最真实的日常生活中学习、运用和发展语言能力。

这种类型的语言学习通常包括以下四种形式。第一，在饭前饭后、午睡前后以及离园前等生活环节，让幼儿倾听优美的儿歌、散文、故事等文学作品。这样的文学作品通常是幼儿能够理解的或者是他们已经学习过的。第二，在幼儿午睡起床或其他等待环节，让幼儿按照一定的规则进行语言操作游戏。幼儿边玩边说，能够充分体验游戏的乐趣，并在玩的过程中充分练习、巩固和扩展已经获得的语言经验。这类活动包括猜谜语、接话、传话、组词、玩拍手游戏等多种形式。第三，利用一日生活中的各种等待或过渡环节提供幼儿表述的机会，让幼儿根据自己的经验大胆地讲述自己的想法，有时可以围绕一个主题，有时也可以没有主题。第四，利用幼儿离园前、自由游戏等时间，鼓励幼儿以集体、小组或个别的形式，自由阅读图书。图书可以是自己带来的书，也可以是幼儿园阅读角中的书。同时也鼓励幼儿自己组织看录像或影碟等。这种活动的目的，在于帮助幼儿逐步养成喜欢阅读的良好习惯。

（2）自由游戏中的语言交往。

在自由游戏中，语言成为幼儿语言与同伴进行交往、合作、分享的工具，也成为指导和调节自已选择游戏内容、游戏伙伴和游戏材料等行为的工具。具体而言，渗透在自由游戏中的语言教育可以帮助幼儿获得以下语言经验：学习运用玩具结合动作自言自语，进行自娱或自我练习；学习自主选择游戏的内容、伙伴、材料等；学习通过协商等语言方式，解决与同伴在游戏内容、材料的选择以及游戏规则的制定过程中出现的矛盾冲突。

（3）其他领域活动中的语言交往。

在其他领域的活动中，语言也是幼儿学习的工具，发挥着重要的作用。其他领域的教育活动为儿童提供了语言活动的素材、言语表达和言语交往的条件，在其他领域中的各种符号学习也可以帮助幼儿理解语言的符号特征。比如数学活动，幼儿需要用完整精练的语句准确表达自己的思维过程和结果。在数学活动"分蛋糕"中，目的是让幼儿初步了解等分的意义，尝试二等分、四等分。在幼儿尝试操作的基础上对"等分"进行讲解时，教师把抽象、深奥的等分概念解释为"把一样东西分成大小一样的几份就是等分"。而幼儿在操作体验的基础上对这一概念就有了较清晰的认识。教师要求幼儿量词使用准确，份数的表达要清楚。这既巩固了幼儿的数学知识，又锻炼了幼儿的语言表达能力。语言交往有利于幼儿正确感知和理解学习的内容，增强对幼儿学习内容的认识和表达能力，增加学习的有意性和目的性。具体而言，渗透在其他领域活动中的语言教育可以帮助幼儿获得以下经验：集中注意倾听教师布置活动任务；学习运用语言指导观察和操作并思考事物之间的相互关系，指导表达对观察对象的感受和认识；理解语言与其他活动内容之间相互关系，学习运用语言促进相关领域知识的掌握和能力的提高，提高学习的效率。

思考与练习

1. 有选择地观察0～1岁、2～3岁、4～6岁儿童各一名，运用本章所学内容，试总结不同年龄阶段儿童语言发展的规律。
2. 简述学前儿童语言发展与语言教育之间的关系。
3. 简述学前儿童语言发展的特点。
4. 在《纲要》中，如何体现了我国幼儿语言教育近年来改革发展的趋势？
5. 如何理解渗透的语言教育的意义？

学前儿童语言发展

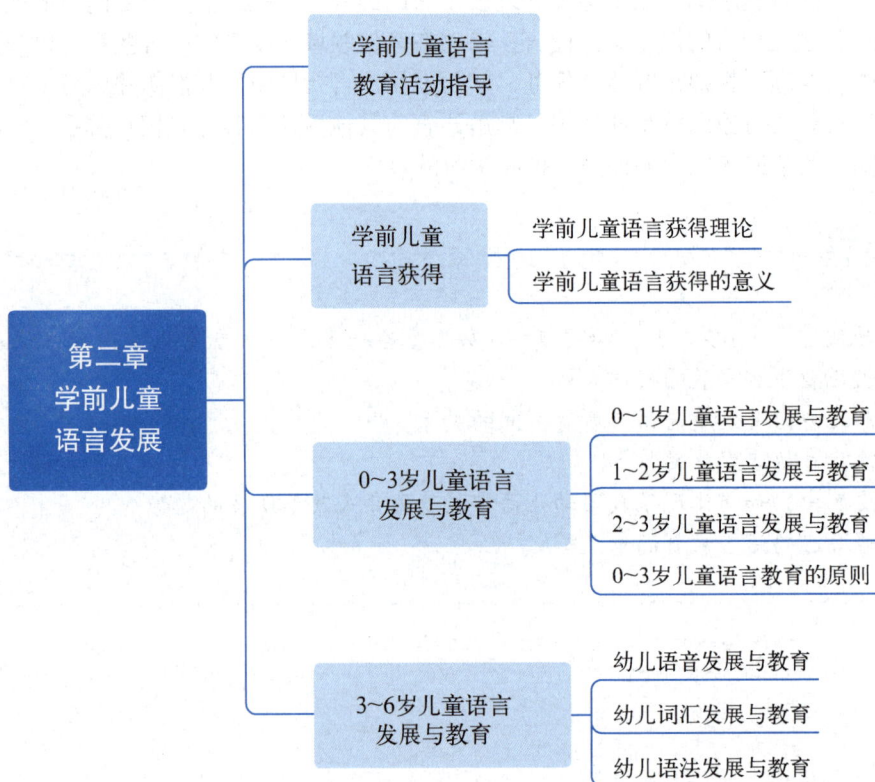

```
                              ┌─────────────────┐
                              │ 学前儿童语言      │
                              │ 教育活动指导      │
                              └─────────────────┘

                              ┌─────────────┐    学前儿童语言获得理论
                              │ 学前儿童      │
                              │ 语言获得      │    学前儿童语言获得的意义
                              └─────────────┘

┌─────────────┐                                   0~1岁儿童语言发展与教育
│ 第二章        │              ┌─────────────┐
│ 学前儿童      │              │ 0~3岁儿童语言 │    1~2岁儿童语言发展与教育
│ 语言发展      │              │ 发展与教育    │    2~3岁儿童语言发展与教育
└─────────────┘              └─────────────┘    0~3岁儿童语言教育的原则

                                                   幼儿语音发展与教育
                              ┌─────────────┐
                              │ 3~6岁儿童语言 │    幼儿词汇发展与教育
                              │ 发展与教育    │
                              └─────────────┘    幼儿语法发展与教育
```

学习要点

- 儿童语言获得理论。
- 0~3岁儿童语言发展特点。
- 3~6岁儿童语言发展特点。
- 学前儿童语言能力培养基本策略。

第一节　学前儿童语言获得

儿童为什么能在短短几年内掌握各种复杂而抽象的规则，获得语言能力，这是当代心理语言学和发展心理语言学中最尖锐复杂的课题之一。到目前为止，已先后出现了四种颇具代表性的理论模式。在这些理论之间存在着非常激烈的争论，争论的焦点有：语言是先天形成的还是后天习得的；是被动学习还是主动创造的；认知与语言发展的关系等。

★ 一、学前儿童语言获得理论

（一）环境理论

环境理论以巴甫洛夫的经典条件反射和两种信号系统的学说、华生的行为主义学说为理论基础，强调后天学习对语言获得的决定性影响。根据语言获得观点强调的侧重点不同，又可分为模仿说、强化说和中介说三种。

1. 模仿说

这是由阿尔波特（F. Allport, 1924）率先提出的关于儿童语言获得机制的最早理论。他认为，儿童学习语言是对成人语言的模仿，儿童的语言是成人语言的简单翻版。后来的社会学习理论代表人物班杜拉（Bandura, 1977）认为，婴儿主要是通过对各种社会语言模式的观察学习（即模仿学习）而获得语言的，其中大部分是在没有强化的条件下进行的。

哈里斯和哈赛默（Harris & Hassemer, 1972）对模仿在儿童语言获得过程中的作用进行了比较研究，证实婴儿言语活动中有模仿成分。怀特赫斯基（Whitehurst, 1975）等人对传统的"模仿说"进行了改造，并进一步提出了"选择性模仿"的新概念，认为儿童对成人语言的模仿是有所创造、有所选择的。儿童在获得语言的过程中往往把示范句的语法结构应用于新的情景以表达新的内容，或将模仿获得的结构重新组合成新的结构。这样，便产生了儿童自己的话语。这种选择性模仿把临摹因素和创造因素结合在一起。

我国林崇德、庞丽娟等人认为，在儿童获得语言的过程中有各种类型的模仿在起作用，而不仅是直接模仿（观察模仿）或选择性模仿单独作用所能承担的。概括起来，在儿童语言获得过程中相继有四种类型的模仿行为：（1）即时的、完全的"临摹"；（2）即时的、不完全的"临摹"；（3）延迟模仿（有变形或创造性因素）；（4）选择性模仿（可以按照示范句的语法结构、功能在新情景中表达新的内容）。即时性模仿一般在语言发展的最初时期起主要作用，但随后便被延迟模仿所替代。这两种模仿在2岁前发挥着重要作用，之后，选择性模仿占据了主导地位，它使儿童能迅速地掌握和运用大量语言材料和基本语法规则。

2. 强化说

强化说以刺激—反应论和模仿说为基础，无论是巴甫洛夫还是斯金纳（B. F. Skinner）都认为，语言的获得就是条件反射的建立，而"强化"在这一过程中起着重要的作用，儿童正是通过不断的强化学会语言的。

斯金纳把言语看成是一种行为，认为儿童习得言语行为就像老鼠按门阀形成操作性条件反射一样，即儿童语言的获得是通过食物或成人的言语声音、手势等的强化而习得的。他特别强调"强化依随"（即紧跟在言语行为之后的强化的刺激）在儿童语言获得过程中的决定作用。当儿童与成人相互作用时，儿童作出的言语行为（如说出一个词）如果得到成人的鼓励和奖赏（赞许、微笑等）后就能保持和加强，并逐步形成语言习惯；如果得不到成人的鼓励和奖赏或受到成人的惩罚（气愤或不高兴），他就会回避这种言语反应并逐渐消退。

3.中介说

中介说又称传递说，在行为主义传统的"刺激—反应"链条中，又增加了"传递性刺激"和"传递性反应"的中介。斯塔茨认为，一个词或一句话都可以具有刺激的性质，可以诱发出条件反应。这种隐含的反应又可以成为刺激，引起新的反应，这样一系列的刺激和反应构成了中介体系。这种中介体系说明了刺激和反应的传递性。

模仿和强化的确在儿童语言发展中起着不小的作用，我国的朱曼殊、许政援等心理学家在自己的研究中，也都证明了这一点。但是，儿童的语言发展却存在着许多不能用模仿和强化解释的现象：

第一，语言单位和语言的结构规则是有限的，但是，由这些单位和规则所组成的话语却是无限的。例如，米勒对英语中20个词组合成的句子数目作了一个保守估计，其数目为10^{20}，一个人仅仅去听所有这些句子就要花费估计比地球年龄大1 000倍的时间。因此，话语的无限性，从根本上决定了儿童所学会的话语不可能都有模仿的蓝本，也不可能都得到成人的强化。

第二，有些不合成人语言的现象，成人并没有提供模仿的蓝本，更不会有意地去强化，但是儿童却讲出了这样的话语，甚至会顽固地保持一段时间。

第三，有许多语言现象，即使成人经常向儿童提供，并反复强化，儿童也不一定能够获得。

第四，许多研究发现，父母亲比较重视儿童话语意义的表达，但对儿童所使用的语言形式则比较宽容。例如，很少见到成人去刻意纠正儿童的语言"错误"。

这些现象的存在，说明环境理论有着明显的缺陷。最根本的原因是，环境理论否定了儿童获得语言过程中的主动性和创造力。因此，自从20世纪50年代乔姆斯基语言学兴起之后，行为主义理论受到了严厉的批评。

（二）先天决定理论

先天决定理论和环境理论完全相反，它强调人的先天语言能力，强调遗传因素对儿童语言发展的决定性因素。其内部较有影响的两大理论是乔姆斯基（И. Chomsky）的"LAD理论"和伦内伯格（E. H. Lenneberg）的自然成熟说。

1."LAD理论"（转换生成说）

"LAD理论"（转换生成说），又称"先天语言能力学说"，是由乔姆斯基在其《句法结构》一书中提出的一种语言理论。他认为：（1）语言是利用规则去理解和创造的，而不是通过模仿和强化得来的。（2）语法是生成的。婴儿先天具有一种普遍语法，语言获得过程就是由普遍语法向个别语法转化的过程。这一转化过程是通过先天语言获得装置（Language Acquisition Device，简称LAD）的复杂加工而得，不是后天学习的结果。（3）每一句子都有其深层和表层结构。句子的深层结构（语义）通过转换规则而变为表层结构（语音等），从而被感知和传达。

乔姆斯基学说的最重要的根据是：语言是一个复杂得令语言学家都感到头痛的系统，但是，儿童只要没有严重的语言学习障碍，却可以在四五年的时间里获得它。这种神奇的语言学习能力，是成人所远远比不上的。成年人学习外语，有好的老师和教材，且掌握了一种语言的基础和经验，条件比儿童优越得多。但是成人花费了大量的精力和时间，学习外语的水平却不怎么理想。面对这种强烈的反差，不能不说儿童"是自然界特别制造的小机器，是专为学语言而设计的"。这个小机器具有先天的语言学习能力。

乔姆斯基学说重视儿童学习语言的主动性和创造性，能够解释行为主义所不能解释的一些现象。因此，是一种新奇而有价值的学说。但是，这一学说也有明显的不足：

第一，儿童是否具有一种如乔姆斯基所说的那种先天语言获得机制，还是一个无法验证的假说。

第二，过于轻视后天语言环境的作用。通过研究成人同儿童交际的语言特点，发现儿童语言的发展同成人与其交际的语言成正相关。成人在同儿童进行交谈时，语言较为规范，而且其语言水平比儿童当时的语言水平略高，起着"导之以先路"的作用。

第三，儿童学习语言的过程，也并非如乔姆斯基所说的那样轻松容易。儿童学话的过程十分艰巨，不仅有大量的失误，而且花费的学习时数也非常可观。儿童在早期的人生历程中，几乎是"全脱产"学习语言。而且，所谓在四五年内就能学会一种语言的说法，也颇轻率，因为四五岁儿童并不能运用语言进行较好的交际，离"熟练运用语言进行交际和思维"的水平，还有相当大的差距。

1970～1977年美国"人工野孩"吉妮（Genie）的个案研究公布以后，乔姆斯基对其理论做了补充，提出作为语言获得基础的这种先天机制，后天必须及时地暴露于语言的刺激下而被激活，否则就会失败。这样，其理论显得更为合理。

2. 自然成熟说

自然成熟说是由伦内伯格提出的一种儿童语言发展的理论。

伦内伯格先天决定论的基本思想是把儿童的语言发展看成是受发音器官和大脑等神经机能制约的自然成熟过程。伴随年龄的增长，儿童的发音器官和大脑的神经机能逐渐成长发育。当和语言有关的生理机能成熟到一定的状态时，只要受到适当外界条件的激活，就能使潜在的与语言相关的生理机能转变为实际的语言能力，所以儿童语言能力的获得是由先天遗传因素决定的。伦内伯格还指出在儿童发育期间，语言能力开始时是受大脑右半球支配，以后逐渐从右半球转移到左半球，最后才形成左半球的语言优势（左侧化）。

先天主义理论可以解释语言获得过程中的许多现象，自然成熟学说可以解释诸如成人与儿童之间语言学习能力的差异等问题。但先天主义理论也有其缺陷。很多方面还没有足够的事实证明。总的说来，先天决定论考虑到了儿童自身的内化因素——遗传因素，但同时，由于和后天决定论背道而驰，明显忽略了环境和学习对儿童语言获得的重要影响。

（三）环境和主体相互作用论

以皮亚杰为代表的认知学派，在先天因素和后天因素之外又提出了由其相互作用产生的一个语言赖以依托的第三者认知结构，提出了先天与后天相互作用论。

1. 认知相互作用论

认知相互作用论从认知结构的发展来说明语言发展，认为认知结构是语言发展的基础，语言结构随着认知结构的发展而发展，儿童的语言结构具有创造性。儿童的语言能力仅仅是大脑一般认知能力的一个方面，即许多符号功能中的一种，而认知结构的形成和发展既非环境所强加、也非人脑先天具有，而是主体和客体相互作用的结果。对此，该学派从以下三个方面进行了论证。

（1）从个体的发展来看，语言出现于1.5岁左右，而研究表明在此之前就已经有了感知运动智慧，这是一种建立在感知觉基础之上的"动作化思维"，逻辑的产生先于语言，所以并不需要语言的帮助。

（2）皮亚杰的合作研究者辛克莱对5～8岁儿童的运算阶段和语言阶段之间的关系的研究表明，仅仅通过语言的训练掌握一定的表达方法，并不能保证逻辑运算结构的获得与发展，是智力运算促进了语言的发展而非相反。

（3）奥立彤和佛斯等人对聋哑儿童、盲童与正常儿童的比较研究证明：聋哑儿童虽没有语言，但有思维，仍经历着同正常儿童一样的发展阶段，只是晚一两年；盲童和正常儿童相比，其进行同样的思维作业要比正常儿童延迟三四年或更多年。他们之间的差别主要在于先天盲童的感知运动图式，从一开始就受到了妨碍，一般的协调动作进行得缓慢，而他们在语言方面的发展并不足以补偿这种缺陷，由此可见，认知结构的发展早于并制约着语言的发展。

皮亚杰认为，"语言依赖于思维"，"某种字词与短语出现于言语中，必须是在儿童掌握了相应的认知规则之后"。皮亚杰举例说，只有儿童在最终认识到藏匿起来的东西并未消失这一点时，他才可能开始谈论不在眼前显示的东西。

皮亚杰学派从主客体之间的相互作用来说明儿童认知能力和语言能力的发展，但过分强调认知发展是语言发展的基础，而忽视语言发展对认知发展的反作用以及社会交往与儿童语言发展的关系，不免带有片面性。同时，该理论也没有完全解释清楚语言发生的复杂过程和其中的错综关系。

2. 社会相互作用论

20世纪70年代后，以布鲁纳、鲁利亚及班杜拉为代表的一些心理学家特别重视儿童和成人的交往在儿童语言获得中的作用，他们认为儿童和成人的语言交流是语言获得的决定性因素。如果从小剥夺儿童和成人的交往及相应的语言交流，儿童就不可能学会说话。目前发现的一些与野兽生活在一起的人类儿童都没有人类的语言，甚至后来精心教习他们也无济于事。这些儿童就是由于出生后就脱离了人类社会，而很难通过后天的教育来习得语言。

社会相互作用论的主要观点在于强调语言环境和对儿童的语言输入的作用，不过，语言环境和语言输入在儿童语言获得中究竟起多大作用、如何起作用，目前还没有结论。

我国学者、北京师范大学教授何克抗在前三大理论的基础上，提出了一种全新的儿童语言发展理论——语觉论。该理论主要内容如下。

（1）语言涉及语音、语法和语义。儿童语言的发展靠先天遗传的只是语觉（从一般听觉系统中独立出来的语义感知觉系统）能力，即对语音和语义的感受与辨识的能力，而非全部言语能力。

（2）由于除了语音、语义的感受与辨识能力以外的言语能力，如词性识别和词组构成分析等语法方面的能力，需要在后天通过学习才能获得，儿童在后天仍需要有一段教育与学习过程才能更有效、更深入地掌握某种语言。

（3）在伦内伯格儿童语言发展的关键期（也称语言发展的敏感期）基础上作出一条"儿童语觉敏感度曲线"。如图2-1所示。

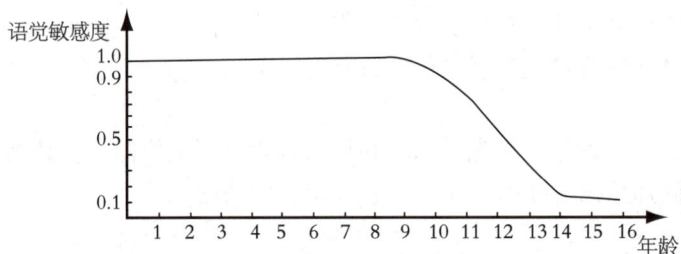

图2-1　儿童语言敏感度曲线

从图中不难看出，"语觉敏感度曲线"比伦内伯格的"语言发展关键期"（2～12岁）的描述更为翔实。儿童语言发展的关键期不是呈现水平状态的，儿童语言获得的最佳敏感期是在8岁以前，从9岁以后开始下降，到12岁下降到1/2左右，到14岁则下降到1/10左右，已经进入了儿童语言发展的末期，而且在8～12岁的学龄阶段，他们的语觉敏感度随年岁增加而迅速下降。

（四）全语言教育理念[①]

全语言教育或称整体语言教育，是近年来西方语言教育界较为重要的一种理论思潮，它是兴起于20世纪70年代末、80年代初的一种教育哲学，曾引发了美国、加拿大等英语系国家教育观念的转变和改革实践。全语言教育理念最初用于美国中小学校教授本民族的语言教学改革，后来又逐渐运用到儿童语言教育领域并产生了巨大影响。20世纪90年代以来，全语言教育的思想逐步传入我国。

以心理语言学家古德曼（Goldman）为代表的一批学者，在维果斯基提出的社会文化理论的影响下，将儿童语言教育置于社会文化下进行思考。传统的语言教育观念认为，"阅读是一个精确的过程，这个过程包括对字母、单词、拼法以及较大的语言单位作准确、详尽、连续的感知与辨认。"古德曼批判了这一观念，他将语言学习视为一个整体，提出了全语言（Whole Language）的教育理念。"Whole"体现了其理论的核心精神，即"语言是完整的、整体的，不可分割成孤立的语音、字、词和句子片断；语言的学习也是完整的，包含对学习者个人有意义的语言，而不可被划分成内容或技巧的部分；语言的学习应在完整的情景、真实的言语实践中，在完整的语言观的统领下通过整合的语言学习逐渐建构起来。"

---

① 张明红.0—3岁婴幼儿语言发展与教育［M］.上海：华东师范大学出版社，2020

全语言教育理论强调语言的获得需要在交往中进行，语言既不是天生的，也不是学习得来的，而是儿童在认知机能与语言和非语言环境相互作用的过程中不断建构的，获得语言和通过语言学习是统一的。

全语言教育是新兴的教育思潮，是一种教育哲学，至今没有统一的概念界定，也没有成熟的实践模式，甚至缺少实践方案。但古德曼坚信，全语言教育的未来就是教育革命的未来。

综上所述，语言获得的各种理论均有一定的合理性，但也存在不同的缺陷。事实表明，学前儿童语言获得的过程是一个多种因素相互影响、相互作用的复杂的动态系统，遗传、环境、认知和社会经验在儿童语言获得的过程中发挥着不同的作用。到目前为止，关于儿童语言在语音、语义、语法等方面发展的精确模式，研究者并没有得出一致的结论。

⭐ 二、学前儿童语言获得的意义

语言的获得对儿童心理的发展有着重大的影响，形成和提高了儿童心理活动的概括性和有意性，大大丰富了儿童心理反映的内容，促进了他们自我意识的产生和个性的萌芽。

语言的获得使儿童情感与需要的表征、与他人的沟通成为可能，从而拓展了他们的生活范畴，促进人际交往，提高了他们的社会化水平。

第二节　0～3岁儿童语言发展与教育

3岁前的儿童是人一生中学习语言最迅速、最关键的时期。在短短的3年当中，他们从能听懂成人的语言，学说单词句，发展到能用基本完整的句子表达自己的意思。

⭐ 一、0～1岁儿童语言发展与教育

（一）语言发展阶段与特点

1. 简单音节阶段（0～3个月）

0～3个月是简单音节阶段。这个阶段婴儿语言发展的特点表现在以下七个方面：（1）听觉比较敏锐，对语音较敏感，具有一定的辨音水平。（2）听到突然响声会被吓一跳。（3）听到新异的声音会停下正在做的事情。（4）不同类型的哭声代表不同的意见。（5）当父母和他谈话时能用眼睛盯着说话者约30秒钟。（6）当父母和他进行面对面的"交谈"时能对父母的声音（伴随目光、微笑以及翕动的嘴唇等）做出反应。（7）发出一些唧唧咕咕的声音，其中就包含韵母音 a、e 音等和声母音 g、k 等，有时还会改变音调和音高，节奏像唱歌一样。

2. 连续音节阶段（4～9个月）

这一阶段婴儿明显变得活跃起来。当他吃饱、睡醒、感到舒适时，常常会自动发音。如果有人逗他，或者他们看到颜色鲜艳的东西而感到高兴时，发音会更频繁。这个阶段婴儿语言发展又可分两个时期来分析其特点。

第一，4～6个月时坚持发出连续的音节，婴儿发音较多的是对成人的社会性刺激的反应，发音内容大多以辅音和元音相结合的音节为主，并且有一个从单音节发声过渡到重叠多音节发声的过程。具体表现有：（1）有人跟他说话后能停止哭泣；（2）能够持续注意并能寻找声音的来源；（3）对熟悉的人微笑并能笑出声来；（4）能对成人语言中不同的语气内容做出相应反应，如被愤怒的语言惊吓、对亲切的语言微笑；（5）愿意玩那些能发出声音的玩具；（6）活动时口中经常能发出一些成串的语音，如 ba-ba-ba、da-da-da 等；（7）能对镜中自己的影像说话；（8）用语音来吸引别人注意，或拒绝某事，或表示愿意做某事，或想要什么。

第二，7～9个月的婴儿能同时感知3种不同的语调，对于微笑、平淡和恼怒的语调有了表示，或愣住、或紧张害怕、或报以微笑。对陌生的声音，会瞪眼仔细聆听，表示出好奇心。懂得简单的词、手势和命令，理解具有情景性。具体表现有：（1）听得懂他的名字，听到叫他会扭头看你；（2）理解成人用强调语气说出"不"或"别碰它"等要求，并能做出正确反应；（3）能够辨别家里人的名字和一些熟悉物体的名称；（4）能够和成人玩一些语言游戏；（5）会用舌头和嘴唇发一些非语言的声音；（6）努力模仿别人发出的语音；（7）把一些语音连在一起发着玩；（8）能够发出一些非常像单词的音节；（9）开始用动作进行交流，如挥手表示再见。

3. 学话萌芽阶段（10～12个月）

这一阶段儿童所发出的连续音节不只是同一音节的重复，而且明显地增加了不同音节的连续发音，音调也开始多样化，四声均出现了，听起来很像是在说话。当然，这些"话"多数仍然是没有意义的，但却为学说话作了发音上的准备。在这一时期，婴儿会说出第一个有意义的词，这是婴儿语言发展过程中最为重要的里程碑，是语言发生的标志，是真正语言表达的开始。

这个阶段婴儿语言发展的特点表现在以下几个方面：（1）朝着周围发出声音的地方看，如门铃等，理解一些简单命令性语言，如"到这儿来""坐下""别碰它"，等等；（2）挥手向人表示再见；（3）认识一些新单词（通常是有关吃的，好玩的玩具，家里人的名字以及最常用的物品名称等）；（4）生气或发怒时能用摇头或哭表示不满；（5）如果成人笑他的某些语音或动作，或是鼓掌欢迎的话，他就会不断地重复它；（6）可以模仿一些非语言的声音，如咳嗽声或是舌头打出的声音；（7）努力模仿成人发出的新语音；（8）伴随着音乐会发出一些语音；（9）高兴时发出一些"啊、噢"之声；（10）有的孩子会说出第一个单词，如"妈妈"等。

（二）语言教育活动建议

0～1岁阶段是口语发生期，满1岁时虽然只能说出个别单词，但这一年的口语训练却能对儿童的语言发展打下良好的基础。这一时期对儿童的语言教育着重在语音训练方面，要让婴儿乐于发出声音。

首先，让孩子听到语音。这个时期的首要任务是训练孩子的听音能力和对于"听"的兴趣，可以利用环境提示来理解简单的指示。当儿童听到熟悉的物体的名称时，能找出物体。具体地说，就是让孩子喜欢听别人说话、唱歌、念儿歌、喜欢听乐曲、鸟叫等好听的声音。

其次，要培育孩子听到别人对自己说话时，能用声音、手势、表情或者单词作出反应。到1岁左右，还要让孩子说出常见物品的名称，能辨认身体的某些部位（头、眼、手、嘴、耳等）然后再进一步训练孩子能理解简单的语句，执行简单的命令，能用单词或者手势、表情等向成人表达自己的要求等。

另外，针对这一时期语言发展三个阶段的不同特点，教育活动的侧重点也应有所不同。

简单音节阶段：用多种语音和声音来刺激婴儿；多抚摸、拥抱婴儿，并和婴儿进行面对面的语言交流；睡前倾听摇篮曲等乐曲，训练婴儿的有意倾听能力；开展早期阅读，初步激发婴儿阅读的兴趣；开展一些听音和发音的游戏（发音、唤名、摸脸）；多与孩子进行面对面的"语言交流"。

连续音节阶段：继续坚持用语言刺激孩子，模仿学习发音；用强化、鼓励等方法诱导婴儿发音；用动作、实物配合法，建立语音和实体之间的联系；初步养成睡前倾听文学作品的习惯；和婴儿进行"平行"的亲子阅读活动，初步养成良好的阅读习惯；开展语言游戏，提高听力和发音水平。

学话萌芽阶段：丰富婴儿的生活内容，提供丰富的语言环境；鼓励婴儿掌握新的语音，并反复进行练习强化；在活动中伴随着语言刺激，让婴儿学说话；开展早期阅读，初步培养婴儿良好的阅读习惯。

1. 0～9个月婴儿的语言教育

此阶段属于语音敏感期，语言教育的目标主要在于语音的感知和语音的表达。语音的感知：在0～3个月时主要训练声音辨别，可进行丰富的声音刺激，多与婴儿交流；4～9个月时训练语音辨别，可用不同语调和语气同婴儿交流，玩唤名游戏等。语音的表达：0～3个月时进行"反射性发音"训练，如单音节模仿练习、逗笑；4～9个月时以语音模仿能力训练为主，同时进行动作表达能力训练，可进行连续音节的模仿练习、模仿动物叫声等。

语言教育要点与方法：

（1）声音与语音辨别。

0～2个月的婴儿由于发音器官功能不完善，发不出完整语音，但对声音会有反应，此时对婴儿进行声音和语音辨别，可以及早发现婴儿的听音能力是否正常，这是影响婴儿语言发展的重要因素之一。可以将拨浪鼓或其他发声玩具放在婴儿耳朵10cm处摇动，先测一只耳朵，再测另一只。婴儿对声音有任何一种明确反应，如眨眼、皱眉、身体抖动、停止活动或哭泣等，可以确定孩子听音能力正常。其次，还可以采用给孩子念儿歌的方式，用带有节奏感和韵律感的声音更能吸引孩子的注意力；生活中常见事物的词汇反复说给婴儿听；多带孩子出去感知自然界的声音等。

（2）发音练习。

在婴儿情绪良好时，成人可以抱着他的同时做发音游戏，如，前3个月成人发出一些简单的元音，如"ɑ"，注意发音要慢且清晰，可先用一声，后采用一到四声结合，发音后停顿，注视并抚摸孩子，多重复几次，观察孩子反应，如果孩子发出声音，成人立即重复婴儿的发音，反复进行这样的游戏，有助于婴儿学会模仿成人的声音。

（3）动作、实物配合法。

在与婴儿日常交谈中，要配合动作，如说"开门"时把门打开。实物配合即说到某个物体时，成人指或拿给孩子看具体的事物或图片，如说"苹果"时，给孩子看苹果。这样孩子会逐渐建立语音与实体之间的联系。

2. 10～12个月婴儿的语言教育

这个阶段是婴儿学话萌芽阶段，婴儿开始真正理解成人的语言。本阶段语言教育的主要目标在于：一是语义理解训练，主要是名词、动词的理解，包括家里人的称呼，日常物品，五官名称，执行简单的动作指令，听懂禁令等；二是单字模仿发音训练，同时进行动作表达能力训练（如伸手要抱，挥手再见，以点头表示"要"，以摇头或推开表示"不要"，指向某物表明愿望等）。

语言教育要点与方法：

（1）口唇训练。

如弹舌、咳嗽、嘴唇游戏等。

（2）模仿发音。

成人可教婴儿称呼家人或常见事物，如"爸爸""妈妈""灯灯"；也可以引导孩子注意一些常见动物的叫声，成人带着孩子模仿，如"汪汪""喵喵"。在教婴儿模仿发音时注意多重复，每个阶段重点教一个词语的发音，等孩子学会后再教新的词语。

（3）名词、动词的理解。

如教孩子指五官，指认玩具和日常物品等。

（4）动作执行。

只要稍作练习，婴儿很快就会懂一些动作指令，如"拜拜""跟阿姨再见"，如果你想确定孩子是否理解这个词，可以单独使用这个词，不要边说边挥手。可以和孩子玩这样的游戏："宝宝，亲妈妈一下"，如果婴儿不会，你可以边说"妈妈亲你一下"边亲一下婴儿的脸，再向孩子提出要求"亲妈妈一下"，并把脸靠近孩子的嘴。"坐下""拿来"等也可以用这样的方式学习，坚持一段时间，孩子就会听懂简单的动作指令了。

（5）简单句理解。

此阶段婴儿能逐渐理解指令，听懂祈使句和简单句，并能完成一个简单的动作指令。此时婴儿能正确认识的物品较少，我们可以用"话语反应判定法"进行练习。成人可以先选择婴儿认识的物品，把该物品放置在孩子可以拿到的地方，如问"勺子在哪里？"观察孩子的反应，当孩子指出后，告诉孩子"把勺子给妈妈"。

案例　**满满爱说话**

　　满满是一位刚满1岁的小朋友，很喜欢阅读，语言能力发展较好。小艾老师反映满满知道所有老师的名字，能够模仿很多小动物的叫声，可以听懂很多简单句，还能说出"抱抱"等叠词。

视频：1岁满满爱说话①

　　这天小艾老师跟满满一起看她最喜欢的小动物布书。当听到老师问"满满，猫猫在哪里"，满满指到了猫猫，并且在老师的帮助下摸了摸猫猫的小尾巴。她还可以指出猫猫的眼睛，然后指指自己的眼睛，似乎是想告诉老师这是我的眼睛。"猫猫长长的耳朵呢？摸摸猫猫的耳朵，摸摸满满的耳朵，耳朵"，老师不断地强调耳朵，满满听到指令，一会儿摸摸小猫的耳朵，一会儿摸摸自己的耳朵。当看到蝴蝶，满满兴奋地挥了挥胳膊模仿蝴蝶飞起来的样子，然后抓起布书上蝴蝶的翅膀，发出了吱吱喳喳的声音。她知道蝴蝶可以飞，蝴蝶的翅膀能发出声音。满满还能模仿鸭子的声音："嘎，嘎。"她还能说出"牛"。老师模仿牛的叫声："哞～"满满说："牛。"

　　小艾老师喜欢跟小朋友交流。不管是小婴儿还是几岁大的宝宝，小艾老师都会跟他们说话，边说边加上动作，渐渐地宝宝们都能听懂指令了，像满满这样喜欢交流的宝宝从说出妈妈、爸爸到模仿小动物的叫声再到发出单音、叠词，会说的词语越来越多。

二、1～2岁儿童语言发展与教育

（一）语言发展阶段与特点

　　经过一番准备，从1岁起，儿童进入了正式学习语言的阶段。1～2岁这一时期儿童的口语处于不完整句时期，可分为两个大的阶段。

1. 单词句阶段（1～1.5岁）

　　单词句就是指儿童用一个单词来表达一个比该词意义更为丰富的意思。这一阶段儿童理解词有以下三个特点。

　　（1）由近及远。儿童最先理解的是他经常接触到的物体的名称，如"灯灯"；其次是对成人的称呼，如"爸爸""妈妈"；再次是玩具和衣物的名称，如"球球""帽帽"等。如果成人经常教他一些动作，或者叫他做一些事情，孩子也能理解一些常用的动词，如"坐下、起来、捡、拿"等。

　　（2）固定化。这一阶段儿童对词的理解，往往和某种固定的物体相联系，甚至把物体同某种背景固定起来。例如，"爸爸"就是指自己的爸爸。

　　（3）词义笼统。这阶段儿童对词的理解非常不确切，一个词常代表多种事物，而不是确切地代表某种事物。

　　在说出词的方面则有以下五个特点。

　　（1）单音重叠。在发音方面，往往发出单个的、重叠的音。

　　（2）一词多义。由于这个年龄的孩子对词的理解还不精确，说出的一个词并不只代表一个对象，而是代表着多种对象。

　　（3）以词代句。这阶段的孩子不仅用一个词代表多种物体，而且用一个词代表一个句子，因此这阶段被称为"单词句"时期。如当儿童说"球球"时，随着不同的情境可能表示不同的意思，如"这是球""我要球""球滚开了"等。

　　（4）和动作紧密结合。当儿童用单词表达某个意思时，常伴随着动作和表情。

　　（5）词性不确定。如"嘟嘟"既可作名词来称呼汽车，又可作动词表示开车。

---

　　①　视频由成都市禧宝堂托育中心提供，执教：谯慧

2. 双词句阶段（1.5～2岁）

在1岁半以后，孩子说话的积极性高涨起来，在很短时间内，会从不大说话变得很爱说话。这一阶段儿童语言的发展主要表现在开始说由双词或三词组合在一起的语句。这种句子比单词句明确，但表现形式是断续的，简略的，结构不完整的。这时儿童主要用名词、动词、形容词等实词，很少使用连词、介词等虚词。儿童在这个阶段开始掌握真正的词。

这个阶段儿童语言发展又可分三个时期来分析其特点。

第一，16～18个月。（1）能理解简单的语句，理解的词语大于能说出的词语；（2）理解并且喜欢歌曲、故事、儿歌等；（3）理解并执行成人的简单指令；（4）会说10～20个单词；（5）喜欢翻阅图书且"指指点点""叽哩咕噜"，好像在讲解；（6）会对看到的物体进行命名，命名时常有泛化、窄化等现象。

第二，19～21个月。（1）常用的词语达100个左右；（2）处于双词句阶段，即说出由两个单词组成的句子；（3）能理解并执行两个动作要求的命令；（4）喜欢听成人反复讲同一个故事，并且能简单复述大意；（5）能够理解并说出一些常用的动词和形容词；（6）说到自己时，总是用名字代替；（7）不断地提出问题，疑问句较多；（8）语句中出现"重叠音"（如狗狗、猫猫）和词语"接尾"现象。

第三，22～24个月。（1）出现"词语爆炸"现象；（2）理解并能正确地回答成人提出的一些问题；（3）理解的词语达300个左右；（4）能够说200～300个单词，"小儿语"逐渐消失；（5）双词句仍占优势，可以模仿着说出三词句；（6）与人交往依靠语言，表达时动作及手势相应减少；（7）能理解一些方位介词、时间介词和表示颜色的形容词。

（二）语言教育活动建议

儿童在1～2岁时处于不完整句时期，这一时期分为单词句、双词句两个阶段，儿童还不能用比较完整的句子表达自己的思想，他们更多的是使用肢体语言与成人进行交流。这时成人应注意运用规范和丰富的语言与儿童交流，以提高儿童对语言的理解和体验能力。针对单词句与双词句阶段语言发展的不同特点，其教育活动可从以下方面入手。

1. 单词句阶段（1～1.5岁）

在日常生活中随时随地帮助婴儿掌握新词，扩大词汇量；多跟孩子交谈，提供语言模仿的榜样；自制或购买图书，促进婴儿阅读兴趣和阅读能力的提高；鼓励婴儿多开口，成人要耐心倾听并予以应答；开展多种形式的语言游戏，如"猜猜看""打电话"等以练习听发音与用词等。此阶段婴儿常以词代句，语言的情境性强，语言理解能力胜于表达能力，会给常见物品命名，但常出现用词不准现象，叠音较多。此阶段语言教育的目标有两个。一是对名词、动词的理解，指出身体部位（五官、手、脚等），懂得常见食物、玩具、动物的名词和用途，执行1～2步动作指令，听懂表示身体动作的词：走、跑、跳、爬等。二是单词句训练，会叫爸爸、妈妈及家里其他人；说出常见食物、玩具、动物的名称；说出五官名称；会使用标志各种动作的词（拿、吃、走等）。

语言教育要点与方法：

（1）名词、动词的理解与表达。

婴儿开口说话后，经过2周左右的强化，对该词的使用已较为成熟，此时成人应及时扩展婴儿的词汇。以积累词汇的游戏为主开展活动，可以是理解词汇，也可以是表达词汇。名词主要集中在婴儿常见的物品名、身体器官名称等，如可以和孩子玩"认识五官"的游戏。动词练习的方法是：家长先做动作，然后指导婴儿做，并告诉其名称。或婴儿做某个动作时，家长告诉其动作的名称。

（2）单词句表达。

主要练习用一个单词表达，如饭后出门散步，成人可以对婴儿说，"走，出去玩"，引导孩子说"走"或"玩"。当婴儿明显表现想要某个东西时，可以问"你要什么"，引导孩子说出东西的名称，可以是叠音词；可以通过"打电话"等游戏，引导婴儿练习礼貌用语，如"您好""拜拜"等。

2. 双词句阶段（1.5～2岁）

1岁半后，婴儿更喜欢说话，词汇量大增，主要是名词、动词、形容词、代词。开始学会使用疑问句和否定句。此阶段语言教育的目标有两个。一是以简单问句理解训练为主，同时进行形容词、代词理解训练；能理解"是什么，是谁，干什么，在哪里"以及"怎么办"等问题。二是学说简单句（双词句，3～5词句子），能说出儿歌的开头或结尾的几个字，或说两句以上儿歌。

语言教育要点与方法：

（1）简单句理解。

以成人提问让婴儿回答的方式进行，主要有"是什么""在干什么""在哪里""怎么办"等问题。具体方法如，家长指某物问"这是什么"，或问"爸爸在做什么"让婴儿回答。也可以选择一些只有几句话的简短故事图书或绘本跟孩子一起阅读，注意故事的每句话都很简短（简单句型）。可以问孩子"这是谁？"等，了解婴儿是否理解。

（2）儿歌练习。

念儿歌是锻炼听力和丰富、规范婴儿语言的好方法。重复的节拍、生动的语言再配合一些夸张的动作很容易吸引婴儿。

（3）简单句表达。

1岁半后可教婴儿学习说主谓句或谓宾句，如结合情境教孩子说"妈妈吃""玩车车"等。也可以在适当的时候引导婴儿使用稍长的礼貌用语，如"阿姨早上好"。为婴儿提供良好的语言榜样和语言示范；主动告诉婴儿一切问题，对婴儿的提问和讲述要正确对待；倾听文学作品，观看儿童美术片或动画片；继续开展早期阅读指导；在游戏中进行词语练习，如"词语接龙""小喇叭"等游戏。

案例　欣欣不喜欢说话

　　欣欣妈妈很苦恼，欣欣1岁半了，特别不喜欢说话，想要做什么总是"嗯，啊"，或者用手指。妈妈很着急，总是强迫欣欣说话，结果欣欣更不愿意说话了。欣欣托育班的王老师听到这个情况，在观察欣欣妈妈与欣欣的交流情况后，跟欣欣妈妈分析了孩子不愿意说话的直接原因，一是妈妈不断强迫欣欣导致其对开口产生了恐惧；二是欣欣妈妈的表达过于复杂，欣欣听不懂。接着王老师详细询问了欣欣的家庭抚养情况，了解到欣欣出生后，妈妈很快回到了工作岗位，平常主要由老人照料。老人的照料非常精心，欣欣什么都不需要做，老人就提前安排好了。欣欣的爸爸妈妈工作繁忙，经常回到家欣欣就已经睡着了，亲子交流的时间很少。于是，王老师解释了1～2岁幼儿语言发展的特点，提供了帮助欣欣发展语言能力的亲子阅读、亲子语言游戏、科学亲子教养方式等方法，欣欣很快知道了如何用语言表达，语言能力逐渐赶上来了。

视频：餐前读绘本唱儿歌[1]

三、2～3岁儿童语言发展与教育

（一）语言发展阶段与特点

在单词句和双词句阶段，儿童能选择一个词或把两个词组合起来粗略地表达语义。2岁以后，开始学习运用合乎语法规则的完整句更为准确地表达思想。许多研究证明，2～3岁是人生初学说话的关键时期。这一时期又可分为两个阶段。

1.初步掌握口语阶段（2～2.5岁）

2～2.5岁是儿童初步掌握口语的阶段，这一阶段语言发展特点表现在：基本上能理解成人所用

---

[1] 视频由成都市禧宝堂托育中心提供，执教：冯雅丽

的句子并能执行成人一次发出的两个相关的指令；语言逐渐稳定和规范，发不出的语音逐渐减少，会用语言与成人进行简单的交谈；喜欢提问，且会使用某些动词、形容词、介词、数量词、副词等；能够运用语言进行请求、拒绝、肯定、提问、求助等；能运用多种简单句句型，能够模仿成人说出一些复杂句，但"重叠音"和"接尾"现象较多。

2. 目标口语初步发展阶段（2.5～3岁）

2.5～3岁是儿童目标口语初步发展阶段，在这个阶段，儿童语言发展特点表现在：词汇增长非常迅速，几乎每天都能掌握新词。他们学习新词的积极性非常高；语言的内化能力得到发展，能抽象句子规则，能表现出系统整合的语言；能说出完整的句子，出现了多词句和复合句；说话不流畅，表达方面常有"破句现象"；语言功能呈现出越来越丰富、准确的趋势。

（二）语言教育活动建议

2岁以后，儿童在语音、词汇、语法和口语表达能力方面都有了明显的进步，基本上能理解与运用语言但不流畅；语音逐渐规范，但发舌尖音（zh、ch、sh、r）和g、k、h、c等音有一定困难；此阶段语言教育的目标有三个。一是对形容词、代词、副词、介词、量词、连词的理解；二是学说完整句，学三字儿歌，说名字性别，学会使用礼貌用语；三是学说复合句，复述故事简单情节。

语言教育要点与方法：

1. 礼貌用语练习

在日常生活中家长应树立良好的榜样，并在平时教孩子使用礼貌用语"谢谢""您好""不用谢"等。

2. 故事理解

给婴儿讲故事，在孩子听完后问"故事里有谁呀？他们在干什么?"或"发生什么事了?"，引导婴儿说出有关人物和相关情节。经常给婴儿讲故事，有利于婴儿的语言理解和表达能力的发展。

3. 词汇积累

2～3岁儿童的名词、动词迅速增长的同时，也是积累代词、形容词、副词、量词、连词、介词的时候。这些词汇的理解通常要结合具体情境和句子来帮助孩子掌握。以代词为例，具体做法：成人结合具体情境用代词提问，让婴儿用代词回答，或指导婴儿用代词提问。如成人问"这是什么"，指导婴儿回答"这是××"。

4. 复合句表达

主要是并列复合句与偏正复合句练习。成人根据情境讲一句复合句，让婴儿模仿说一个复合句。如说"妈妈喜欢吃鱼，爸爸喜欢吃牛肉"，让婴儿模仿说出"爷爷喜欢吃××，奶奶喜欢吃××"。（1）初步掌握口语阶段。让婴儿多看、多听、多说、多练；鼓励同伴之间的自发模仿和相互交流；随时随地地帮助儿童正确使用语言；提供语言模仿和语言练习的机会；在游戏中练习讲话；组织多种形式的语言教育活动。（2）目标口语初步发展阶段。提供丰富的语言学习环境，丰富婴儿的语言经验；欣赏文学作品，重复和理解作品内容，以感受为主、复述；组织婴儿进行谈话活动；在听说游戏活动中发展婴儿的语音；开展早期集体阅读活动。

案例　怎么听也听不够

跃跃妈妈很奇怪，跃跃特别喜欢《我爸爸》这本绘本，怎么看怎么听也不够。在托育老师发的视频中，跃跃妈妈经常看到老师在读《我爸爸》。跃跃妈妈感到疑惑：总是读一本书，小朋友会不会就烦了，慢慢不喜欢阅读了？而且总是读一本书对于孩子的语言发展是不是不够丰富？晶晶老师解释，孩子反复听故事是在主动学习。宝宝的感知觉、动作、思维、智力的最初发展需要更多的时间，反复多次的重复是最适合宝宝学习的方式。孩子每听一次故事都是新的体验，不是家长认为的毫无意义的重复。在反复听故事的过程中，孩子能够体验故事中的情感，也能够体验掌握感，他们知道故事的发生发展，能够"预知"会发生什么，有成就感，从而感到满足、安全。

视频：自由活动时
间共读《我爸爸》①

视频：餐前活动时
间共读《我爸爸》②

★ 四、0～3岁儿童语言教育的原则

0～3岁是儿童语言的准备与形成时期，在这一时期做好了对儿童的语言教育工作，将有助于孩子一生的语言发展。在对这一时期的孩子进行语言教育时，应注意以下原则。

（一）言语行为原则

结构主义语言学派认为儿童只有在言语行为中，或者说是在语言的具体运用中，才能学到语言。因此，语言教学常用的领读、道理讲解等，不适用于儿童语言学习。最为理想的办法，是同儿童进行各种各样的交谈。在交谈中，儿童学到各种语言单位和语言规则，同时也学到各种各样的语言运用技巧，如语言交际的合作原则、礼貌原则、语境匹配原则等。

一些反例很能说明问题。例如，一对聋哑夫妇希望他们的听力正常的儿子能通过电视学会正常人的语言。但是，因没有语言交际实践，最终归于失败。原苏联著名的神经心理学家鲁利亚发现一对同卵双胞胎儿童，由于两人总是处在一起，对话极其简单，常是用半截子话叫喊，语言发展非常缓慢。直到5岁时，有80%的话语还是无组织的。后来，把他们分开放进幼儿园，增加了与同伴和成人的语言交际，语言都有一定的发展。

（二）略前性原则

儿童语言发展具有阶段性和顺序性。成人同儿童自然交谈的话语（简称CDS）是一种动态的话语，对不同年龄阶段的儿童，CDS的特点也不一样。它的语法、语义和语言内容所代表的认知难度，与交谈对象的语言水平和认知能力相比，稍微高一些。它是儿童听到最多的话语，是语言获得中最主要的输入材料。对儿童进行语言教学，就是要把CDS的特点自觉化，明确儿童当前所处的水平，依照儿童语言发展的顺序性确定儿童语言发展的最近发展区。教学的难度应在此发展区中。这就是略前性原则。形象地说，是"跳一跳，够得到"。

（三）扩充原则

引导儿童从已有的语言水平向最近语言发展区前进，较为常用的方法是对于儿童的话语进行适宜的扩充。扩充是在重复的基础上向儿童提出新的语言学习任务，并给出学习范例。

（四）语境匹配原则

对儿童进行语言教育，最好是能做到话语同语言环境相匹配。这一原则是根据儿童的心理特点和语言学原理制订的。

儿童早期的思维特点具有极强的"具体形象性"。只有使语言同语境密切匹配，才能取得较为理想的语言教学效果。

语言之中包含着大量的语境因素，只有在一定的语境中才能较好地理解话语。比如，口语对语境的依赖度高于书面语，儿童语言对语境的依赖度高于成人。离开了语言环境，是不大可能顺利

---

①② 视频选自成都市禧宝堂托育中心.巫文茂.2—3岁语言活动

学习语言的。外语学习就是这方面的极有说服力的例子。在中国学习英语，一辈子都不容易学得地道；而在美国或英国等英语国家学习英语，进展就快捷得多。

（五）良好原型原则

儿童的语言发展是一个由原型不断外扩发展的过程。例如，儿童最初掌握的词语都与某一特定的对象相联系，具有专指的性质。这一特定的专指对象，就是儿童掌握的该词语的原始模型（简称原型）。前面我们曾经提到，儿童最早说出"爸爸"，只是指自己的爸爸，对于别的孩子叫他们的爸爸，感到困惑不解。

原型是此后儿童词语发展的参照基点。儿童根据原型所提供的词语信息，利用一定的词义发展策略和能力，不断地充实、扩展和加深词义内容。对于一些有下位词语的词，如"家具、水果、动物、食品"等，还要通过原型建立起这些上位词的词义，并形成这上位词所拥有的成员的格局。因此，儿童一开始接触什么样的原型，对于儿童以后的词义发展有较大的影响。原型越典型，儿童词义的发展越顺利；原型越不典型，词义的发展过程就会越曲折。

（六）迁移性原则

儿童语言的发展是一系列迁移性反应的结果。最重要的迁移性反应有三种：情景迁移；所指迁移；语法迁移。

情景迁移，是指在甲情景时学的话，改换到乙情景、丙情景中说。这样逐渐使儿童学会让相同的语言适应多种不同的语境，并逐渐在心理上把语言从语境中分离出来，实现言语向语言的转化。

所指迁移，是指以甲原型为基础学习的语言单位，再迁移到相关的其他实物上，让语言同它的各种所指都发生关联。比如，老师说出"苹果"这个词，用的实物是一个塑料苹果。接着可以把"苹果"这个词用到真的各种各样的苹果身上。通过所指迁移，可以使儿童把握某语言单位的外延，并逐渐深化其内涵。

语法迁移是指用某语言单位造出不同类型的句子。如老师一开始用"这是苹果"这句话教"苹果"这个词，以后可以视情况再使用这样的句子：

（1）我吃苹果。

（2）苹果是水果。

（3）你喜欢吃苹果吗？

（4）请把苹果放在篮子里。

（5）桌子上有两个苹果。

（n）……

语法迁移常用的有扩展、变换、联合、简缩、替换等。通过语法迁移，使儿童掌握某语言单位的各种用法，并掌握与之有关的一些句式、句型和句类。从而提高儿童的语言能力和语言运用能力。

（七）容错原则

儿童语言发展中，常常会出现所谓的"错误"。这些"错误"是指对目标语言的偏离，是成人用自己语言的标准来衡量的。其实，儿童的语言错误不同于成人的语言错误，原因如下。

第一，语言错误是儿童语言学习具有创造力的表现。不犯语言错误的儿童，其语言就不可能有较好的发展；凡是错话最多的时候，就是他的语言能力面临飞跃发展的时期。

第二，儿童的语言错误是不可避免的，成人的刻意纠正往往是无效的。这些错误随着语言的发展，往往会得到自动调整。

第三，儿童的语言错误，往往是有规律的，是对某种规则的泛化应用。这些错误有许多正是说明儿童掌握了某种语法规则的体现。

因此，在儿童语言的教学中，成人要有"容错"观念。对儿童语言错误的过多的不合理的纠正，不仅没有多大的效果，而且还会扼杀儿童的语言创造力，破坏儿童已经形成的有积极意义的语言系统。严重时还可能造成儿童语言学习的心理障碍。当然，在儿童处在可以改正错误的发展时刻，也有必要进行一些合适的较有策略的纠正。

（八）无察觉原则

儿童从来都没有意识到他在学习一种什么语言。儿童是在游戏中、在人与人的互动中、在对客观世界和人类社会的认知中，无意识地学习语言的。或者说，儿童是出于生存和游戏的需要学习语言的。对儿童的语言教学，不要让儿童感觉到是在学习语言，而是在从事儿童生活中的各种活动。

这一原则要求教师把有意识的语言教育，用儿童无意识的方式表现出来，用儿童感兴趣的方式表现出来。依此原则，每一位教师、每一位与儿童有接触的人，都是在进行语言教育；儿童的一切活动、儿童在每时每刻，也都是在上语言课。

第三节　3～6岁儿童语言发展与教育

一、幼儿语音发展与教育

（一）幼儿语音发展特点

幼儿语音的发展主要表现在两个方面。

1. 逐渐掌握本民族语言的全部语音

语音是语言的"物质外壳"，语音分辨能力强弱、发音正确与否，直接影响语言的可理解性。所以，掌握本民族语言的全部语音，包括准确分辨和正确发出语音两个方面。

一般而言，幼儿的语音辨别能力已经发展起来，但对个别相似音，如"b"和"p"、"d"和"t"有时还可能混淆。正确发音一般比听准音要困难一些。幼儿正确发音的能力是随着发音器官的成熟和大脑皮层对发音器官调节功能的发展而提高的。幼儿发音能力提高很快，特别是3～4岁期间。在正确的教育下，4岁儿童能基本掌握本民族的全部语音。

在幼儿的发音中，韵母发音的正确率较高，声母的发音正确率稍低。儿童发音错误最多的是翘舌音zh、ch、sh、r和齿音z、c、s。4岁以后，儿童发音的正确率有显著提高。

2. 对语音的意识开始形成

儿童要学会正确地发音，必须建立起语音的自我调节机能。一方面要有精确的语音辨别能力，另一方面要能控制和调节自身发音器官的活动。儿童开始能自觉地辨别发音是否正确，自觉地模仿正确发音，纠正错误的发音，就说明对语音的意识开始形成了。

幼儿期逐渐出现对语音的意识，开始自觉地对待语音。幼儿语音意识的形成主要表现为两个方面。

（1）能够评价别人发音的特点，指出或纠正别人的发音错误，或者笑话、故意模仿别人的错误发音等。

（2）能够意识并自觉调节自己的发音。例如，有的孩子不愿意在别人面前发自己发不准的音；有的孩子发出一个不正确的音之后，不等别人指出，自己就脸红了；有的声称自己不会发某个音，希望别人教他。

语音意识的发生和发展，使儿童学习语言的活动成为自觉、主动的活动。这无论对儿童学习汉语还是学习外语来说，都是必要的。

案例　说不清楚话的轩轩

轩轩3岁了，会说很多话，就是说不清楚，把"牛"说成"流"，经常惹得大家哈哈大笑。轩轩听到大家的笑声，很害羞。妈妈心里着急，担心轩轩在幼儿园被小朋友嘲笑，受到打击后不愿意说话。外公认为孩子还小，说不清楚话是正常的，没必要过分担心，也不要总是纠正孩子。轩轩妈妈不知道应该怎么办，向幼儿园的陈老师请教。陈老师告诉轩轩妈妈，3岁幼儿的听音、发音机制还不成熟，发音不准确是正常的。但是也不能放任，幼儿园有多种的语言阅读活动、游戏活动，帮助小朋友们学习正确的发音。同时，家人在亲子阅读、做游戏、日常与孩子交流时注意成人的发音要清楚、准确，使用普通话。不必过分纠正孩子的发音，但要让孩子多听正确的发音。

（二）影响幼儿语音发展的因素

1. 生理因素的影响

听音、发音机制的成熟是幼儿语音发展的物质基础。各类调查表明，儿童掌握语音的正确率随着年龄的增长和生理机制的成熟而不断上升。4至4岁半，这一机制基本成熟。

2. 语言因素的影响

儿童一旦具备了一定的知觉和动作的控制能力之后，他们看到榜样的言行就会加以模仿。此时，成人的语音质量对幼儿语音发展的影响极为重要。

3. 环境因素的影响

我国南方各方言区儿童学讲普通话的难度比北方的儿童大，刘兆吉等人的调查发现，农村儿童发音状况落后于城市的同龄儿童。

（三）幼儿语音教育

鉴于幼儿时期是掌握语音的关键时期，搞好幼儿的语音教育有着重要的意义。幼儿语音教育的内容大致包括以下五个方面。

1. 培养幼儿准确的听音能力

在幼儿语言发展的早期，常常是模仿别人说话时的语调，对语句的每一个音不能分别感知，直到3岁左右，仍有不少幼儿不能精确分辨近似音，在发音时就会出现相互代替的情况。这一现象是由于幼儿听觉水平较低所造成的。因为听得准是说得准的前提，要使幼儿发音正确，必须注意发展幼儿的言语听觉，使他们能听得准确，能分辨语音的微小差别，特别是区别某些近似的词音，如z、c、s、zh、ch、sh，为幼儿准确地感知语音打好基础。

2. 教会幼儿正确发音

清楚、正确地发音是运用口语进行交际的必要条件。教师应以普通话语音为标准，教会幼儿正确地发音，使他们在入学前，能正确掌握1 300多个普通话音节。

在教育幼儿正确发音的过程中，要明确本地区哪些是幼儿感到困难和容易发错的音，进行针对性教育。幼儿发音不准主要有两方面的原因。一是生理上的原因，3岁左右的幼儿还不善于协调地使用发音器官，即不会运用发音器官的某些部位，或者不能掌握某些发音方法。如舌尖、舌面、舌根音要求发音器官各部位活动较复杂，幼儿就容易发不准zh、ch、sh、z、c、s、n、l、j、q、x等音，或产生相互代替情况。二是受方言的影响。方言同普通话相比较，在语音、词汇、语法几方面都有异同，其中差异最大的是语音，有的方言和普通话的发音相差极远。这是方言地区普通话教学的难点。突破这个难点，就要学习、研究本地区方言的语音系统和北京语音系统之间的对应关系，即教师需要掌握本地区方言中哪些音的声母、韵母、声调等与普通话有所不同，再结合幼儿本身发音的特点，找出本地区幼儿普遍感到困难和容易发错的音，从而确定儿童语音教育的重点。

3. 教会幼儿按照普通话的声调讲话

声调指音节的音高。汉语是有声调的语音，不同的声调和不同的声母或韵母一样，能代表不同的意思，如妈（mā）、麻（má）、马（mǎ）、骂（mà），音同调不同，意思也完全不同。所以，在训练幼儿发音时必须教他们掌握正确的声调。讲方言的人学普通话时，其发音声调不准占了很大比例。因此，在对幼儿进行语音教育的过程中，一开始就要注意声调，到了中大班则要求声调应该正确。

4.培养幼儿的言语表情

一个人讲话时的表情，除声音的变化外，还可辅之以面部表情、眼神和手势。这里讲的言语表情主要是指声音部分。

在口语中，为了准确和富有表现力地表达思想就需要声音的性质有所变化。教师在训练幼儿正确发音的同时，也要训练他们会用与表达内容一致的语调，即根据要表达内容的需要，来控制、调节自己声音的大小和速度，构成不同的言语表情。在平时讲话时，主要是培养幼儿的自然表情，做到声音的性质与其要表达的内容相一致。在朗诵或表演文学作品时，要求幼儿能在理解作品内容的基础上，有发自内心的感情，而不应是刻板的机械的一致的声调，因此在文学作品的教育中，还应训练幼儿掌握一些简单的艺术发声的方法。

5.培养幼儿语言交往的修养

语言交往的修养，是指讲话态度方面的要求。从幼儿掌握口语开始，就要求他们在语言交往中，讲话态度要自然，声调上要友好，有礼貌，不允许撒娇和粗暴地讲话。

以上五个方面的内容和要求是相互密切联系的，它们经常是在同一过程内完成的，如正确发音中就包括声调的正确，而语调变化又是反映言语表情和语言的文化修养的重要方面。但是，它们在语言表现形式方面又属不同方面的要求。我们只有全面地理解这些要求，才能在教育中把它们有机地结合起来。

对幼儿进行语音教育，可通过在日常生活中自然地练习发音，开展听说游戏活动，利用儿歌、绕口令练习发音等途径进行，当然更关键的是教师应给幼儿示范与讲解正确、规范的发音。

二、幼儿词汇发展与教育

（一）幼儿词汇发展特点

词是语言的"建筑材料"——基本构成单位。词汇是否丰富，使用是否恰当，直接影响语言表达能力。因此，词汇的发展可以作为语言发展的重要指标之一。

幼儿词汇的发展主要表现在词汇数量的增加，词类的扩大以及对词义理解的加深三个方面。

1.词汇数量迅速增加

幼儿期词汇数量增长很快，几乎每年增长一倍，具有直线上升趋势。据国内外的一些研究材料报道，3岁幼儿的词汇达1000～1100个，4岁为1600～2000个，5岁增至2200～3000个，6岁则达到3000～4000个。

2.词类范围日益扩大

词可以分为实词和虚词两大类，实词是指意义比较具体的词，包括名词、动词、形容词、数量词、代词、副词等。虚词意义比较抽象，不能单独作为句子成分，包括连词、介词、助词、语气词等。

幼儿一般先掌握实词，然后掌握虚词。实词中最先掌握的是名词，其次是动词、形容词、副词，最后是数量词。幼儿也能逐渐掌握一些虚词，如介词、连词，但这些词在幼儿词汇中所占的比例很小。在幼儿的词汇中，最初名词占主要地位，但随着年龄的增长，名词在词汇总量中所占的比例逐渐减少，4岁以后，动词的比例开始超过名词。

幼儿词类的扩大还表现在词汇内容的变化上。儿童最初掌握的基本是和饮食起居等日常生活活动直接有关的词，以后逐渐积累了一些与日常生活距离稍远的词，甚至开始掌握与社会现象有关的词。

3.词义逐渐确切和加深

在词汇量不断增加，词类不断扩大的同时，幼儿所掌握的每一个词本身的含义也逐渐确切和加深了。幼儿对词义的理解有以下两个发展趋势。

（1）首先理解的是意义比较具体的词，以后才开始理解比较抽象概况的词。幼儿所能理解的词基本仍以具体的词为主，如标志物体的名称、可感知的性状特征的词。

（2）首先理解的是词的具体意义，以后才能比较深刻地理解词义。但是，整个学龄前阶段的儿童仍难理解词的隐喻和转义。如听大人们说："那个人长得很困难。"孩子就说："我去帮助他。"大班幼儿开始能理解一些不太隐晦的喻义。

幼儿的词汇虽然有了以上多方面的发展，但总的来说，他们的词汇还是比较贫乏的，概括性也较低，理解和使用上也常常发生错误。因此，在教育上应注意丰富幼儿的词汇，发展他们的积极词汇，不要仅仅满足于儿童会说多少词，而要看是否能正确理解和使用。

（二）幼儿词汇教育的内容与途径

1. 幼儿词汇教育的内容。

向幼儿进行词汇教育的主要内容是：丰富幼儿的词汇；教幼儿理解词的意义；教幼儿正确地运用词。

（1）丰富幼儿的词汇。

幼儿学习新词一般是通过两个途径：一是在日常生活中，通过与成人或同伴的交往自然获得的，这类词大部分是比较浅显的，经常活跃在人们口头上的词；另一个途径是成人有意识地教给幼儿的词，这类词大部分是幼儿难以在自然状态学会的生词。幼儿园语言教育中所说的丰富词汇，大部分是指通过后一种途径丰富的词。

丰富幼儿的词汇应该有目的、有计划地进行。首先应教幼儿掌握代表具体概念的词。随着幼儿思维的发展，知识范围的扩大，再逐渐教他们掌握代表抽象概念的词。从词类上分，首先要教幼儿掌握关于对象和现象的名称的词——名词，说明对象和现象的动作和过程的词——动词；然后教幼儿掌握说明对象和现象的性质、特点、状态、程度的形容词和副词；最后再教幼儿学习掌握介词、连词等虚词。

在丰富幼儿的词汇中，对不同年龄的幼儿，在内容上应有不同的侧重和要求。

小班：

对小班幼儿而言，丰富词汇的中心要求是：学习运用能理解的常用词。

具体地讲，是指应该丰富幼儿常见常用、容易理解、生活中迫切需要的词，即教幼儿掌握和运用表示周围常见物体和各种活动的名词和动词。这是由这个年龄段幼儿思维的直觉行动性所决定的。因为名词是代表具体东西的，动词是与具体动作相联系的，所以幼儿易于理解和掌握。例如，周围物体（玩具、餐具、服装等）、常见的交通工具和动植物的名称——名词；吃饭、穿衣、上课、游戏等活动名称——动词。形容词只教他们掌握一些易于理解的、能直接感知的、说明物体具体特点的词，如表示物体形态的大、小、方、圆；表示基本颜色的红、黄、黑、白；表示味道的酸、甜、苦、咸；形容动作的快、慢；反映感觉的痛、饿、渴等。

小班后期，还应教他们掌握表示物体质量和说明人的行为好坏的形容词。教幼儿会用我、你、他等人称代词。另外，还要在日常生活中，结合实物教幼儿掌握10以内的基本数词和常用的量词如个、只、双等。

中班：

对中班幼儿而言，掌握的词汇量要大幅度地增加，质量上也要有明显的提高。

在名词方面，要在幼儿掌握了对物体的整体认识和名称的基础上，转入对事物各部分的认识。同时掌握各部分的名称，如衣服的领子、袖子，汽车的车头、车厢、轮子等。另外，还可以教幼儿掌握代表物体性质及制作物品材料的词。如冬天的衣服有的是皮的，有的是棉的，有的是羽绒的，它们穿在身上都很舒服、暖和。

在动词方面，除能正确运用说明日常活动的各种动词外，还要教他们掌握一些意义相近的动词。如驾飞机、开汽车、拔草、割麦、念书、看报等。

在形容词方面，要教幼儿学习运用多种多样的形容词来描述事物。如带有一定抽象意义的形容词：美丽的、鲜艳的、漂亮的；单音重叠的形容词：细细的、圆圆的、薄薄的、长长的、软软的；双音词尾的形容词：绿油油、笑嘻嘻、热腾腾、冷冰冰、硬邦邦等。

在数量词方面，既要教幼儿掌握更多的基本数词，又要开始学习掌握序数词（第一、第二……），增加日常生活中常用量词的数量，如条、头、件、辆、根、支、套等。

在人称代词方面，会用我们、你们、他们。

中班幼儿掌握词汇质量的要求，还表现在要教会幼儿使用常用副词和连词。幼儿学会使用这些词，标志着幼儿已从掌握代表具体意义的词——实词，过渡到掌握代表抽象意义的词——虚词。这已不是简单的数量增加，而是词类的扩大，是幼儿学习和掌握词汇过程中质的飞跃。

大班：

对大班幼儿而言，在巩固中班已掌握词汇的基础上，要大量增加幼儿掌握实词的数量，并提高质量。

在名词方面，随着幼儿抽象思维的发展，应教幼儿逐步掌握一些较为抽象或概括性较高的名词，如家乡、祖国、家具、餐具、交通工具、动物、蔬菜、水果、粮食等。

在形容词方面，要学会用描述事物不同程度的形容词，来表明事物的微小差别，提高语言的准确性；会较准确地用形容词来描述物体的特点或状态；会用复合形容词，如深蓝、浅绿等来表示颜色的细微差别；会用一些代表抽象意义的形容词，如光荣、勇敢、机警等来评价人的行为；会用盼望、焦急、满意、感激等一类词来形容人的心理状态等。

另外，还应要求大班幼儿掌握并能运用一些同义词，即要求幼儿会用不同的词来说明相同的事物，掌握一些可以相互替换的词，使语言生动活泼，提高口语表达的质量。在教幼儿掌握同义词的同时，还可教幼儿掌握一些反义词，帮助幼儿能更准确地认识事物的特征，学会对比事物，促进幼儿思维的发展。

丰富大班幼儿词汇的新内容是学习一些常用的虚词：介词（如在、向、从等），连词（如因为、所以、如果等）。提出这些新内容的依据是大班幼儿的抽象思维开始萌芽，他们已能注意到事物之间的联系，注意到一些现象的因果关系。另外，大班幼儿的生活经验逐渐丰富，在与人们的语言交往中，运用复合句式越来越多，教会他们运用一些复合句中常用的虚词，不仅可能，而且也是他们迫切需要的。

从以上三个年龄班丰富词汇的内容与要求中，可以看出幼儿词汇的发展和认知的发展有着密切的关系。因为幼儿语言的发展，是随着他的五官、运动器官的发育，随着感知觉和动作的不断发展而发展，即在认识周围的人和物及各种动作的同时，掌握着大量的名词和动词。当幼儿与环境交往日益广泛，并在成人教育的影响下，逐步地对事物的属性和事物间的关系有所认识时，就能够对事物形态、程度作进一步的描述，从而促使幼儿掌握较多的形容词和副词。幼儿掌握词的数量和质量，是随着幼儿认识活动的发展而发展，幼儿掌握词汇的数量和质量，也会因幼儿生活和教育条件不同而参差不齐。

（2）教幼儿正确理解词义。

词是概念体现者，它具有概括性、指物性特点，概括地标志着现实的某种物体及物体的特性、动作、关系等。由于词本身的特点，在给幼儿丰富新词时，教其正确地理解词义是非常重要的。因为只有理解了词义，才能算真正地掌握了词，否则词只是一个空洞的声音，没有实际意义，也不可能运用到语言活动中去。

教幼儿理解词义是在丰富词汇的同一过程中完成的。教给幼儿新词时，只有和事物的具体形象联系起来才能理解到词的意义。在小班，就需要在幼儿认识各种事物，形成观念和概念的过程中，使幼儿掌握相应的词。中大班幼儿理解语言能力增强了，可结合幼儿已有的知识经验，用简单的语言解释新词所代表的概念。例如，用"好看的"解释"美丽的""漂亮的"等同义词；用"这屋子真冷"或"今天天气真热"等句子，解释"冷""热"一类比较抽象的词。

（3）教幼儿正确地运用词。

幼儿积累的词汇有两类：一类是消极词汇，一类是积极词汇。对幼儿进行词汇教育的最终目的是使幼儿将已理解的词正确运用到语言活动中去。

在日常生活、各种教育活动、游戏、散步以及其他自由活动时间内，教师应有意识地注意幼儿在语言表达中运用词汇的情况。如对哪些词义还不明确，哪些词使用不当，因缺乏哪些方面的词而影响表达。教师针对这些情况，除了需要不断给幼儿补充新词外，还要善于启发幼儿把学过的词运用到语言活动中去。

委托任务也是促使幼儿将词积极化的一种方式，如让某一幼儿到什么地方取一件东西，或到什么地方问点事情。任务本身就要求幼儿讲出一定物体的名称、用途、目的等。这种方式对比较胆怯、不敢在集体面前发言的幼儿有特殊的作用。

幼儿词汇教育的三项内容是密切联系的，丰富新词与理解词义是同时进行的，幼儿理解词义是积极运用词的前提条件。三项任务中哪一项没有完成好，都会影响幼儿口语表达水平的提高。

2. 幼儿词汇教育的途径

（1）直观性是词汇教育的基本原则。

幼儿是在认识活动的过程中学习新词的，即幼儿是在通过听觉、视觉、触觉等感知客观物体的特征、性质的基础上掌握词义。通过词的解释掌握新词，是幼儿掌握词的辅助手段。而词的解释只有在幼儿头脑中能引起已感知过的形象时，才能为幼儿所理解。所以，依靠直观进行词汇教育是词汇教育的基本原则，它体现在以下五个方面。

第一，结合实物出现新词。

词是一类物体的代表符号，要使词起到符号作用，就必须使词和实物建立起牢固的联系。凡是丰富幼儿有关物体的名称、形状、颜色等新词时，都要使语音与实物同时出现。另外，还要多次重复。以后，还要用同类实物和该词建立联系，使其在思维中起概括作用，并帮助他们牢固地掌握该词。

第二，结合动作出现动词。

汉语中的动词非常丰富，动作的微小差别就要用不同的动词去表达。例如，将一张桌子移动一下，两个人做是"搬"或"抬"，一个人做是"拉""拖""扛""挪"等，分得很细，让幼儿掌握它们有一定的困难。在教幼儿学习新动词时，就需要伴随着动作出现新词，使动作与动词多次建立联系，才能使幼儿具体形象地掌握不同动作的名称。

第三，伴随手势、表情或象声词解释新词。

关于心理感受的一些词，不易解释清楚，可以用手势、表情或一些象声词来帮助幼儿掌握"焦急""盼望""满意"等一类词的词义。

第四，利用图片帮助幼儿理解词义。

有些物体（如野兽、各种交通工具）不可能让幼儿全部直接感知，就可以用图片来认识它们的特征，掌握它们的名称。有些描述性的词，就需要有描述的对象才能理解和掌握。看图讲述是帮助幼儿理解形容词的词义和锻炼描述能力的有效形式。图片不仅可以帮助理解新词，同时也能有效地帮助幼儿运用新词。

第五，通过实物对比掌握反义词。

如大、小、长、短、粗、细、胖、瘦、高、矮、黑、白等词中的任何一个词，都是和它的反义词同时存在，如没有它的反义词，也就没有它存在的价值。这些词需要运用实物对比，才能使幼儿辨认掌握。

（2）词汇教育的具体途径。

第一，在日常生活中丰富幼儿的词汇。

日常生活是幼儿学习语言的基本环境，在这个环境中丰富幼儿的词汇有很多优越条件。一是形象、自然。在日常生活中，作用于幼儿的词句都是与一定的事物、动作同时出现的，即物、动作、词，总是同时作用于幼儿的视觉和听觉，所以词对幼儿来讲是具体的，是易于理解的。二是多次重复。日常生活中的语言多是常用的，经常重复，易于加深幼儿的印象和理解。三是幼儿有学习语言的要求。在日常生活中，幼儿经常可以接触到一些新鲜有趣的事物，这些事物能引起他们的求知欲。他们迫切地想知道它们是什么，有什么用处，从哪儿来的。教师针对幼儿日常生活中自发产生的这些问题，要积极地给予回答，同时利用这个机会扩大幼儿的眼界，丰富他们相应的词。在这种情况下教给幼儿的新词，他们不仅容易理解，而且能较容易地运用到生活中去。

日常生活是丰富幼儿词汇的最主要途径，教师应善于抓住时机进行词汇教学。例如：在穿衣时，教会幼儿正确叫出衣服和衣服各部分的名称；在盥洗时，教会幼儿掌握盥洗用具、盥洗动作、面部或身体各部分的名称；在吃饭时，教会幼儿叫出餐具、主食、副食的名称；在散步时，主动向幼儿介绍所见到的各种社会事物和自然现象，同时丰富相应的新词（事物或活动的名称、用途），有时还可以结合实际情况教幼儿一些新的形容词。例如，教师在带领幼儿于雨后的路上走时说："这泥泞的路真难走。"幼儿就很形象地体会了"泥泞"是什么意思了，在回来的路上，有的幼儿说："我们还走这'泥泞'的路啊！"他们很自然地把新词用到自己的语言中去了。

案例　闪闪发光的银杏树

　　佳佳老师参加了幼儿园组织的半日活动大赛。专家、园长和老师观看了佳佳老师的半日活动后夸赞她有激情，和孩子们之间关系亲密，活动组织有条理，但是教师语言过于简单。佳佳心里不服气，她带的是小班幼儿，如果日常交流的语言太复杂，孩子能听懂吗？园长注意到佳佳没有理解大家的意思，于是就用户外活动结束后佳佳带幼儿回班路上发生的对话进行了解释。幼儿在回班级的路上会经过一棵银杏树，恰逢深秋，满树的银杏叶子黄澄澄的，在阳光照耀下投在地面上一片光斑，非常漂亮。老师和小朋友都注意到了闪闪发光的银杏树。小朋友跑着去捡银杏叶，老师发出感叹，"好漂亮的银杏树！小朋友觉得它漂亮吗？"幼儿纷纷回答："漂亮！"然后，老师带着幼儿回班级了。园长问佳佳老师，银杏树除了漂亮，怎么用更丰富的语言描述呢？比如老师可以说具体哪里漂亮，叶子的颜色有深黄、浅黄，叶子落在地上，铺了一层像地毯一样等等，也可以让小朋友们表达自己的意见。老师还可以让幼儿进一步观察，银杏叶落在地上的叶子和树上的叶子的颜色是否一样。园长还提到，佳佳老师的常规指令不准确，比如，"请小朋友把椅子拿过来"，可以改成"请小朋友双手抬椅子，搬到墙边"。最后园长语重心长地说："生活中处处有教育这句话不是空话，教师的一言一行时时刻刻在影响孩子。"

第二，通过观察丰富幼儿的词汇。

直接观察是幼儿认识事物的重要途径，也是丰富幼儿词汇的重要来源。幼儿的观察特点是对周围事物中活动的、鲜艳的、有声音的东西容易发生兴趣，而周围环境中大量有教育意义的事物不一定能引起他们的注意，即使看见了，也还不能分清这些事物的本质与非本质的特征。总的来说，幼儿观察的目的性、持续性、概括性的发展水平还是比较低的。

组织幼儿观察的方法包括观察实物和外出参观两个方面。

① 观察实物。这种观察一般是在幼儿园的活动室内进行，观察的对象是个别实物或它的模型、玩具、图片、幻灯、标本等，如日常生活用品（如餐具、炊具）、水果、蔬菜、粮食作物、劳动工具等。其中，应以直接观察实物为主，只有在没有条件看到实物时，才运用模型、玩具、图片等，如飞机、轮船、火车等不易看到的交通工具。非实物的观察对象的选择，特征要明显、美观。

在观察前，教师应用生动活泼的语言或其他方式，启发幼儿观察的兴趣。在小班可以请来一个游戏角色——娃娃参与观察。例如，在认识冬季服装时，可以通过幼儿给娃娃穿衣服和鞋、戴帽子、手套等活动，让幼儿正确叫出各种冬季服装的名称和制作材料的名称。到了中班仍可以进行这种方式的观察，但内容与要求应加深，如能说出制作材料的不同性质——厚的、毛茸茸的、光滑的、柔软的，以及它们是由谁用什么工具制作出来的等。中、大班的观察，大部分是从教师直接提出观察目的开始，当然这也不排斥有时以谜语或游戏等方式开始。总之，观察开始的方式，要以能引起幼儿的观察兴趣为目的。

在观察过程中，主要是通过谈话方式引导幼儿观察。教师要善于运用问题，保持幼儿的观察兴趣。用问题引导幼儿观察物体的主要特征，反复谈论和描述观察的对象。教师要提的问题，在观察开始时，可以全部都提出来，使幼儿更有目的地进行观察。中、大班在观察冬装时，教师开始可提出："现在是什么季节？大街上的人们都穿上了什么衣服？这些衣服是用什么料子做的？你们穿的都是什么衣服？"向幼儿出示观察对象后，给幼儿留一段时间，以便他们自由观察，互相交换最初的印象，互相提问。然后，教师再用问题引导幼儿由整体到部分，从部分到整体地观察、谈论。应在观察和谈论观察对象的过程中，自然地教给幼儿新词。教师要以自己准确的用词起示范作用。

在观察近似物体时，可以采用比较的方法，让幼儿掌握异同点，使观察对象的特征更加突出。有了这个基础，才能进行概括，形成概念，对标志这个概念的词，也才能掌握得更具体、确切。在运用比较方法时，小班适宜比较差别大的物体，如大卡车和小轿车比较；中班不仅可以减少对比物体的差别，而且可在认识新物体或现象时，同已认识的物体或现象进行比较，如组织幼儿认识无轨电车时，可与已认识的公共汽车进行比较；大班则应选择差别较小的物体或现象进行比较，如搪瓷制品和塑料制品的比较。大班有时还可选择两种以上的物体或现象进行比较，如粮食、蔬菜、水果等三类物品比较。以上这些比较方法的运用，常常是要求幼儿对不同东西的相同因素，相同东西的不同因素，进行对照和分辨，这就需要幼儿对这些物体的特征进行分析与综合。这对提高幼儿的思维水平，促进幼儿掌握说明事物不同程度属性的词（如比较光滑的、比较粗糙的、比较高的、比较矮的……）是十分有益的。

② 外出参观。带领幼儿到园内外一些有教育意义的环境中去参观。为幼儿选择的参观地点应是幼儿能理解又不影响身体健康的地方，如公园、展览馆、博物馆、图书馆、少年宫、邮局、商店、小学、街道及交通工具、著名建筑物等。在农村附近，可参观粮食作物、菜地、养猪（牛）场、温室、果园等。

参观出发前，应对幼儿进行一次简短的谈话，告诉他们要去看什么，应该怎么看，以及出去参观时要遵守的规则。谈话要富于启发性，能引起幼儿的兴趣。在谈话中还可以围绕参观目的提几个问题，以激起幼儿参观的愿望。

在参观过程中，教师要用问题引导幼儿观察，让幼儿明确先看什么，后看什么，要把幼儿的注意力集中到观察的主要内容上，不要让与观察内容无关的事情分散幼儿的注意力。在幼儿观察时，教师欲提的问题，要一个一个地提。提出一个问题后，应让幼儿看一会儿，想一想后，再回答问题。讲完一个问题后，再问下一个问题。教师一定要注意培养班上每个幼儿都能大胆地回答问题，让他们把看到的东西说出来。

在参观中，被参观的单位给幼儿介绍情况时，讲的内容要符合本次参观的目的，讲话要使幼儿能听得懂，要避免讲幼儿难以理解的名词术语。

参观结束时，教师可根据参观的目的，把看到的东西简单地总结一下，把新学到的词突出出来，巩固幼儿的印象。

参观回来后，还应组织幼儿谈话，帮助幼儿把所获得的知识系统化，形成初步概念，并练习运用学到的新词。在幼儿还不能把新词运用到口语中，或运用得不恰当的时候，教师要通过示范、提示来启发幼儿运用新词或纠正不正确的用法。

第三，运用教学游戏（智力游戏）进行词语练习。

通过观察、参观等形式，主要是丰富幼儿的新词。教学游戏则比较灵活，可以教幼儿新词，也可以练习正确运用词。游戏的活动性和广泛性（指可以参加的人数）的特点，符合幼儿的兴趣，可以比较容易地把他们吸引到学习活动中来。通过游戏练习词语的运用，教学要求是在幼儿"玩"的过程中完成的，幼儿有兴趣。他们为了达到游戏的目的而克服困难，遵守规则，从而获得了练习。另外，游戏还可为胆怯和寡言的幼儿提供练习的机会，减少学习的难度。

运用教学游戏时，首先应根据本班语言教育的内容，选择适当的游戏，或自编游戏。在自编游戏时，确定了游戏内容（丰富和巩固幼儿哪些知识和词汇），就要考虑这些内容如何在游戏规则中体现，因为游戏规则是完成内容的保证。其次应准备好游戏中所需的教具或游戏材料。教具或材料应形象、美观，能正确地反映事物的各种特征。在游戏进行中，教师要以极大的兴趣，把幼儿吸引到游戏中来，同时要严格要求幼儿遵守游戏规则，以保证幼儿获得正确的练习。

在大班，还可以运用纯语言性的教学游戏，即游戏中不出现实物、玩具、图片和其他教具。这类游戏，有的是由教师提出一个个问题，要求幼儿作简短而迅速的回答，提问和回答都应是简短扼要、互相连接的，中间不能有长时间的停顿，如"木头能做什么""什么是甜的""什么是酸的"。有的是描述性的游戏，如由教师或幼儿讲述班上一个幼儿的长相和服装特征，请别的幼儿猜。有的是猜谜语、编谜语的游戏。

第四，运用儿童文学作品进行词汇教育。

儿童文学作品中的语言，是经过作家提炼加工的语言，具有生动、形象等特点，易于幼儿理解和接受。一些代表抽象概念的词，如光荣、牺牲、诚实等，一些形容人的心理活动、状态的词，如等待、兴奋、激动等，是难以通过观察（观察图片除外）、参观来了解词义的。文学作品的生动情节和形象描述，能帮助幼儿较快地理解这一类词的词义。

通过儿童文学作品丰富词汇，有的是通过故事情节使幼儿自然地理解词义，有的还需要通过辅助手段——图片、玩具、模型等，帮助幼儿理解词义。例如，讲"董存瑞炸碉堡"的故事情节时，可自然出示有关碉堡的图片，并稍加解释碉堡的功用，幼儿不仅能具体形象地掌握新词的意义，而且对董存瑞英雄行为的价值，也能有更深刻的理解。有时也可用幼儿熟悉的事物，并配以适当的解释，来帮助幼儿理解词义。例如，故事中有这样的句子："他穿过了一片密密的荒林。""荒林"是新词，而"树林"是幼儿早已熟悉的词，这时教师就可把荒林解释为"就是没有人去过或没有人管理的树林"。让幼儿由此及彼，就比较容易懂得"荒林"一词的含义了。

复述故事或朗诵韵体作品，是使幼儿巩固掌握词的好方法，应保证幼儿能复述、朗诵一定数量的儿童文学作品。

表演故事（亦称表演游戏），是幼儿在游戏中再现儿童文学作品的好形式。教师应注意在幼儿游戏时，能反映出一些儿童文学作品的内容，以促进幼儿积极、正确地运用所学到的词。

第五，通过各种类型的教育活动进行词汇教育。

除通过观察、参观、教学游戏、讲故事、朗诵儿童文学作品外，其他类型的语言教育活动，如各种谈话活动、讲述活动都可以丰富幼儿的新词，练习正确运用词等。

另外，在各种教育活动过程中，都要丰富幼儿的词汇。例如，在美术活动中，要教幼儿叫出"蜡笔""铅笔"，各种颜色、线条、形体的名称；在体育活动中，要教幼儿掌握有关走、跑、跳、钻、爬等动作的名称；在科学活动中，幼儿要学到大量的有关动植物的名称、特征、习性及功用方面的、有关四季特征和自然科学现象方面的词汇；在数学及音乐活动中也要相应地掌握很多有关的词汇。

总之，幼儿园的词汇教育的内容，是通过日常生活、游戏、语言教育活动及各种教育活动等多种途径共同完成的。

⭐ 三、幼儿语法发展与教育

（一）幼儿语法发展特点

语法是组词成句的规则，幼儿要掌握语言，进行语言交际，还必须掌握语法体系。否则，很难正确理解别人的语言，也不能很好地表达自己的思想。

幼儿对语法结构的掌握表现在语句的发展和理解两方面。

1.语句的发展

根据我国心理学工作者的研究，发现幼儿语句的发展大致呈如下四个规律。

（1）句型从简单到复杂。

从第二节的分析我们知道幼儿掌握句型的顺序是：单词句（1～1.5岁）→双词句（2岁左右）→简单完整句（2岁开始）→复合句（2.5岁开始）。这体现了幼儿句型从简单到复杂的过程。

句型从简单到复杂的第二个表现是从陈述句发展到多种形式的句子。幼儿最初掌握的是陈述句，到幼儿期，疑问句、祈使句、感叹句等也逐渐增加。

句型从简单到复杂还表现为从无修饰句到修饰句的过程。幼儿最初的简单句是没有修饰语的，以后便出现了简单修饰语和复杂修饰语。据研究（朱曼殊等，1979），2岁幼儿运用的修饰句仅占20％左右，3～3.5岁是复杂修饰语句的数量增长最快的时期，3.5岁儿童已达50％以上，到4岁时有修饰的语句开始占优势，到6岁时上升到91.3％。

（2）句子结构和词性从混沌一体到逐渐分化。

幼儿句型从简单到复杂的变化，也反映了句子结构逐渐分化的发展趋势。幼儿一开始只能说一些连主谓语也不分的单词句，句子结构混沌不分的程度就可想而知了。以后，单词句逐渐分化为只有主谓结构和动宾结构的双词句。再往后，句子的结构越来越复杂，层次也越来越分明了。

幼儿早期所掌握的词不分词性。如"喵——呜"，既可当名词（小猫），又可当动词"咬人"。学前初期的幼儿还常常把"解放军叔叔""小白兔"等词组当作一个词使用，不分修饰词和中心词。比如，不少小班幼儿说："我长大了要当解放军叔叔"，"我们家养了两只黑的小白兔"等等。随着年龄的增长，才在使用中逐渐分化出修饰词和中心词、形容词和名词、动词和名词等词的性质。

（3）句子结构从松散到逐步严谨。

幼儿最初的句子不仅简单，而且不完整，常常漏掉或缺少一些句子成分。比如，最早出现的单词句和双词句实际上是一个简单的词链，严格说还不是句子，如果说是句子的话，那么缺漏句子成分的现象是十分严重的。简单句出现以后，才初具结构基架，但也常常漏掉一些主要成分，结构比较松散，词序紊乱，句子各成分之间的相互制约不明显。例如，有的3岁多的孩子把"你用筷子吃饭，我用小勺吃"说成"你吃筷子，我吃勺子"；把"老师，我要出去"，说成"老师出去"。幼儿最早出现的无连词的复合句，也是句子结构不严谨的表现。

随着年龄的增长，句子结构逐渐严谨起来。缺漏句子成分的现象逐渐减少，词序排列也越来越恰当，句子成分之间的制约关系加强了，复合句中的连词也出现了，原先几乎没有任何修饰词的句子，也逐渐出现了修饰语。幼儿的语言也越来越能反映他们的思想。

（4）句子结构由压缩、呆板到逐步扩展和灵活。

由于认识的局限性和词汇的贫乏，幼儿最初说出的语句只有表明事情的核心词汇，因此显得内容单调、形式呆板。稍后，开始能加上一些修饰语，使句子的成分变得复杂起来，表现的内容也逐渐丰富、富有色彩和感染力了。

2. 句子的理解

在语句发展过程中，对句子的理解先于说出语句而发生。幼儿在能说出某种句型之前，已能理解这种句子的意义。

1岁之前，在幼儿尚不能说出有意义的单词时，已能听懂成人说出的某些简单的句子，并用动作反应。1岁之后，按成人指令动作的能力更加增强。

2～3岁的幼儿开始与成人交谈。他们喜欢听成人说儿歌、讲故事。并能学习像"小白兔、白又白，两只耳朵竖起来……"等生动有趣的歌谣。

4～5岁的孩子已能和成人自由交谈，向他们提各种各样的问题并渴望得到解答。但是，对一些结构复杂的句子，如被动语态句（小明被小强撞倒了）、双重否定句（小朋友没有一个不喜欢听故事的）等往往还不能正确理解。

幼儿期，幼儿虽然已经能够熟练说出合乎语法的句子，但并不能把语法当作认识对象。他们只是从语言习惯上掌握了它。专门的语法知识的学习要到小学才能进行。

（二）幼儿语法教育的途径

1. 在日常生活中培养幼儿清楚完整的表述能力

语法是语言的规则。人说话时，不仅要有丰富的词，而且还要把词按照一定的语法规则组织联结起来构成完整、连贯的语句，这样才能更好地表达自己的思想。幼儿主要是在运用语言的实际过程中，逐渐学习和掌握语法结构，形成语言习惯的。因此，在日常生活中培养幼儿清楚完整的表述能力是幼儿语法教育的最主要途径。

在日常生活中，教师在教孩子说话时，要首先教孩子说完整的句子，让孩子按固定的语序说话，从而逐步形成语法关系的意识；其次，要培养孩子的对话能力和独自讲述的能力，如讲述自己的经历、见闻。教会幼儿在与别人讲话时，先听清和理解对方所提的问题，然后有针对性地做出回答，做到每一句话说得连贯通顺。最后，逐步要求孩子能围绕一定的主题，完整、清楚、流畅地讲述某一件事情的经过，表达自己的思想感情。

视频：奶茶大辩论①

2. 用口头造句的形式培养幼儿说完整句

实践证明，教师经常用一些幼儿易于理解、易于接受的词为扩散点来进行造句的训练，既可增加幼儿的知识，又起到了发展口语表达能力的作用。例如，出示"电"字卡片，请小朋友给"电"字找朋友，并进行"看谁找的朋友多"的游戏，幼儿的积极性得到了充分的调动。由"电灯""电话""电影""电脑"到"我家买了一台电脑""妈妈带我看了电影"……这种口头造句形式是口语练习最简单的形式，由口头造句开始，逐步引导幼儿用一个完整的语句表达自己的思想。

3. 用游戏的形式提高幼儿说完整句的积极性

游戏是幼儿最喜欢的活动形式，在游戏中发展幼儿语言，往往会产生事半功倍的效果。例如，幼儿园最常见的听说游戏，它的目标就是以培养幼儿倾听和表达能力为主，每个听说游戏都包含着对幼儿语言学习的具体要求，使孩子们在游戏的过程中不知不觉地巩固了已学的语言内容，掌握了一定的语言知识，而说出完整句的积极性也得到了提高。

思考与练习

1. 简述学前儿童语言获得的具有代表性的理论模式。
2. 简述0～3岁、3～6岁儿童语言发展的特点，收集典型教育案例，结合实践提出具体化的教育建议。

年龄段	语言发展特点	典型案例	教育建议	备注
0～1岁				
1～2岁				
2～3岁				
3～4岁				
4～5岁				
5～6岁				

3. 普通话作为联合国工作语言之一，已成为中外文化交流的重要桥梁和外国人学习汉语的首选语言。试从学前儿童语言获得的意义角度，阐述幼儿教师在日常教育过程中坚持使用普通话与幼儿交流，对幼儿发展的影响。

---

① 视频由绵竹市第二示范幼儿园提供，执教：李晓敏

学前儿童文学作品活动

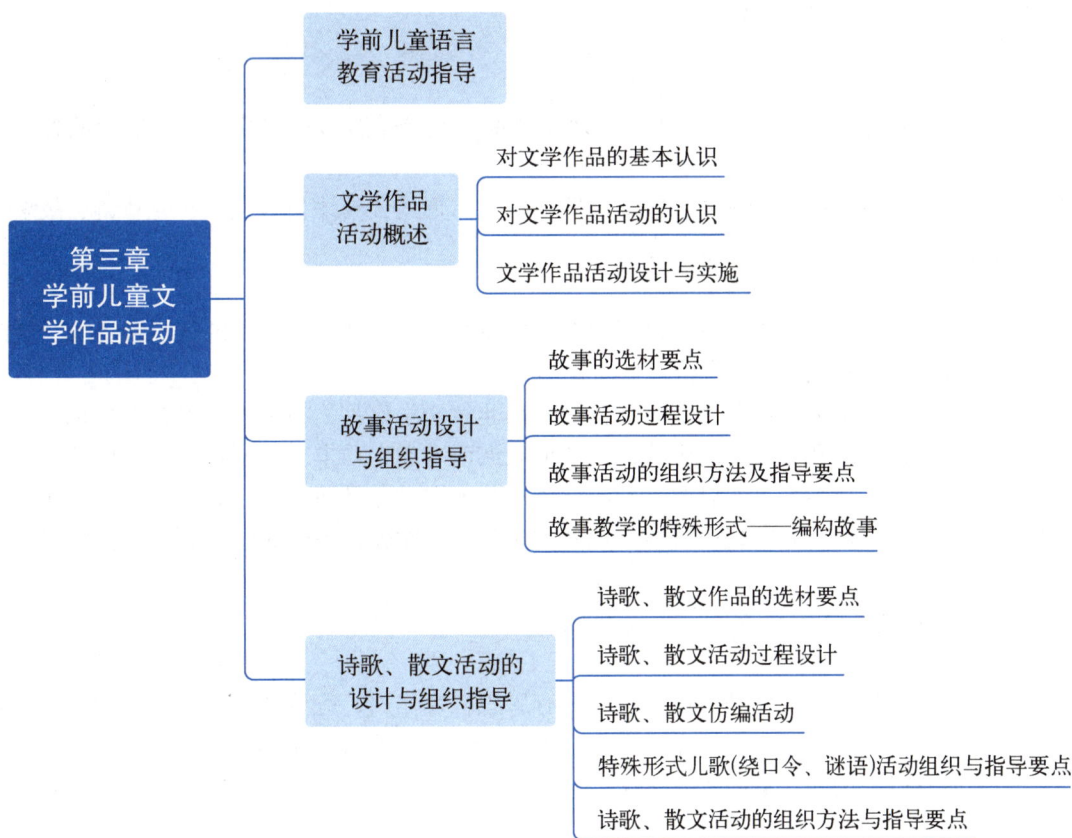

```
                          ┌─ 学前儿童语言
                          │  教育活动指导
                          │
                          │                  ┌─ 对文学作品的基本认识
                          │  文学作品         │
                          ├─ 活动概述      ───┼─ 对文学作品活动的认识
                          │                  │
                          │                  └─ 文学作品活动设计与实施
  第三章                   │
  学前儿童文    ──────────┤                  ┌─ 故事的选材要点
  学作品活动                │                  │
                          │  故事活动设计      ├─ 故事活动过程设计
                          ├─ 与组织指导    ───┤
                          │                  ├─ 故事活动的组织方法及指导要点
                          │                  │
                          │                  └─ 故事教学的特殊形式──编构故事
                          │
                          │                  ┌─ 诗歌、散文作品的选材要点
                          │                  │
                          │                  ├─ 诗歌、散文活动过程设计
                          │  诗歌、散文活动的  │
                          └─ 设计与组织指导  ──┼─ 诗歌、散文仿编活动
                                             │
                                             ├─ 特殊形式儿歌(绕口令、谜语)活动组织与指导要点
                                             │
                                             └─ 诗歌、散文活动的组织方法与指导要点
```

学习要点

● 学前儿童文学作品活动的内涵、类别、教育价值、特点。
● 学前儿童故事活动设计与组织要点。
● 学前儿童诗歌、散文活动的设计与组织要点。
● 学前儿童绕口令、谜语活动的设计与组织要点。

第一节　文学作品活动概述

有经验的家长和老师都知道，0～6岁的学龄前儿童有热爱儿歌、故事的天性，无论是朗朗上口的童谣，还是生动有趣的故事，对孩子都有莫大的吸引力。学前儿童对文学作品的学习，不是一个简单的听说的学习过程，它是成人通过引导儿童围绕文学作品而开展的系列丰富多彩的活动，通过学前儿童视觉、听觉、触觉的参与，对儿童的语言产生潜移默化的巨大影响，会对儿童的成长产生全方位、多通道的促进作用。

★ 一、对文学作品的基本认识

（一）学前儿童文学作品的内涵和类别

学前儿童文学作品是指与0～6岁儿童心理发展水平及接受能力和阅读能力相适应的各类文学作品的总称。

它包括韵文体、幻想体、叙事体、散文体等多种文体形式，具体包括儿歌、儿童诗、故事、童话、寓言、散文、图画书等文学作品形式[①]。

（二）学前儿童文学作品的教育价值

学前儿童文学作品包含了作家对所描写的对象以及整个人类社会和宇宙的认识和评价，其对学前儿童的教育价值具有多元化的综合价值。

具体而言，首先具有艺术审美价值。优秀的学前儿童文学作品，在稚拙的形式中呈现童真童趣的快乐，其文学语言音韵和谐、生动优美，文学形象诙谐有趣生动丰富，所描绘的意境的美，人物心灵的美等对学龄期儿童都是美的启迪。其次，学前儿童文学作品还具有开启心智，丰富认知的功能；引起美的感受，愉悦身心的娱乐价值；以及促进学前儿童创造力、想象力、情感体验等审美心理发展的价值等。

（三）学前儿童文学作品的特点

1. 教育性

学前儿童文学作品的教育性是指作品主题要有思想教育作用，应该选择健康明朗的内容，对学前儿童进行真、善、美的启迪，对学前儿童的心理成长可以起到引导作用，利于促进学前儿童体、智、德、美全面发展。例如，童话故事中关于勇敢、正直、同情心、友情等内容，有利于婴幼儿道德感的形成。

2. 文学性

学前儿童文学作品是开启儿童心智的启蒙文学，它是用语言塑造文学形象的艺术，从艺术品的层面来说，它具有语言美、形象美、心灵美、意境美等特色。学前儿童文学作品的丰富而生动的语言特色，新颖而巧妙的构思，奇特又符合生活逻辑的想象，能让学前儿童充分感受到文学语言的魅力。

例如，童话《金色的房子》里面描写房子的句子"红的墙，绿的窗，金色的屋顶亮堂堂"几次在童话中出现，让孩子体会到文学语言的音韵和谐的生动、优美。

再如儿歌《蜗牛》："蜗牛出去串门子，背上背着大房子，雷声隆隆下大雨，蜗牛拍拍小肚子，雨点来了我不怕，我会躲进小房子！"此诗歌构思巧妙，语言生动活泼，不仅写出了蜗牛的生活习性，更用诙谐幽默的语调写出了蜗牛的勇敢和无畏，活泼可爱。作者采用象征手法，与人们日常生

---

① 王泉根.儿童文学教程［M］.北京：北京师范大学出版社，2015

活中的蜗牛的缓慢稳重形象有一定对比，更带有儿童的调皮和勇敢，具有无穷的童真童趣。

3. 浅易性

学前儿童的语言发展水平及思维水平有限，其对文学作品的理解能力低，所以决定了学前儿童文学作品应具有浅显明白易懂的特点。

具体来说，学前儿童对词义的理解水平有限，他们常常不能准确地理解概括性较强或很抽象的词汇，比较容易理解一些形象生动的反映事物具体特征的词汇。所以，学前儿童文学作品从语言形式上常常具有生动浅显、形象具体的特征，作品中的句子也多用简单句、主动句、短句来表述，甚至带有口头文学的特点。

比如，儿歌《冬公公》："冬公公，白眉毛，吹口气，呼呼叫，吹得满天雪花飘。"语言浅显口语化，让孩子一读即懂。

再如儿歌《小白兔》："小白兔白又白，两只耳朵竖起来。爱吃萝卜和青菜，蹦蹦跳跳真可爱！"前两句用浅显易懂的语言描述出兔子的神态和特征，后两句用生动形象的语言刻画出兔子的生活习性，语言浅显易懂又具有艺术感染力，深受儿童喜爱。

4. 趣味性

0～6岁的儿童好动喜变化，对新奇事物具有莫大的好奇心，他们偏爱语言表达生动有趣、故事性强、情节起伏大、人物形象生动鲜明的作品，所以学前儿童文学作品中的主角常是一些儿童喜爱的小动物，甚至可以把成人儿童化；或有意将故事情节化，环境场面离奇夸张化的艺术处理。

如儿歌《小老鼠》："小老鼠，上灯台，偷油吃，下不来。喵喵喵，猫来了，叽哩咕噜滚下来。"这是一首孩子喜爱的经典童谣，作者运用拟人和夸张的表现手法，风趣幽默地刻画了小老鼠在灯台上偷吃、贪吃，肚子吃得滚圆滚圆，上得来下不去的滑稽形象，让孩子忍俊不禁之余，也会从小老鼠身上找到自己曾经顽皮贪吃的影子。

⭐ 二、对文学作品活动的认识

《纲要》在第二部分"教育内容与要求"的语言部分明确指出：语言目标4："喜欢听故事、看图书"，内容与要求4：教师要"引导幼儿接触优秀的儿童文学作品，使之感受语言的丰富和优美，并通过多种活动帮助幼儿加深对作品的体验和理解。"根据《纲要》精神，我们可以这样来认识学前儿童文学作品活动。

学前儿童文学作品活动，是以学前儿童文学作品为基本教育内容而设计组织的系列语言教育活动。它从一个具体的文学作品教学入手，围绕着这个作品展开一系列相关的主题活动，帮助学前儿童走近作品，理解体验作品生动有趣的主题，学习丰富形象的语言，感受艺术性结构语言的美及作品中人物的真善美；通过开展与作品主题一致的迁移经验活动和创造想象运用语言活动，让学前儿童走出作品，与现实生活结合，为学前儿童提供全面的语言学习机会，帮助学前儿童发展完整的语言。

学前儿童文学作品活动，是学前儿童语言教育的重要组成部分，它是以0～6岁儿童为对象，围绕学前儿童文学作品而开展的、适合学龄前儿童认知特点和接受能力的系列语言教育活动，具有十分重要的意义，它是学前儿童语言教育不可或缺的一种类型和重要的组成部分。

（一）对0～3岁婴幼儿文学作品活动的认识

1. 0～3岁婴幼儿文学作品活动的目标

0～1岁半：

（1）能安静地听成人念儿歌，讲简短的故事，喜欢听唱歌等好听的声音。

（2）对图书表现出极大的关注，喜欢听成人讲述图书上的故事或儿歌等。

（3）对动画片表现出极大的关注。

1～3岁：

（1）喜欢听故事，欣赏儿歌，看动画片，能简单复述儿歌或故事的部分或一句话。

（2）能大方朗诵儿歌，学唱儿歌。

（3）能主动翻阅图书，对故事或儿歌朗诵、动画片等文学作品表现出极大的兴趣。

（4）能用情景表演或角色游戏来表演部分故事内容。

2. 0～3岁婴幼儿文学作品活动的特点

文学作品活动是促进婴幼儿语言发展的重要手段，它可以让婴幼儿学习书面语言，感受文学作品，丰富婴幼儿词汇，提高婴幼儿的语言理解能力和感受能力。同时，还可以提高婴幼儿对语言艺术的兴趣和敏感性，是对婴幼儿艺术思维和想象力的早期激发。

由于婴幼儿语言发展水平和语言教育的规律等因素，所以婴幼儿的文学作品活动的开展具有随机性、日常性、反复性等特点，主要是通过多渠道多角度多形式开展文学作品活动，充分调动婴幼儿的视觉、听觉等参与文学作品的感受活动，让婴幼儿重点感知体验文学作品。成人应多提供复述文学作品的机会和一个良好的听说的语言环境。具体可以开展如下活动。

（1）多开展"平行"的亲子阅读，培养婴幼儿对书面语言的浓厚兴趣。

教师或成人应给婴幼儿提供有各类书籍的环境，如经常带婴幼儿去图书馆，或者给婴幼儿布置一个小书房或图书角，让孩子随时可翻看各种有趣的图书，初步感受文学作品的魅力。妈妈或教师等成人可以抱孩子在自己的膝盖上，和孩子进行"平行式"的阅读，让孩子自由接近阅读内容，即父母和孩子共同看着画面，一起阅读。也可以让婴幼儿"点读"，训练婴幼儿手眼协调和注意力。

（2）初步养成倾听文学作品的良好习惯。

① 大声给孩子朗读文学作品。

家长或教师可以在婴幼儿睡觉前给孩子朗读文学作品。家长应养成一个给孩子读书的好习惯，从孩子出生开始就每天抽出一段时间给孩子读书，哪怕一天10分钟都可以，孩子慢慢长大，可以给孩子读各种各样的书。不要认为婴幼儿没有听或听不懂，通过这种潜移默化、日积月累语言教育方式，孩子的语言会有很大的发展潜力。

② 听专家讲经典故事儿歌或童谣。

培养孩子的文学兴趣最好的方法就是孩子和妈妈一起来听故事和儿歌。如《宝宝听书》等专门的经典童话、儿歌音频，很适合婴幼儿与妈妈一起聆听。每天可以在一个固定的时间（如睡前、上午或下午的空闲时间），让婴幼儿倾听一些优美动听、主题鲜明、短小精干的故事或儿歌，让孩子们仿佛能够通过声音看到故事、儿歌中所描绘的画面。通过语言专家的精彩演绎，使每个作品都拥有精彩的情节、优美的意境，听起来让孩子兴趣盎然，对婴幼儿进行规范语言的启蒙，并能充分调动孩子们的想象力和对文学作品的热爱，培养孩子集中注意力的能力。

③ 讲述自编故事或儿歌。

家长或老师可抓住婴幼儿的片段时间给孩子讲些故事，哪怕是自己编的都可以，可以以婴幼儿为主角，注重趣味性、艺术性，绘声绘色，抓住孩子的心。一些有语言优势的孩子，家长还可以让他随意编构故事给大人听，大人及时给予鼓励，充分调动儿童大胆表述的积极性。

（3）利用各种途径让婴幼儿感受文学作品。

家长或教师为婴幼儿选择一些轻松活泼、画面优美、生动有趣的儿童美术片或动画片。成人可以陪着孩子一起看。看完片段后，成人可以与幼儿一起回忆、讨论动画片的具体内容、人物或情节，从而培养婴幼儿对动态艺术的观察理解能力。还可以模仿"电视语言"，如对白、旁白、广告语等。

但要注意，婴幼儿每次看电视的时间最好不要超过15分钟，否则会对孩子的视力造成一定程度的损伤。成人千万不要因为忙就让孩子看很长时间的电视或动画片。

（4）让婴幼儿多种方式重复感受文学作品，多种途径帮助婴幼儿理解作品内容。

由于婴幼儿语言水平处于初级阶段，对作品的记忆和理解能力有限，所以婴幼儿对文学作品的学习主要是感受和体验，成人可以让孩子多种途径重复感知同一个作品。有经验的老师或妈妈都知道，宝宝总是一段时间迷上一个故事，而且百听不厌，就是这个道理。

还可以让婴幼儿参与复述作品活动，复述是婴幼儿学习、重复和模仿文学作品的表述语言、再现文学作品的一种手段。复述不是完整作品的重复讲述，有时可以是对一个优美的词或一个句子的复述，有时可以是婴幼儿对感兴趣的一段对话或一些动作的重复讲述，或者一段时间内反复让幼儿听一个故事或一首儿歌，让婴幼儿在反复地听说等形式中理解体验作品。

（二）对3～6岁学前儿童文学作品活动的认识

随着《指南》的制定和颁布，了解3～6岁幼儿语言学习与发展的基本规律和特点，建立对幼儿发展的合理期望，是幼儿园老师必须明确的事情。那么，就3～6岁幼儿而言，在文学作品活动中应该确定怎样的目标，才适合幼儿身心发展规律和学习特点呢？结合《指南》在学习与发展目标部分分别对3～4岁、4～5岁、5～6岁三个年龄段末期幼儿应该知道什么、能做什么，大致可以达到什么发展水平提出的合理期望，特别是语言部分的（二）"阅读和书写部分的目标1：喜欢听故事，看图书，3～4岁幼儿：① 经常主动要求成人讲故事、读图书。② 喜欢跟读韵律感强的儿歌、童谣。③ 爱护图书，不乱撕乱扔。4～5岁幼儿：① 经常反复看自己喜欢的图书。② 喜欢把听过的故事或看过的图书讲给别人听。③ 对生活中常见的标识、符号感兴趣，知道它们表示一定的意义。5～6岁幼儿：① 经常专注地阅读图书。② 喜欢与他人一起谈论图书和故事的有关内容。③ 在阅读图书和生活情境中对文字符号感兴趣，知道文字表示一定的意义"。结合《指南》的精神，学前儿童文学作品活动的目标可以如下思考。

1. 学前儿童文学作品活动的目标

学前儿童文学作品活动是通过欣赏文学作品来学习语言的语言教育活动类型。在文学活动中，要求学前儿童积极参加文学活动，乐意欣赏文学作品，知道文学作品有童话、诗歌和散文等体裁，帮助学前儿童感受文学作品的语言美，培养他们对艺术语言的敏感性；要求学前儿童理解文学作品内容，掌握相关的社会认知，学会用语言或非语言的表现方式表达自己对某个文学作品的理解；结合文学作品提供的语言信息，进行创造性想象，并学会用自己的语言表达经验和想象，尝试艺术性结构语言。具体表现在以下三个方面。

（1）文学作品活动的认知目标。

① 丰富作品相关的社会知识，初步学会一些简单的为人处世的道理。

② 知道文学作品有童话、诗歌、散文等体裁，了解语言的丰富性和多样性，对书面语言有初步的认知，懂得文学作品中运用的是规范而成熟的语言。

③ 理解文学作品内容，学会标准发音，扩展词汇，了解各种语言句式的表达，明白书面语言和口头语言的对应关系。

（2）文学作品活动的情感态度目标。

① 对书面语言有浓厚的兴趣，喜欢文学作品，积极参加文学作品的学习活动，乐意聆听和阅读文学作品。

② 体验文学作品中人物的真善美，感受文学作品的情感脉络和语言美，发展学前儿童的艺术想象力和审美能力。

（3）文学作品活动的技能目标。

① 学会倾听和表达，提高语言的感受能力。

② 会说、说好普通话。

③ 感知文学作品艺术性建构语言的表现特点，能创造性地运用语言，扩展个人经验和想象，尝试艺术性结构语言，能用动作、语言、美术、音乐等不同表现方式，积极主动地表达个人对文学作品的理解。

2. 儿童文学作品活动的特点

（1）学前儿童文学作品活动是围绕文学作品开展的一个系列活动。

① 围绕文学作品教学开展活动。

学前儿童文学作品的学习必须首先从文学作品教学入手，围绕作品教学开展活动。在学前儿童文学作品的学习活动中，学前儿童学习的内容是具体的文学作品，文学作品是语言艺术的结晶体，每一个故事或每一首诗歌都具有丰富而独特的语言信息，它既可以满足学前儿童了解社会生活现象的愿望，又可以得到语言艺术美的熏陶。与其他语言教育活动相比，在文学作品学习活动中学前儿童感受的活动对象具有形象生动、信息量丰富的特点。在学前儿童文学作品活动中，学前儿童首先与活动对象的交互作用是学习理解文学作品，通过聆听、诵读、阅读图画、观看表演或观看动画等形式，让学前儿童将书面语言信息转化为口头语言信息，然后通过系列活动，让学前儿童完全理解和掌握文学作品所蕴含的丰富的信息。

②整合相关内容，开展主题活动。

自20世纪80年代以来，国际学前儿童教育界逐步认识到"整合"对儿童学习的重要意义，我国新近颁布的《纲要》也提出了学前儿童教育内容的"全面性""启蒙性"和各方面教育内容的"相互渗透"，反映了新的学前儿童教育课程整合观念的趋势。

学前儿童的文学活动从文学作品教学出发，常常整合其相关领域的内容，开展多种形式的系列活动，使得学前儿童在各方面有更多机会认识作品中表现的社会生活内容，有助于学前儿童对作品的感知理解，这是学前儿童文学活动的一个基本特征。

在学前儿童文学作品活动教学中，教师应树立通过一个文学作品，开展系列活动，给学前儿童提供各种层面的学习机会，促进学前儿童全面发展的观念。文学作品本身的特点决定了包含丰富的语言信息，一个文学作品，对学前儿童而言，则是不同层次的学习。首先，学前儿童聆听和阅读作品，主动感知各种语言符号连接的作品，即学习和欣赏作品，是第一层次的学习；其次，透过语言和概念去认识作品所表现的社会知识，通过开展学前儿童体验作品的主题活动，帮助学前儿童认识周围的世界，这是第二层次的学习；再次，通过开展作品主题相关的学前儿童动手动脑的活动，将作品经验迁移到学前儿童的实际生活中，以检验和加深学前儿童对作品的理解，这是第三层次的学习；最后，文学作品本身是语言艺术的结晶体，学前儿童文学作品教学活动，不仅要让学前儿童感受艺术性建构语言的美，更要让学前儿童学会创造性想象和表达，大胆尝试作品的艺术性建构语言的方式，学以致用，达到对作品深层次的掌握。

例如，小班故事《小兔找太阳》，在学前儿童熟悉了故事内容之后，可以开展表演游戏活动，师生户外散步观察太阳活动，让学前儿童体验理解作品中人物的心理；然后让学前儿童画一画"我眼中的太阳"，说一说"我心中的太阳""太阳的朋友——圆形物体"等活动，通过相关的四层次活动，不仅帮助学前儿童感知理解、学习掌握文学作品，也有利于学前儿童科学知识、绘画等其他各方面能力的提高。

（2）学前儿童文学作品活动发展的是学前儿童的完整语言。

完整语言的观念是当前国内外学前儿童语言教育的一种新思潮，是教育专家对儿童语言发展和语言学习的研究结果。所谓完整语言，是指听、说、读、写四种语言能力的协调发展。儿童自出生起就获得了学习人类语言的条件，所以在儿童语言发展的关键期间，为帮助学前儿童更好地获得语言发展，我们有必要给他们提供完整语言的学习机会。在文学作品活动中，学前儿童通过倾听理解某一文学作品（听），然后将自己对文学作品的理解和对语言的感受用语言表达出来（说），并通过视觉阅读文学作品（读）和绘画、折纸、泥工等学前儿童特殊的书写方式（写），将自己对文学作品的理解和感受以各种方式表达出来。教师应提供尽可能丰富的语言环境，不仅要促进学前儿童口头语言的发展，而且要帮助他们做好学习书面语言的准备；不仅要提高学前儿童的口语交往水平，而且要锻炼学前儿童语言的机智性和灵活性，同时培养他们对艺术性结构语言的敏感性。

通过学前儿童文学作品活动，发展学前儿童完整语言有四个方面的内容：①通过对文学作品的学习，发展学前儿童语言倾听和理解能力；②通过对文学作品的学习，丰富学前儿童语言词汇，规范学前儿童口头语言的表达，提高学前儿童日常交往语言的水平；③通过对文学作品的学习，培养学前儿童对书面语言的浓厚兴趣，提高学前儿童对艺术性结构语言的敏感性，并用自己特有的书写方式表达对作品的理解；④通过对文学作品的学习，使学前儿童会听会说普通话；学会创造性想象和表达语言。

（3）学前儿童文学作品活动整合、渗透于其他教育活动中。

由于加德纳的多元智能理论对教育观念的冲击和儿童语言学习系统理论的影响，当代学前儿童语言教育出现了整合教育的趋向，把儿童语言学习看成一个整合的系统，充分认识到儿童语言发展与其他方面发展是整合一体的关系。在儿童语言发展过程中，他们的每一个新词、每一种句式的习得都是整个学习系统的调整、吸收与发展的结果。学前儿童语言教育应与其他方面的教育密切结合，内容上与社会、健康、艺术、科学四领域整合，渗透在生活和游戏活动中，即与其他领域教学活动整合，与生活环节有机结合，渗透在游戏活动中。

三、文学作品活动设计与实施

（一）学前儿童文学作品活动内容的选择

学前儿童文学作品活动是对幼儿的文学语言和艺术审美以及真善美的启蒙教育，有助于学前儿童良好审美情趣的培养，所以在选择学前儿童作品时，可以从学前儿童身心发展需要出发，选择多种题材的作品，不仅丰富儿童的审美情趣，而且开阔视野，丰富社会认知，让沉淀在文学作品中的大量间接经验与儿童发生交互作用，还可以适当选择名人名著来丰富文学活动。具体而言，选择学前儿童文学作品，要遵循以下四个要点：（1）学前儿童文学作品的题材要以儿童熟悉的生活为主，如儿童生活经验故事；（2）学前儿童文学作品的形象要生动形象鲜明；（3）学前儿童文学作品的结构要简单，情节单纯有趣；（4）学前儿童文学作品的语言要浅显易懂，生动具体有文采。

（二）学前儿童文学作品活动设计的基本结构

《指南》指出："幼儿园的教育活动应遵循幼儿的发展规律和学习特点。珍视幼儿生活和游戏的独特价值，充分尊重和保护其好奇心和学习兴趣，创设丰富的教育环境，合理安排一日生活，最大限度地支持和满足幼儿通过直接感知、实际操作和亲身体验获取经验的需要"；"幼儿的语言能力是在交流和运用的过程中发展起来的"；"幼儿的语言学习需要相应的社会经验支持，应在生活情境和阅读活动中培养幼儿对文字的兴趣"，所以，学前儿童文学作品教育活动要充分调动学前儿童学习的主动性，其主旨就应摒弃旧有的以教师为中心的单向传授文学作品的教学模式，而应该以学前儿童为主体，将学前儿童置身于丰富多样的教学活动中，引导学前儿童积极主动地学习语言文学作品，感知体验语言文学作品，并能创造性地运用语言。教师应遵循新指南的理念，结合文学作品本身的丰富性，设计和组织系列网络活动，即语言文学网络活动。

语言文学网络活动是从某一个作品入手，开展一组与作品相关的活动，这组活动可以帮助学前儿童在活动中接受作品，理解体验作品，迁移个人经验，扩展学前儿童想象，并通过语言等方式表达自己的想象和认识，具体可分为以下四个层次。

1. 第一层次：学习文学作品

创设情景，引出文学作品。网络活动的起点是学前儿童学习和欣赏文学作品。教师可采用不同的方式组织教学，根据作品内容的难易程度，采用比较直观形象的幻灯、挂图、桌面教具、木偶、头饰等辅助教具，通过多种形式展开教学，一些浅显易懂的作品，如儿歌，可以直接让学前儿童反复诵读。

理解作品，通过三层次提问等多种方式，帮助学前儿童认知作品。在学习和欣赏文学作品这一层次，教师应将重点放在帮助学前儿童理解作品的主要情节、人物性格、主题和文学语言方面。教师不宜过多重复讲述作品。不能过于强调学前儿童机械记忆背诵作品内容，以免使学前儿童对文学作品失去兴趣。教师应通过三层次提问帮助学前儿童对作品的理解和思考。教师可通过描述性提问帮助学前儿童掌握作品的名称、人物、情节、对话、主题等，使学前儿童对作品内容有大致的了解；通过思考性提问和假设性提问，让学前儿童运用个人经验进行深入的思考和想象。比如在《小兔找太阳》中，教师不仅可以让学前儿童讨论"小兔先后把哪些东西当作了太阳"，还可以引导学前儿童思考"这是一只什么样的小兔，你喜欢它吗"，而且教师还可以引导学前儿童讨论："如果你是故事中的小兔，你会把哪些东西当作太阳？""你知道生活中有哪些东西像太阳吗？"这些问题都有助于加深学前儿童对文学作品的理解和掌握。

2. 第二层次：理解体验作品

通过作品表演、散步、谈话等方式帮助学前儿童体验作品。

这一层次的学习是在学前儿童学习和欣赏文学作品的基础上，根据作品内容范畴设计相关的活动，帮助学前儿童理解作品内容，体验作品人物形象的情感心理，以便学前儿童进一步认识作品中展示的生活和精神境界。教师可设计与主题相关的活动，如户外散步观察、围绕作品进行表演游戏等。

3. 第三层次：迁移作品经验

开展与作品主题相关的绘画、手工等动手动脑活动，帮助学前儿童迁移相关经验。文学作品既来源于生活，又高于生活。文学作品向学前儿童展示的是建立于学前儿童生活经验基础上的间接经验，这种经验常使学前儿童觉得既熟悉又有趣，迫切地想体验，要使学前儿童真正理解作品，就要为学前儿童创设围绕作品内容重点开展的可操作的或具有游戏性质的活动，让学前儿童在活动中将作品各方面内容纳入自己的经验范畴，有助于加深对作品的理解，也为进一步扩展想象和语言表述打下基础。比如在诗歌《快乐的小屋》网络活动中，教师引导学前儿童观察了各种美丽的建筑——小屋后，让学前儿童搭一搭"美丽的小屋"，或画一画"我自己的美丽小屋"，有助于学前儿童作品经验的迁移。

4. 第四层次：创造性想象和语言表述

开展创编、续编、仿编、谈话等让学前儿童大胆想象，尝试艺术性结构语言的活动。

语言文学网络活动归根到底是语言教育活动，最后都应该落实到学前儿童语言的学习和运用上。通过前面三个层次的活动，学前儿童对文学作品的学习、理解和体验已达到了一定的要求，教师可以进一步创设机会，让学前儿童扩展自己的想象，并创造性地运用语言去表达自己的认识和想象。

一般来说，创造性想象和语言表达可以从三个方面开展活动：一是艺术地再现文学作品，如复述故事、诗歌表演朗诵等形式；二是指导儿童仿编文学作品；三是指导儿童创编儿童文学作品，教师可以让学前儿童续编童话故事，仿编诗歌、散文，或围绕作品内容创造性想象讲述。如《快乐的小屋》中，可以让学前儿童进行诗歌仿编，创作自己的小诗；也可以让学前儿童谈谈我搭建的快乐的小屋是什么样的；还可以创造性想象讲述"我未来的快乐小屋"等活动。在这个层次中，学前儿童通过大胆想象和表达，热烈的讨论和交流，不仅尝试了书面语言的艺术表达，也充分开动脑筋，锻炼了口语交际水平。

用网络的思路设计一次语言教学活动，会更生动丰富、灵活有趣。可将第二层次安排在活动准备环节，第三、四层次放在活动延伸环节。

总之，语言文学网络活动是一个围绕作品主题开展的系列活动，在这个系列活动中，学前儿童在教师的引领下，循序渐进、由浅入深地发展语言和能力，从理解到表达，从模仿到创新，从接受到运用，不仅发展了学前儿童完整语言，同时锻炼了学前儿童的想象力，增长了艺术思维能力，同时也促进了学前儿童其他方面能力的发展。

以下是一则语言文学网络活动的设计案例。

活动设计　　故事：《太阳帽的故事》（中班）

在一个炎热的夏天，一个小姑娘戴着一顶漂亮的太阳帽去游泳，突然，"呼呼呼，呼呼……"一阵大风吹来了，小姑娘头上的太阳帽不见了。

丁丁捡到了太阳帽，把它变成一个飞盘，飞盘飞呀飞。"呼呼呼，呼呼……"一阵大风吹来，飞盘不见了。

小猴捡到了太阳帽，把它变成了秋千，秋千荡呀荡。"呼呼呼，呼呼……"一阵大风吹来，秋千不见了。

蜗牛捡到了太阳帽，把它变成了摇篮，摇篮摇呀摇。"呼呼呼，呼呼……"一阵大风吹来，摇篮不见了……小朋友们，小姑娘的太阳帽又飞到哪里去了呢?

作品赏析:

这虽然是一个学前儿童生活经验故事，但比较有趣,颇具艺术的想象力，它通过丁丁、小猴、蜗牛捡到太阳帽，玩太阳帽，被风刮走等情境，给学前儿童展示了一个充满童趣和想象的世界，本故事适合续编或创编。教师可引导学前儿童通过开展各种动手动脑活动，活跃思维,让孩子展开想象的翅膀，去大胆创造。

主题活动目标:

1. 能理解作品、人物、主题，丰富对帽子的认知。

2. 积极动脑，大胆想象和创造，体验创造的快乐和自豪。

3. 通过制作太阳帽，提高动手操作能力。

4. 能完整讲述故事、并用流畅连贯的语言进行创造性的表达。

活动准备:

1. 不同种类的太阳帽若干顶。

2. 教学挂图及课件。

3. 制作太阳帽的一些相关材料。

主题网络图:

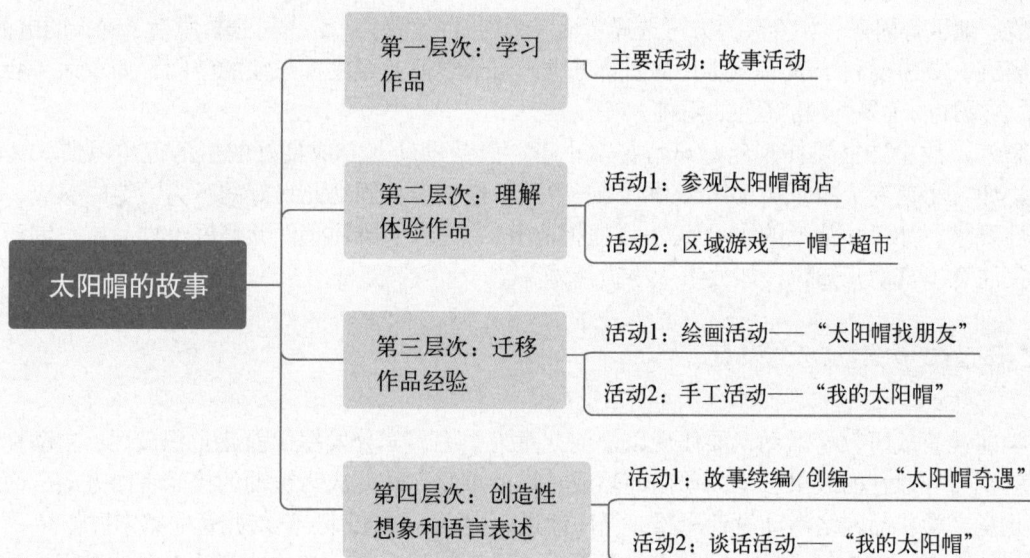

活动过程（略）

第二节　故事活动设计与组织指导

故事是幼儿十分喜爱的文学体裁，其生动的人物形象、精彩的情节与对话等都深深地吸引着幼儿。在故事的海洋中，幼儿不仅能吸收知识、丰富情感，还能发展语言和思维能力。学前儿童故事有广义、狭义之分，广义的故事一般包括童话故事、神话、历史故事、传说故事、民间故事、成语故事、学前儿童生活故事等多种形式；学前儿童故事活动一般是狭义的故事，即内容偏重写实，适合学前儿童听赏的童话故事、学前儿童生活经验故事等。

世界上没有不爱听故事的孩子，故事是幼儿认知世界的一扇窗口，它丰富奇特的想象和大胆的夸张深深吸引着幼儿。故事活动是对幼儿进行早期教育和训练的一种非常好的形式，是开启智慧之门的一把钥匙，而讲好故事的第一步就是选择适合学前儿童的故事。

⭐ 一、故事的选材要点

学前儿童故事教学活动首要问题是选材问题，学前儿童故事教学所选的故事除了要遵循文学作品的文学性、教育性等一般特点以外，还要考虑故事本身的一些条件。

第一，主题单一明确，有一定的教育意义。

学前儿童故事活动中所选的作品主题应只有一个，且简单明确，易于学前儿童理解；作品内容健康明朗，对学前儿童有一定的思想教育意义，如童话《小狐狸送被子》《萤火虫找朋友》《耳朵上的绿星》。

第二，情节具体生动有趣，有起伏，按一般顺序记叙，如童话《三只小猪》《小红帽》。

第三，人物形象鲜明突出，易于学前儿童理解、喜欢，如《小兔乖乖》中慈爱的妈妈，狡猾的大灰狼，可爱的三只长耳朵、短尾巴、红眼睛小兔们。

第四，故事要有针对性。针对本班学前儿童实际情况，关注本班学前儿童思想状况，及时选择相关主题的故事进行教育。如发现学前儿童不会分享玩具，可选择童话《小铃铛》《金色的房子》等。如童话《漏嘴巴的小弟弟》可结合学前儿童良好的就餐习惯养成开展教育。配合时令选材，如果所选的故事中的内容是学前儿童熟悉的或能在生活中体验感知的，则利于学前儿童掌握故事，故选材要考虑季节、地区等因素。如春天南方可选择童话《小蝌蚪找妈妈》，北方可选择童话《春天的电话》等。

第五，故事要利于训练学前儿童创新思维，留给学前儿童发挥想象的空间，如童话《会动的房子》《会爆炸的苹果》《粉红色的雨靴》等。

第六，故事选择要体现年龄班特征。小班：以帮助幼儿养成良好的生活卫生习惯、文明礼貌为主，如《小猪变干净了》《四个好朋友》；中班：进一步巩固幼儿良好的行为习惯的养成，增加了知识性要求，如《耳朵上的绿星》《小傻熊种萝卜》；大班：既注重幼儿良好个性品质、创新思维培养，又注意丰富幼儿知识，如故事《小猫量体温》。

⭐ 二、故事活动过程设计

学前儿童故事教学活动，要体现以学前儿童为中心，充分发挥学前儿童积极性、主动性和创造性，就要摒弃以往的故事教学的单向灌输或枯燥的重复，幼儿成为被动的接受者的方式，而应遵循学前儿童文学作品网络活动设计思路，循序渐进，由浅入深地引导学前儿童完整掌握作品。

具体而言，对于一次幼儿园故事教学活动，由于时间有限，学前儿童故事活动过程设计应将重点放在第一、二层次，即学习欣赏、理解体验上，第三层次迁移和第四层次创造性运用语言可安排在延伸活动环节或者主题活动中，也可安排在第二课时进行，具体如下。

1. 恰当导入：创设情境，引出故事

教师运用一定手段，设置一定的情景，引起学前儿童急于想了解故事的浓厚兴趣，教师常见的导入手段有：直观教具引入，猜谜引入，表演引入，提问引入等，如童话《会动的房子》，教师首先可提问"房子会动吗"，引起学前儿童兴趣，导入故事。

2. 呈现故事

教师通过幻灯片、录音、木偶表演或生动有趣的故事课件等形式，辅助教师生动有感情地第二遍讲述故事。教师要表现出对故事极大的兴趣，辅以适当的直观教具，用生动有感情的语言完整讲述，语言要熟悉而准确，几遍讲述的语言要一致，便于学前儿童完整记忆。教师几遍讲述故事的方式不应雷同，以免让孩子觉得枯燥而不感兴趣。

3. 理解故事

通过挂图、教具、故事表演和描述性、思考性、假设性的三层次提问等方式，帮助学前儿童理

解故事的主题、情节、人物性格特征等。比如在童话《会动的房子》教学活动中，首先教师以提问"房子会动吗"引出故事，第一遍讲完故事后，教师可提描述性提问，引导幼儿对故事的名称、角色、基本情节有个粗略的了解，如"故事的名字是什么""故事中有哪些人物""它们先后到过哪些地方""听到了什么声音"，帮助学前儿童首先了解故事内容大意；在第二遍讲述完故事后教师可提出思考性提问，帮助幼儿理解故事的人物的性格特征、主题大意等，如"房子为什么会动""这是一只什么样的小松鼠？你喜欢它吗？为什么""这是一只什么样的乌龟？你喜欢它吗？为什么"，引导学前儿童理解故事的主题、人物性格和心理特征等；最后，在学前儿童围绕故事进行表演游戏等活动后，教师可提假设性提问，引起学前儿童想象、讨论，迁移和扩展作品经验，懂得在生活中遇到同样情况如何处理，如教师可提问："乌龟还会带小松鼠到哪儿去，它们还会听到什么声音""假如你是小松鼠，你会叫乌龟带你到哪儿去"，鼓励学前儿童大胆想象，将故事主题与现实生活相结合，让学前儿童体会到大自然的博大美妙和生活的美好。

　　4. 迁移故事经验，围绕故事主题开展系列创造性语言活动

　　为帮助学前儿童理解掌握故事，教师可以在理解或延伸环节安排活动，如故事表演游戏、复述故事、创编故事、续编故事、画故事等各种围绕故事相关主题开展的各种活动。

　　5. 活动延伸

　　安排与主题相关的渗透五大领域的系列游戏活动。

⭐ 三、故事活动的组织方法及指导要点

　　（1）利用多种形式积累学前儿童相关的知识、生活经验。

　　（2）教师讲述故事语言要规范、完整、生动形象。

　　（3）教学形式应丰富多样，围绕故事主题开展相关的丰富多彩的活动，尽量充分调动学前儿童各种感官，采用视、听、讲、做结合法，发展学前儿童的完整语言。

　　（4）学前儿童故事教学教师重在引导儿童理解、体验作品，所以描述性、思考性、假设性的三层次提问引导应准确、恰当。

　　（5）以发展学前儿童创造性想象和语言表述为主，教师应为学前儿童创设丰富的教学活动形式，多给学前儿童直接感知、实际操作和亲身体验、大胆想象和表述的机会。

活动设计一　童话：《会动的房子》（中班）

　　小松鼠在树顶上住腻了，决定在地面上重新建造一座房子。

　　在大树底下，它发现了一块大石头，由七块小石头拼成，很硬，也很光滑。小松鼠说："嘿，就在这上面造一座房子！"

　　房子终于造好了，忙了一天的小松鼠也累了，在新家里睡着了。"呼呼呼！"什么声音？小松鼠被吵醒了。推开窗一看，呀！自己在美丽的山脚下。小风吹奏起了动听的山歌。真奇怪，昨天还在大树下，今天却来到了山脚下。可小松鼠又一想：没关系，山脚下也挺好的，有动听的山歌作伴。

　　第二天，又传来"哗哗哗"的声音。小松鼠推开窗一看，呀！又来到了大海边，浪花发出欢乐的歌声。小松鼠这下可乐了，"我的房子会动，我的房子会动"。现在，小松鼠又有浪花做伴了。

　　第三天，小松鼠想，今天我又到哪儿啦！推开窗一看，呀！眼前是一片大草原，马儿在哒哒哒地奔跑，小松鼠禁不住在房子里手舞足蹈。

　　突然，传来一个声音："小松鼠呀，快别乱动。""咦，是谁呢？是这块硬硬的大石

头？""小松鼠你真粗心，把房子盖在我的背上，我驮着你走过了许多地方。"小松鼠低头一看，原来是乌龟，那硬硬的大石头竟然是乌龟的背。

小松鼠惭愧得脸都红了，赶紧说："你，你累坏了吧？"乌龟说："不，这下我们俩可以做伴了。"

作品赏析：

一只粗心的小松鼠，一段美妙的经历。可爱的小松鼠因为粗心，把房子建在了乌龟背上，故事充满艺术的想象，既有诙谐有趣，又合乎情理，开始设置悬念，把读者带进回荡着风声、海浪声、马蹄声的大自然交响曲中，最后让人会心一笑！

作品既展示了博大美妙的大自然，也让学前儿童充分体会到自然与人的和谐美，人与人互助的人情美，同时给幼儿留下了丰富的想象空间，适合幼儿进行故事改编或续编。

活动目标：

1. 理解作品故事情节和乌龟的形象特点，学习"呼呼呼、哗哗哗、哒哒哒"等拟声词。

2. 感受作品的诙谐美，体会大自然的美。

3. 开动脑筋，大胆想象，续编故事并尝试用拟声词描述声音。

活动准备：

1. 教学幻灯片《会动的房子》四幅，或者故事《会动的房子》相关课件。

2. 水彩笔、蜡笔、画纸人手一份。

3. 录有风声、海浪声、马蹄声的磁带。

4. 学前儿童对乌龟尤其是龟背的认知准备。

活动过程：

一、导入：从生活经验入手

教师提问："房子会动吗？"引出故事。导入语："小朋友们，你家的房子会动吗？你见过会动的房子吗？今天呀，老师要说一个会动的房子的故事，小朋友们想不想听听呀？"

二、基本部分

1. 播放录音磁带，教师生动有感情地讲述故事。

故事第一遍讲完后，教师提出描述性问题，帮助幼儿掌握故事大意。教师可这样提问："故事叫什么名字？故事中有哪些小动物？小松鼠把房子盖在了哪里？小松鼠的房子先后到了哪些地方？"等等。

2. 教师通过幻灯片和录音或木偶表演等形式，第二遍讲述故事，引导幼儿多角度理解故事。

要求幼儿体验并模仿故事中出现的声音。教师通过提出的思考性问题，帮助幼儿理解故事主题。如教师可提："房子为什么会动？故事里的小松鼠是一只什么样的小松鼠？"

3. 围绕故事开展相关的语言活动——幼儿表演或讲述故事，在假设性提问的引导下迁移作品经验，进行大胆的艺术想象和创造。教师可这样提问引导幼儿续编故事："小朋友们想一想，会动的房子还会到哪里去呀？""小朋友们造房子，你会把房子造在哪里呢？""你可以用什么办法使你的房子动起来呢？"等等，引导幼儿在理解故事的基础上，大胆地续编故事或创编故事。

三、小结：教师进行幼儿表现评议和知识总结。

活动延伸：

1. 可安排区域活动：科学区——观察乌龟；

语言角——续编或创编故事《会动的房子》；

手工区——制作"我会动的房子"；

绘画角——"我心中的会动的房子"。

2. 幼儿户外散步，倾听大自然的声音，感受大自然的美。

活动设计二　果酱小房子（大班）

活动目标：
1.感受故事中房子变化的乐趣
2.喜欢并尝试续编故事结尾。
3.初步懂得自己长大了，遇到事情能够去试着面对。

活动准备：
图片、无色的画有小房子的卡、字。

活动过程：
一、导入
谈话导入——说说有趣的房子。
二、基本部分
（一）听听、猜猜、理解故事情节
1.出示图片背景、边插问边讲述故事前半部分。
2.提问，理解故事前半部分内容。
3.小结。
4.完整倾听故事前半部分，教师讲述、演示图片。
（二）幼儿自主涂色，续编故事
1.要求先完成的幼儿跟旁边的朋友说说，你涂的是什么酱？会把谁引来？
2.师幼续编故事。
3.集体交流。
三、小结
教师对续编故事进行评议，让小朋友课后可以继续创编。

四、故事教学的特殊形式——编构故事

　　学前儿童编构故事就是要求学前儿童尝试运用语言，按照故事一定的规则来编出符合生活常规的精彩故事。

　　由于学前儿童编构故事需要一定的生活知识经验作基础，更要依赖于自身语言表达能力，更需要学前儿童充分的艺术想象力和思维能力以及学前儿童对故事基本结构的理解，所以不同年龄的学前儿童编构故事能力差异导致学前儿童故事续编具有年龄班特点。

　　小班：编结局，即幼儿根据个人对故事语言、情节、人物、主题的理解，在故事行将结束时为故事想象编一个结局。比如在故事《胆小先生》中，只需幼儿根据故事情节发展，结合个人经验编出"胆小先生再也不胆小了"即可。另外，童话《差一点儿》也适合幼儿编结局。

　　中班：编高潮和结局，即编"有趣情节"。教师在讲述到故事高潮部分时戛然而止，提醒幼儿想象可能编构的部分。如《格林童话》中的故事《金钥匙》，教师讲到穷孩子发现了宝盒，他用金钥匙打开宝盒，宝盒里装的什么东西呢？教师可以戛然而止，请幼儿续编下去，幼儿可以根据自己的经验和愿望任意想象，为穷孩子装上他所想要的东西，然后按情节编下去。《会爆炸的苹果》《甜房子》也是较好的续编教材。

　　大班：编完整故事。由于大班已经比较普遍地掌握了故事编构的情节开展方式，所以大班幼儿可以编构完整故事，只要幼儿编构的故事基本具有语言、情节、人物和主题等构成要素即可。教师应给幼儿提供一些背景材料，以助于幼儿编构故事。比如：老师提供森林背景，以及小兔、大灰狼、猎人、狐狸、小猪等动物图卡，请幼儿自由选择角色，在主题背景下编构完整故事。

创编和续编虽然对学前儿童的创造想象有共同的促进作用，创编的难度更大，对学前儿童的知识、能力的要求更高，故在学前儿童故事编构教学中，小、中班应以续编为主，大班以创编为主。

视频：钱鼠来了①

案例　　**故事编构：《魔术喇叭》（中班）**

有一个动物园住着许多小动物。"六一"这天，动物园里来了一位变魔术的老爷爷。老爷爷拿出一只喇叭说："你想要什么，只要对喇叭说，它就会变出来。"

小猴子说："我想要一个桃子。"小松鼠说："我想要一颗松果。"小白兔说："我想要一个萝卜。"可是，喇叭里什么也没有变出来。老爷爷说："哈，这个魔术喇叭，只能给别人要礼物，可不能给自己要礼物。"

小猴子明白了，他对喇叭说："给小白兔要个大萝卜。"喇叭里马上变出来一个萝卜。小白兔高兴地说："谢谢小猴子。"小兔子对着喇叭说："给小松鼠一颗松果。"喇叭里马上变出了一颗松果。小松鼠对着喇叭说："给小猴子一个大桃子。"喇叭里马上变出了一个大桃子。动物园里有了这只魔术喇叭，小动物们更开心了。

编构指导：

教师可以在讲完"老爷爷说：'哈，这个魔术喇叭，只能给别人要礼物，可不能给自己要礼物。'"后，引导幼儿自己续编，接下来小动物们会对着喇叭说什么话。

第三节　诗歌、散文活动的设计与组织指导

学前儿童诗歌包括儿歌和儿童诗，它们都源于"童谣"，在语言形式上表现为分行分节，有明显的韵律感，采用拟人、象征等表现手法，充满童趣，是抒发作者感情的一种便于学前儿童吟唱的诗歌体的文学作品。

学前儿童诗歌散文活动形式包括诗歌散文欣赏、创编、仿编、绕口令、谜语教学等。谜语和绕口令教学是儿歌教学的特殊形式。

⭐ 一、诗歌、散文作品的选材要点

（一）一般要点

1.题材广泛，有意义

学前儿童诗歌和散文构思巧妙，想象力丰富，意境优美，充满童真童趣，题材广泛，可以选择儿童叙事诗、抒情诗、抒情散文以及浅显的古诗。教师选择作品时应注意题材的多样化，如可以选择生动有趣的叙事诗《下巴上的洞洞》《小弟和小猫》《小猪爱睡觉》等；描绘美丽的大自然现象或人们美好心灵和情感世界的抒情诗，如诗歌《春风》《春雨》《我多想》等；富有寓意的童话诗《小猪奴尼》等。

如抒情散文诗《春雨的色彩》：

春雨，像春姑娘纺出的线，没完没了地下到地上，沙沙沙，沙沙沙……

---

① 视频由绵竹市第二示范幼儿园提供，执教：魏明月

一群小鸟在屋檐下躲雨，他们在争论一个有趣的问题：春雨到底是什么颜色的？

小白鸽说："春雨是无色的，你们伸手接几滴瞧瞧吧。"

小燕子说："不对，春雨是绿色的，你们瞧！春雨落到草地上，草地绿了；春雨淋在柳树上，柳枝儿绿了……"

麻雀说："不不！春雨是红色的，你们瞧！春雨洒在桃树上，桃花红了；春雨滴在杏树上，杏花儿红了……"

小黄莺说："不对，不对，春雨是黄色的，不是吗？它落在油菜地里，油菜花黄了；它落在蒲公英上，蒲公英的花儿也黄了……"

春雨听了大家的争论，下得更欢了，沙沙沙，沙沙沙……它好像在说："亲爱的小鸟们，你们的话都对，但都没说全面。我本身是无色的，但我能给春天的大地带来万紫千红……"

教师还可以选择浅显易懂的古诗，让学前儿童感受中国传统文化的美，接受中华传统美德的熏陶，如古诗《咏鹅》《春晓》《悯农》等。

2.构思巧妙，富有想象力，充满童趣

学前儿童喜欢的诗文，不仅要朗朗上口，极具语言美和艺术美，更要想象奇妙，生动有趣，能从学前儿童的独特的视角观察世界，充满童真童趣。如诗歌《梳子》《风和树叶》等。

再如诗歌《迷路的云》：

> 云彩很好玩
> 整天东跑西跑
> 一点儿也没把家放在心上
> 一会儿跟鸟儿谈天
> 一会儿跟树捉迷藏
> 一会儿到池塘去
> 照照自己的影子
> 最后迷路了
> 着急了
> 要哭了
> 风伯伯才把他
> 送回家去

3.符合学前儿童已有经验水平

由于诗歌本身具有含蓄美、跳跃美，其语言多凝练，语义跨度大，所以教师所选择的诗歌，在主题、情节、内容等方面应符合学前儿童认知水平，如《我妈妈的手》《螳螂捕蝉》《顽皮的风》等浅显易懂的诗歌。

（二）各年龄班选材要点

幼儿园诗文活动可以选择一些具有时代特点，接近幼儿生活，题材广泛，孩子喜欢的诗歌。小班在选材上要注意以语言浅显、重复读来朗朗上口、动作体验强的儿歌为主，例如儿歌《手指歌》《小白兔》，诗歌《花园里》《游戏》；中、大班在选材上除了要贴近幼儿生活经验外，还要注意诗歌蕴涵的意境美，诗歌中渗透的情感美和诗歌中语词的审美。

小班：选材应以儿歌为主；要篇幅短小，主题集中，含一个画面；语言形象要生动活泼，构思巧妙。

如诗歌《花园里》：

> 花园里，
> 有花朵，有树木，
> 还有青草地。

61

花园里，

小虫跳，小鸟飞，

还有淡淡的香味。

中班：选材应以儿歌、儿童诗为主；画面一个以上，篇幅稍长；语言要丰富多彩，多用重复结构。

如儿童诗《拖地板》：

帮妈妈拖地板，

是我们最高兴的时候，

姐姐洒水，

我在洒过水的地板上玩耍，

像在沙滩上走来走去，

留下很多脚印，

像留下很多鱼。

然后，

我很起劲地拖地板，

从头到尾，

像捕鱼一样，

一网打尽。

大班：选材题材广泛；篇幅较长，画面丰富；表现方式多样。

如儿童诗《春天》：

春天是一本彩色的书——

黄的迎春花，

红的桃花，

绿的柳叶，

白的梨花……

春天是一本会笑的书——

小池塘笑了，

酒窝圆又大；

小朋友笑了，

咧开小嘴巴……

春天是一本会唱的书——

春雷轰隆隆，

春雨滴滴答，

燕子唧唧唧，

青蛙呱呱呱……

⭐ 二、诗歌、散文活动过程的设计

1. 导入：设置情境，引出作品

教师在设计幼儿园的诗歌教学中的首要事情是引起幼儿注意，激发幼儿学习诗歌的兴趣，在理解文学作品之前，教师要为幼儿创设一个良好的可发挥文学想象的语境和空间，为幼儿准确地理解作品作好铺垫。如何迅速导入激趣就显得很重要。

幼儿园诗歌、散文常见的导入方式有直接欣赏导入法、启发提问导入法、情景表演导入法、故事讲述导入法等。教师可用图片、幻灯结合生动的语言描述将学前儿童带入文学作品的意境中；也可以用提问、音乐提示的方法让幼儿在回忆旧经验、艺术美的启示下接受作品；也可以借助美术、音乐等艺术手段，布置一个与作品意境吻合的场景，便于幼儿进入作品意境，理解并掌握。

2.教师示范朗诵诗文

教师可以在创设好的情境下，配上优美适当的音乐，通过教师的声情并茂的完整朗诵或者播放经典名家录音诵读等形式，让幼儿完整欣赏作品。教师的示范朗诵一定要普通话标准，发音清楚，有情感、有节奏、有起伏地朗诵，要讲究语气的变化、词句的停顿、语速的快慢、发音的轻重等，要有音韵美，能深深地打动幼儿。教师还可以通过眼神、手势、身姿等表情和动作，创造性地表现诗歌，例如《春天来了》，教师配上优美的音乐，用肢体动作做辅导，有感情地朗诵诗歌。朗诵中在把握语调、语气的同时，借助于画面的描述，调动幼儿的所有感官，去感受春风的柔和、芳香和喜悦，让幼儿不知不觉走入诗的美妙境界中。

3.帮助学前儿童理解诗文

在诗文教学活动中，教师如何通过多种方式引导幼儿理解诗文的意境、情感和主题，是诗文教学活动的关键。教师可以通过以下五种方式来帮助学前儿童理解诗歌。

（1）教师通过音乐、挂图、幻灯片、多媒体课件等教具，帮助幼儿理解诗歌。

诗歌的主题是通过其语言所描绘的意境来展示的，教师可以将意境，即画面做成教学挂图，或者幻灯片、多媒体课件等形式，让幼儿通过观察挂图或者课件欣赏，在相应情感基调的配乐下感受诗歌的韵味，理解诗歌的主要内容。

（2）通过三层次的提问，帮助幼儿理解诗歌。

与故事教学一样，教师可以通过提问来帮助幼儿理解诗歌，如幼儿《春天》，教师首先可以通过描述性提问来帮助幼儿理解诗歌大意，教师可提问："春天有哪些花呢？它们是什么颜色的？""春天有哪些动物呢？它们会发出什么声音？"让幼儿通过问答理解诗歌的基本意思。然后教师再通过思考性提问引导幼儿体会作品的主题、情感等。例如，教师可提问："小朋友为什么笑了？"最后教师通过假设性提问，帮助幼儿学以致用，与日常生活结合，达到举一反三的效果，如教师可以提问："春天还有哪些花？哪些动物呢？"

（3）理解难懂的字、词、句。

学前儿童对诗歌的理解比较难的是诗歌中一些关键的字、词、句，教师应围绕这些难懂的字词句提问，帮助学前儿童理解。

如诗歌《春天》中第二段有一句："小池塘笑了，酒窝圆又大。"教师可以让幼儿结合生活经验思考池塘的酒窝在哪儿，怎么来的。然后可以通过图片或视频让小朋友观察和感受春雨下池塘的"酒窝"。

（4）理解诗文的情绪情感。

诗歌和散文不讲究情节和人物形象刻画，但画面之中都蕴含着作者某种想象传达的思想情感倾向。引导学前儿童理解诗歌和散文时，教师不仅应让学前儿童理解作品中的语言，还应引导学前儿童感受作品的美和情趣，更主要的是引导学前儿童体验作品的情绪情感，理解作者的感情基调是欢快活泼还是沉郁平静，或者是宁静祥和，充满温馨的，这将有助于学前儿童对作品全部内容的把握。

（5）理解诗文的表现形式。

诗歌和散文有一些特殊的表现形式，从诗歌和散文的表现形式入手，帮助学前儿童理解作品，不仅有利于学前儿童更好地理解作品的内容，也有利于学前儿童了解诗歌和散文的构成方式，增强学前儿童对某种艺术性结构语言的方式的敏感性。

学前儿童诗歌和散文常采用的表现方式有重复、比喻、象征、拟人、夸张等表现手法，这些特殊表现手法往往使作品的语言更丰富、更生动感人。教师在引导学前儿童感知诗歌和散文的表现方式时，无须让学前儿童知道"这是什么表现手法"，而是应当让学前儿童感受到诗歌和散文"这样说是什么意思"。

4.学习朗诵诗文

在学前儿童理解诗歌和散文的基础上，教师应展开形式多样的朗诵，通过反复诵读，使学前儿童不断品味、领悟作品，使作品内容在脑海中越来越清晰深刻。教师应不断变化形式诵读，避免机械记忆，枯燥乏味。教师可以采取师大声、幼小声诵读，或集体、个人、小组诵读，也可分角色诵读或对答式朗读，如《逗蚂蚁》。

5.围绕诗文主题开展相关的活动

在学前儿童初步理解了作品的内容后，教师应围绕诗文主题开展相关的活动，让学前儿童通过自己生动的操作活动，更好地体验作品。常见的活动如下。

（1）诗歌表演游戏：对于一些内容很有趣、有情节的叙事诗，可以让学前儿童通过表演诗歌来体验角色心理及情感，如《小猪爱睡觉》《小猪奴尼》等。

（2）配乐朗诵：对于一些意境优美、音韵和谐的抒情诗，教师可以配上合适的音乐，反复诵读，或让学前儿童在配乐诗朗诵中用舞蹈去表现诗歌中的意境，在诵读和舞蹈中掌握诗歌。

（3）绘画：教师也可以鼓励学前儿童用画笔画出想象中的作品。

（4）唱诵：教师和学前儿童一起以游戏的形式简单谱曲演唱，多种角度感受诗歌的美。

（5）诗歌仿编活动：在幼儿了解作品内容和结构的基础上，可以参照诗歌的框架，进行扩展想象，从而仿照诗文编出自己的诗歌。

⭐ 三、诗歌、散文仿编活动

对于一些内容生动、有固定的格式、多重复结构，并且事物之间的关系是学前儿童熟悉的诗歌或散文，教师可以组织学前儿童进行仿编活动。仿编活动的基本环节是做好仿编准备，即熟悉作品和相关知识准备；师生讨论作品，教师作示范仿编；教师提供教具，引导学前儿童仿编；教师将学前儿童仿编作品串联和总结，理解新作品。

（一）仿编的年龄班特征

由于仿编需要学前儿童具有相应的生活经验和语言能力，而学前儿童年龄不同，仿编能力有差异，一般而言，学前儿童仿编具有以下的年龄班特征。

小班：换词——画面局部变化的理解。

如诗歌《春风》，原作品是：

> 春风一刮，
> 芽儿萌发，
> 吹绿了柳树，
> 吹红了山茶，
> 吹来了燕子，
> 吹醒了青蛙，
> 吹得小雨轻轻地下，
> 孩子们河边去种瓜。

教师可以引导学前儿童进行换个别词仿编，如学前儿童可仿编为：

> 春风一刮，
> 芽儿萌发，
> 吹绿了小草，
> 吹红了桃花，
> 吹来了蝴蝶，
> 吹醒了乌龟，

　　吹得小雨轻轻地下，
　　孩子们河边去种瓜。

　　仿编作品整体画面没有变化，只是局部内容不同，教师的教学重点放在画面局部变化的理解上即可。

　　中班：换系列词——画面变化的想象与表现。

　　如中班诗歌《吹泡泡》，原作品是：

　　星星是月亮吹出的泡泡，
　　露珠是小草吹出的泡泡，
　　葡萄是藤儿吹出的泡泡，
　　我吹出的泡泡是一首首歌谣，
　　是一串串欢笑。

　　仿编作品为：

　　太阳是蓝天吹出的泡泡，
　　浪花是大海吹出的泡泡，
　　苹果是果树吹出的泡泡，
　　我吹出的泡泡是一首首歌谣，
　　是一串串欢笑。

　　仿编作品画面有变化，而与原作品主题和情感基调是一致的，教师的教学重点放在画面变化的想象和表现上即可。

　　大班：换画面——新画面的理解。

　　如诗歌《春天》原作品的一段是：

　　春天是一本会唱的书——
　　春雷轰隆隆，
　　春雨滴滴答，
　　燕子唧唧唧，
　　青蛙呱呱呱……

　　教师可引导幼儿仿编作品为：

　　春天是一本会动的书——
　　小草探出头，
　　花朵张开臂，
　　蜜蜂飞舞忙，
　　蝌蚪摇尾巴……

　　通过仿编，画面发生了变化，而诗歌整体的主题和情感基调没变，教师应引导幼儿对新画面理解。

　　（二）诗歌仿编的基本环节指导

　　（1）在幼儿仿编前，教师应做好相应的准备工作：引导儿童学习诗歌，熟练掌握诗歌；引导儿童讨论诗歌，尤其是诗歌中的固定句式，情感基调等。准备相应的仿编教具，拓展儿童相关生活经验，引导儿童展开丰富的联想和大胆的艺术想象。

视频：儿歌创编
《翻花绳》①

――――――――

　　①　视频由绵竹市第二示范幼儿园提供，执教：李书瑶

（2）教师示范仿编。

（3）教师引导儿童部分仿编：教师启发幼儿分组展开讨论，并做好相应的句子串连和修改，并以快速方式做好记录，如用录音或简笔画的方式记录，形成一首首完整的新作品。

（4）激发幼儿对文学创作的浓厚兴趣和自豪感，教师引导儿童学习自己仿编的新作品。

⭐ 四、特殊形式儿歌（绕口令、谜语）活动组织与指导要点

（一）绕口令活动组织与指导要点

绕口令是语音相近而容易混淆的字、词和句子组成的一种练习幼儿发音的游戏儿歌。教师可根据地域特色、年龄段特色和本班幼儿的实际情况选取相应的绕口令，以纠正幼儿的发音。组织这类儿歌教学应注意：

第一，做好相应的准备工作：先将自己选的素材事先背熟，并录好快速念的音，以备教学时幼儿欣赏。同时做好相应的教玩具准备。

第二，可以设置情景导入、教具表演导入等多种方式，激发幼儿兴趣。

第三，教师示范朗诵，用正常语速，读准相似音，吐字清楚，富有情感。

第四，帮助幼儿理解诗歌（方法同诗歌教学）。

第五，教师再次示范朗诵，引导幼儿记诵绕口令。教师通过实物或图卡引导儿童发准相似音，再采取多种形式的练习（跟读、集体、个人、小组、性别、接龙等）逐步提高要求，增加速度，达到又快又准确。

第六，围绕绕口令开展相应的游戏活动，如朗诵比赛等。

（二）谜语活动组织与指导要点

谜语是一种特殊的儿歌，它通常是由五字句或七字句构成的四句儿歌，具有语言通俗简练、韵律自然和谐的特点，同时又能开启幼儿心智，训练幼儿思维。它通常运用比拟的手法，综合描述某种物体或现象的形状、颜色、声响、动态、性质、用途等特征，而隐藏物体名称，让猜谜者根据描述的情况（谜面）综合思考概括出是什么物体或现象，即谜底。

幼儿谜语教学活动分为猜谜教学和编谜教学两种形式。由于谜语教学对幼儿的能力有一定的要求，即幼儿必须具备一定的语言理解能力和表达能力，必须有一定的生活经验，对事物或现象的特征有一定的认知，思维发展要具有一定的概括性等能力，才能准确开展谜语教学活动，所以谜语教学主要在中大班开展。

1. 猜谜教学设计和组织的要点

（1）情景导入，引起幼儿猜谜的好奇心和浓厚兴趣。

（2）知道猜谜的具体方法。

① 教师介绍谜语的组成：谜语由谜面和谜底构成。

② 猜谜的方法：即要求幼儿仔细听清楚每个字、每句话，将几句话连起来思考，谜面的每一句话都要与谜底吻合、呼应，应把每一句的特征综合起来判断。

（3）教师示范猜谜。教师出示一个谜语，示范猜谜，引导幼儿将谜底与谜面每一句逐句对应，检验。

（4）教师引导幼儿猜谜。

① 教师念谜面，要求发音准确，吐字清楚，速度适中，关键词重读。

② 教师启发幼儿猜谜：教师可作适当讲解；通过提出启发性问题引导幼儿思考。

③ 出示谜底，师生共同印证谜语。教师在幼儿广泛猜谜的基础上，出示谜底，引导幼儿逐句一一与谜底核对。

④ 出示图片或实物，再次印证谜语。

（5）记忆谜语谜面儿歌：教师用诗歌理解和记忆方式引导幼儿记忆谜语儿歌。

（6）同样方法出示2～3个谜语，引导幼儿猜谜。

（7）教师小结，在幼儿保持猜谜的浓厚兴趣情况下，引导幼儿在日常生活中继续猜谜活动。

2.编谜活动设计和组织要点

（1）教师引导儿童认知谜语特点：教师解剖一首谜语，使幼儿懂得谜语的基本构成和相关特点。通过分析，教师可以告知幼儿：编谜可以从物体的形状、颜色、声响、动态、性质、用途或者生活习性等去编，而且组成的句子要短小精练，音韵和谐，读起来朗朗上口。

（2）教师示范编谜。

（3）教师出示一个谜底，引导幼儿编谜。例如，教师出示"猴子"的谜底，引导幼儿编谜。

一般教师引导幼儿编谜可以采用两种方法：一是教师启发幼儿逐句编谜；二是教师提出系列启发性问题，引导幼儿完整编谜。最后教师对幼儿所编谜语的句子进行指导、修改，集体编成一首完整谜语的谜面。

（4）教师引导幼儿背诵自编谜语。

五、诗歌活动的组织方法与指导要点

（1）积累相关的知识、生活经验。

（2）与各种活动相结合，重在通过多种方式帮助学前儿童理解诗文。

（3）把握不同年龄学前儿童的活动特点，有针对性地进行仿编活动。

（4）留给学前儿童艺术性建构语言的尝试空间。

活动设计　**诗歌活动：《叶子》（中班）**

春天的叶子像笔记，毛毛虫用嘴巴写日记；
夏天的叶子像歌谱，蝉儿唱了一下午。
秋天的叶子像卡片，风哥哥送给云姐姐；
冬天的叶子像棉被，小草在棉被里乖乖睡。

活动目标：

1.感受诗歌的优美意境，体验理解作品。

2.能大胆、清楚地表达自己的想法和感受。

3.积极参与叶子的体验活动。

活动准备：

叶子、虫、蝉、风云、棉被、小草的卡片若干、音乐磁带一盒，各种树叶，挂图，图谱。

活动过程：

一、导入

欣赏四季景色的挂图并提问：你看到了什么？不同季节的叶子有什么不一样？叶子像什么？

二、基本部分

1.教师完整朗诵，幼儿欣赏儿歌《叶子》。

2.出示图谱，帮助幼儿理解儿歌内容。

（1）教师根据儿歌意思边提问边贴出相应的卡片，如：春天的叶子是什么？谁在上面写日记，用什么写？

（2）出示图谱：春天——叶子——笔记本——毛毛虫。

（3）依同样的方法提问并出示图谱：夏天——叶子——歌谱——蝉儿；秋天——叶子——卡片——风哥哥、云姐姐；冬天——叶子——棉被——小草。

3.幼儿学习诗歌。

整体朗诵与分组朗诵。先让幼儿边看图谱边听配乐朗诵，再去掉图谱朗诵。

4.引导幼儿创编诗歌并配上喜欢的动作。

三、结束

教师小结，幼儿依诗歌内容自由吟唱，最后随乐曲《叶子》走出活动室。

思考与练习

1. 围绕一个作品，进行语言文学主题网络活动设计。

2. 优秀学前儿童故事应该具备哪些特点？尝试推荐五个经典学前儿童故事。

3. 分析一个故事，重点设计出教师引导学前儿童理解故事的三个层次提问及几种不同方式呈现故事的途径。

4. 结合具体的作品，谈谈教师应怎样引导学前儿童理解诗歌，并设计出引导学前儿童仿编环节。

5. 设计一个幼儿园故事教育活动方案,重点体现幼儿编构环节。

6. 收集当地经典童谣，试比较童谣、儿歌、儿童诗的异同。

7. 请为诗歌《国旗国旗多美丽》设计教育活动方案，重点体现幼儿理解和仿编环节。

8. 调查几所幼儿园，了解该园文学作品学习活动的现状，写出调查报告；或对一所幼儿园的文学作品学习活动现状进行课题研究，写出关于文学作品学习活动实施意见的研究性论文。

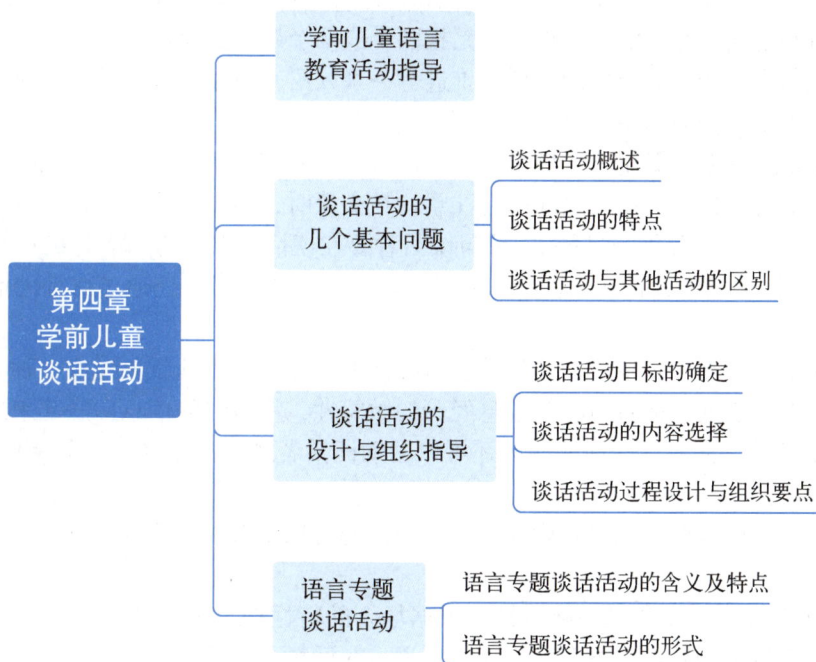

学前儿童谈话活动

```
                                        谈话活动概述

                        谈话活动的          谈话活动的特点
                        几个基本问题
                                        谈话活动与其他活动的区别

第四章                  学前儿童语言
学前儿童                教育活动指导
谈话活动
                                        谈话活动目标的确定

                        谈话活动的          谈话活动的内容选择
                        设计与组织指导
                                        谈话活动过程设计与组织要点

                        语言专题            语言专题谈话活动的含义及特点
                        谈话活动
                                        语言专题谈话活动的形式
```

学习要点

- 学前儿童谈话活动的含义，谈话中语言应用的方法要素构成，谈话活动的特点。
- 谈话活动的目标、内容。
- 各年龄段谈话活动目标的制定、内容的选择及谈话活动的设计组织。
- 各类语言专题谈话活动的形式、指导要点，语言专题谈话活动设计。

第一节　谈话活动的几个基本问题

一、谈话活动概述

谈话，是在一定范围内运用语言与他人进行交流的活动。学前儿童谈话活动是培养学前儿童学习在一定范围内运用语言与他人进行交流的语言教育活动类型。在各种类型的幼儿园语言教育活动中，谈话活动具有别的语言教育活动所不能替代的独特的促进幼儿语言发展的作用。《指南》明确提出"幼儿的语言能力是在交流和运用的过程中发展起来的"，这就要求我们依据《指南》的新理念、新观点，研究学习和掌握学前儿童谈话活动的特点，谈话活动的目标、内容和设计组织。

谈话是一种普通而又复杂的语言现象，是指两个或两个以上的谈话方就某一主题或内容进行的交谈，由谈话的传递、谈话的导向和谈话的推进等一系列语言应用的方法要素构成，其中每一个谈话过程中又涉及若干个谈话的要素。

首先，谈话的传递要素是生成谈话最重要的语言应用基础。当人们进行交谈时，必须通过语言来向谈话的另一方传递信息，相互之间引起注意。在交谈时，为保证谈话的正常进行，双方必须知道谈到什么程度（谈话的分界与进展），参与谈话者要在谈话中对对方所表达的内容给予应答，同时采用轮流的方式去发展谈话（谈话的应答与轮流），人们在交谈中还通过修补的措施来纠正影响谈话正常进行的误解问题。

其次，谈话意味着在一定范围内传递信息和交往者的态度，因此就要建立一种导向，以此来确定交流的方向，帮助引起谈话者对相关信息经验的敏感性，将谈话的信息串联起来形成对固定的事件或其他事件的认识。同时，谈话的导向还可以帮助谈话者之间建立联系，分享他们共有的经验，从而使谈话顺利进行。

再次，推进谈话的策略方式是谈话在语言应用中的特殊要求。谈话的推进因素主要表现在以下三个方面。

第一，谈话者对谈话场合要有敏感性，根据场合的特性选择说话的方式。无论是在什么样的情况下谈话，交谈者必须对这一场合有敏锐的认识。谈话场合是集体性的、小组式的，还是个别交谈？谈话场合是正式的，还是非正式的？明确谈话场合的特性，谈话人才能采用适合的方式去说话。

第二，谈话者对个人角色的意识要明确。不仅不同场合需要用不同的方式谈话，而且在某个固定的场合下，谈话者本人所处的位置、扮演的角色，也会影响交谈的各个方面。谈话时，与什么样的谈话对象交谈直接影响每个谈话者的角色意识。

第三，谈话者的语言应适应一定的场合和角色。在增进了对谈话场合和个人角色的理解之后，谈话者仍需要使自己的语言适应一定的状况，符合谈话的场合和个人的角色。要确切地考虑使用一定的语音、语调、语句和表达方式，使谈话者的话语获得特别的效果，达到谈话的目的。例如，在集体范围里谈话，幼儿应声音较为响亮，用比较正式的语言说出个人的想法；而在同一个或几个同伴的交流中，幼儿则可以更为随便一些；在同比自己小的同伴交流时说话应慢一些、轻一些等。除使用一定的语音、语调、语句和表达方式外，还需使用礼貌性、礼节性语言。所以，了解这些谈话的语言应用要素，可以使我们更清楚地认识幼儿谈话活动的特点，以及如何组织幼儿谈话活动的语言教育要求。

二、谈话活动的特点

1. 有一个具体、有趣的中心话题

《纲要》语言领域目标第一条指出"乐意与人交谈，讲话礼貌"，《指南》也提出"应为幼儿创

设自由、宽松的语言交往环境，鼓励和支持幼儿与成人、同伴交流，让幼儿想说、敢说、喜欢说并能得到积极回应"。但是，幼儿在活动中交流什么，会用什么态度交流，如何交流，这是完成这一目标的关键。

在谈话活动中，引导幼儿集中关注并用语言进行交流时，一个全体参与谈话者共有的中心话题限定了他们交流的范围，从客观上主导了幼儿交流的方向，使幼儿的交流带有了一定的讨论性质。例如，谈话活动"快乐的五一长假"（大班），幼儿在教师为其创设的语言情境中，每个人围绕"五一长假"这个谈话范围进行一层层深入的交流，不会游离在"五一长假"的话题之外。

在谈话活动中，有趣的中心话题往往包含三层意思。第一，幼儿对中心话题具有一定的经验基础，可以就谈话主题有话好讲。完全陌生的话题不可能使幼儿产生谈话的兴趣。假设谈话主题是幼儿所不熟悉的"糖果原料加工"，幼儿便无法就这一话题进行饶有兴趣的谈话。第二，有一定的新鲜感。使幼儿感兴趣的话题往往是那些新颖的生活内容。曾经反复提起和谈论的话题，不会引起幼儿的强烈关注。比如"国庆节假日"的话题，幼儿在刚过完节的时候谈话，会有浓郁的兴趣，如果教师反复进行这样的谈话，或者在节后多天仍提起这个话题，便不能引起幼儿的注意。第三，有趣的话题常常与幼儿近日生活中共同关心点有关。一定区域内幼儿生活中出现某些大家共同经历的事，或是电视台新近放映的一部动画片，能够使幼儿产生交流和分享的愿望，就可成为有趣的中心话题。

2. 有多元的信息交流环境、条件

谈话活动注重多方的信息交流，幼儿园的谈话活动突出强调幼儿运用语言与他人进行交流。在这方面，谈话活动的特点表现为如下三方面。一是谈话活动的语言信息量较大。幼儿围绕中心话题交谈时，思路相对开阔，他们的语言经验各自有别，因此涉及这些经验内容的语言形式也丰富而多样。二是幼儿交流的对象范围也相对较大。幼儿有时在全班面前谈论个人见解，有时在小组里与几个幼儿交谈，也有时与邻座幼儿或教师进行个别交谈。三是谈话活动的语言交流方式较多。任何一个幼儿园谈话活动都可能包括教师与幼儿交谈，幼儿与教师交谈，幼儿与幼儿交谈。因此，谈话活动是一种多方位的语言交流场合，它给幼儿提供学习运用语言的机会，是其他活动所不具备的。

3. 有宽松、自由的交流语境、气氛

在谈话活动中，幼儿可以围绕自己感兴趣的中心话题，自由表达个人见解。无论幼儿原有经验怎样，无论幼儿用什么样的表达方式谈话，他们都可以在这个范围里将自己想说的话说出来。例如在"快乐的五一长假"谈话活动中，幼儿根据个人自己的经验和感受，谈论"五一"中自己最喜爱的活动、自己认为最有趣的地方等等。有的幼儿介绍好玩的公园，并说出公园里的游乐设施；有的幼儿则用图画的形式将"五一"第一天至第三天所感兴趣的活动画出来并和大家交流；等等。我们不难发现，幼儿在谈话活动中能够畅所欲言，且交谈气氛轻松，情绪快乐。

谈话活动宽松自由的气氛，主要体现在两个方面：其一，不要求幼儿统一认识，允许幼儿根据个人感受发表见解，针对谈论主题说自己想说的话，说自己独特的经验；其二，不特别强调规范化语言，鼓励幼儿愿意交谈，积极说话，善于表达个人想法，但不要求他们一定使用准确无误的句式、完整连贯的语段。实际上，谈话活动重在给幼儿提供说的机会，让幼儿在用语言交流的过程中操练自己的语言，并产生相互影响，通过提高自己对语言的敏感程度而发展自己的语言。

4. 有较丰富的感兴趣的谈话素材

谈话所涉及的素材必须是幼儿知识经验范围以内的，取材于幼儿参观、游览、日常生活中的观察、教育活动、游戏、电影或电视中所获得的知识经验。幼儿的知识越丰富，谈话的素材积累得越多，谈话的内容便越丰富。如果对某个地方或某个事物只观察了一次，所获得的印象只是初步的、粗浅的，幼儿在谈话活动中便无话可说。只有当幼儿对某种事物或某种现象进行了多次观察，从不同角度比较细致地了解以后，幼儿才会有话可谈，谈话素材才能较完整、丰富，才能触及事物的本

质特征。如果教师只是带幼儿观察了青草发芽，就让幼儿谈春天的特征，那一定是徒劳无益的。如果从初春开始，教师就有意识地引导幼儿注意春天到来的特征：太阳晒得人暖洋洋的，冰雪消融，土地松软，小草长出了新芽，柳树长出了芽苞，迎春花开了，燕子从南方飞回来了，人们脱下了厚厚的冬装并换上了轻巧活泼的春装，人们在户外放着风筝，农民们在田头忙着春耕……儿童积累了丰富的谈话素材，自然就谈得生动、形象。

5. 教师的指导作用是以间接的方式进行的

教师是幼儿谈话活动的设计组织者，但是在谈话活动中教师的指导作用以间接引导的方式出现，他们往往以参与者的身份参加谈话，给幼儿以平等的感受，这也是创造谈话活动宽松气氛的一个重要构成因素。教师在谈话活动中以参与者的角色身份出现，并不表明这场谈话成为任意的无计划交谈。教师在设计组织谈话时，仍然需要按照预定的目标内容，紧扣谈话的中心话题，有效地影响着谈话活动的进程。在谈话活动中，教师的间接引导往往通过两种主要方式得以体现：第一，用提问的方式引出话题或转换话题，引导幼儿谈话的思路，把握谈话活动的方式；第二，用平行谈话的方式对幼儿做隐性示范。教师通过谈论自己的经验，比如自己喜欢的地方以及喜欢的原因，等等，向幼儿暗示谈话时组织交流内容的方法。应当说，教师在谈话活动中的指导方法不同于其他语言教育活动，因而也成为这一类活动的独特之处。

★ 三、谈话活动与其他活动的区别

1. 谈话活动与讲述活动的区别

谈话与讲述都属于语言教育范畴，同样都是对提高幼儿表述能力极有益处的活动，但是不同类型的语言教育。从活动目标上看，谈话活动注重幼儿运用语言与他人进行交流，是提高儿童与人交谈的语言能力，而讲述活动则侧重幼儿清楚连贯表述某一事、某一物的能力，是培养儿童独立构思、独立表述的独白语言能力。从活动内容上看，谈话活动往往围绕幼儿已有经验的话题进行交谈，而讲述活动则针对某一凭借物（图片、玩具等）进行讲述。从活动中幼儿运用语言方式来看，同样是口头语言的表达，但谈话的语言却属于对话范畴，是各种交谈的汇集，正如人们一般交谈那样，不需要正式场合使用的规范严谨的语言，而是宽松自由、不拘形式的语言，以说明白想法为准。讲述不同于谈话，讲述活动的计划性更强，讲述是一种独白，要求类似正式场合的语言，要求规范清晰且有条理地表达相对完整的观点。尽管讲述者还是幼小的儿童，但他们已在讲述活动中为未来的"发言""报告""辩论"等做先期的准备了。

2. 谈话活动与日常交谈的区别

谈话活动是有目的、有计划地创造的交谈机会，而幼儿日常交谈则是无预期目标和计划的自发的谈话。幼儿谈话活动与幼儿日常交谈的最大区别即在此。然而，在思考这个问题时，还必须认识到两者之间的联系。应当说，幼儿的日常交谈是他们谈话活动的语言基础，谈话活动中的语言学习又有助于提高他们日常交谈的水平。这两种场合的谈话，都是幼儿学习语言的好机会，对促进幼儿运用口头语言与他人交往能力的发展有互为影响的作用。

3. 谈话活动与科学教育的"总结性谈话"的区别

谈话活动与科学教育的"总结性谈话"之间的差别，主要反映在活动目的和内容方面。进行科学教育的"总结性谈话"，目的在于帮助幼儿更好地认识有关的科学教育内容，通过谈话来巩固加深学前儿童的认识，属于语言教育的谈话活动主要侧重于培养幼儿的语言能力，并不特别考虑话题内容的认识范畴，教师在设计谈话活动时，需要较多地注意幼儿围绕某一话题"说些什么"和"怎么说"。但必须指出，幼儿各种类型教育活动的内容有着综合渗透的共性特点，往往不可截然分开。科学教育的"总结性谈话"是渗透的语言教育内容，而语言教育的谈话活动也有可能综合科学教育的内容。从语言教育活动研究的角度出发，不必特别地去划清幼儿谈话内容与其他学习活动的界限，重要的是研究如何根据语言教育的目的要求，切实提高幼儿的谈话水平。

第二节　谈话活动的设计与组织指导

一、谈话活动目标的确定

（一）了解谈话活动的终期目标和年龄阶段目标

1. 学前儿童语言教育终期目标

学前儿童语言教育终期目标是语言教育所期望的最终结果，是学前阶段语言教育总的任务要求。学前儿童语言教育终期目标是学前儿童教育总目标的一个组成部分，与总目标在方向上是一致的，相辅相成的。与此同时，终期目标又是对学前儿童语言发展的任务要求，具有较强的特殊性和相对的独立性。正如学前儿童语言在全面发展中有着不可替代的作用一样，学前儿童语言教育终期目标在总目标中具有同样重要的地位。

《纲要》中涉及谈话的语言教育终期目标是："乐意与人交谈，讲话礼貌"和"注意倾听对方讲话，能理解日常用语"，在与人交谈时"能清楚地说出自己想说的事"。在学前阶段完成这样的目标，就需要在每个年龄阶段将语言教育目标转化为不同的要求，形成对每一年龄阶段学前儿童逐步提高要求的具体目标。

而《指南》更是明确了成人的责任："幼儿的语言能力是在交流和运用的过程中发展起来的。应为幼儿创设自由、宽松的语言交往环境，鼓励和支持幼儿与成人、同伴交流，让幼儿想说、敢说、喜欢说并能得到积极回应。"

总的来说，谈话活动的目标可以从以下三个方面进行关注。

情感态度方面：

（1）能主动倾听别人谈话的愿望、态度和习惯；

（2）积极和同伴、老师及他人用普通话进行交谈，乐意说出自己的意见和感受；

（3）主动用适合自己角色的语言，自觉地运用听说轮换等基本的交谈规则、方式进行交谈。

认知方面：

（1）知道要倾听他人的谈话内容；

（2）知道与他人交谈时要围绕话题谈话，不跑题，并且知道围绕中心话题不断扩展谈话内容；

（3）知道运用语言进行交谈的基本规则，并知道在谈话中运用这些基本规则进行交谈。

能力方面：

（1）能在倾听他人的谈话中，及时从中捕捉有效的语言信息；

（2）能够围绕一定的话题谈话，会不断扩展谈话内容，充分表达个人见解；

（3）能在适当的场合主动热情地运用基本的交谈规则与他人进行交谈。

2. 学前儿童语言谈话教育的年龄阶段目标

某一年龄阶段语言教育目标就是将语言教育目标转化为不同的要求，形成对每一年龄阶段学前儿童逐步提高要求的具体目标，这是年龄阶段目标的一大特点。年龄阶段目标的另一大特点是学前儿童语言发展指标和学科知识的融合，这就促使我们将语言教育目标贯彻到所学的学科知识中去。年龄阶段目标对幼儿语言发展提出了具体的要求和发展方向，与语言学科知识融合起来，对幼儿掌握知识、获得能力提出了一定的要求，幼儿语言谈话教育的年龄阶段目标就是期望通过这个阶段幼儿的整合的学习使他们在谈话方面达到一定的水平。关于不同年龄阶段谈话学习的目标涉及如下。

目标1　认真听并能听懂常用语言

3～4岁

（1）别人对自己说话时能注意听并作出回应。

（2）能听懂日常会话。

4～5岁

（1）在群体中能有意识地听与自己有关的信息。

（2）能结合情境感受到不同语气、语调所表达的不同意思。

（3）方言地区和少数民族幼儿能基本听懂普通话。

5～6岁

（1）在集体中能积极专注地倾听老师或他人谈话。

（2）迅速掌握他人谈话的主要内容，并从中获取有用信息。

（3）能结合情境理解一些表示因果、假设等相对复杂的句子。

目标2　愿意讲话并能清楚地表达

3～4岁

（1）愿意在熟悉的人面前说话，能大方地与人打招呼。

（2）会说本民族或本地区的语言。

（3）学会围绕主题谈话，能用断句表达自己的意思。

4～5岁

（1）愿意与他人交谈，喜欢谈论自己感兴趣的话题。

（2）会说本民族或本地区的语言，基本会说普通话。少数民族聚居地区幼儿会用普通话进行日常会话。

（3）能用轮流的方式围绕一定的话题谈话，不跑题。

5～6岁

（1）愿意与他人讨论问题，敢在众人面前说话。

（2）会说本民族或本地区的语言和普通话，发音正确清晰。少数民族聚居地区幼儿基本会说普通话。

（3）能围绕话题谈话，会用轮流的方式交谈，并能用恰当的语言表达自己的情感，与同伴分享交流感受。

目标3　具有文明的语言习惯

3～4岁

（1）与别人讲话时知道眼睛要看着对方，不随便插嘴。

（2）说话自然，声音大小适中。

（3）能在成人的提醒下使用常见的礼貌用语。

4～5岁

（1）别人对自己讲话时能耐心倾听，不打断别人的话，并及时回应。

（2）能根据场合调节自己说话声音的大小。

（3）能主动使用礼貌用语，不说脏话、粗话。

5～6岁

（1）别人讲话时能积极主动地回应，懂得按次序轮流讲话，不随意打断别人。

（2）能根据谈话对象和需要，调整说话的语气。

（3）能依据所处情境使用恰当的语言，如在别人难过时会用恰当的语言表示安慰。

（二）了解本班幼儿实际交流水平

当前幼儿园教育中能具体体现以幼儿为本的人文精神内涵，体现"幼儿在前，教师在后"的现代教育理念的一大突出表现，就是要求教师在设计具体教育活动之前，必须先用简洁的文字写出幼儿情况分析，一般包括以下几方面内容的阐述：先对本班幼儿交流的发展水平和发展需要作出明确的分析，如在一个幼儿园的中班第一学期里，发现这个班的幼儿普遍与他人交谈总是"高八度"，并且与他人交流时总是中间插嘴，不善于认真倾听，总是喜欢说自己喜欢的话题，不考虑他人。此时结合中班倾听、谈话和表述的目标，发现这个班的幼儿离中班阶段目标还有很大距离。有了明确的幼儿情况分析，才能使下一步教育活动目标的制订真正立足于幼儿的现有水平，找到最适宜幼儿进一步发展的"最近发展区"，同时也才能保证教师在设计和实施教育活动方案时，根据幼儿的发展特点和个别差异，采用灵活多样的方式，实现"因材施教"和"因人施教"。

在针对学前儿童语言教育活动进行幼儿情况分析时，要注意以下三点要求：第一，情况分析必须是建立在对幼儿语言发展水平全面系统观察基础上的客观分析，避免不负责任的主观臆断；第二，教师既要全面把握自己所面对的幼儿在语言发展方面的年龄阶段的一般特点和规律，又要清楚地知道本班幼儿在语言发展方面的整体水平、兴趣、需要和特点，特别是要能明确地了解他们之间的个别差异，把握住每个幼儿在语言发展方面的优势和不足；第三，在分析幼儿语言谈话发展水平的同时，还要根据不同类型语言教育活动的特点分析所选择的教育内容对于本班幼儿语言发展的价值和作用，找到教育内容与幼儿语言发展需要之间的"契合点"以便阐明教育活动设计的意图。

（三）确定谈话活动的活动目标

确定语言教育活动目标，是语言教育活动设计中最重要的一环，它的恰当与否将对整个活动设计产生决定性影响。在某一具体的语言教育活动中要达到的目标，一般由教师自己制订。具体活动目标与终期目标、年龄阶段目标应是一致的。语言目标是通过每一个具体的活动落实到学前儿童身上的。每一个具体活动目标的实现，都向完成年龄阶段目标和终期目标迈近了一步。

如上所述，知道了语言教育终期目标和中班的阶段目标，再结合本班幼儿在语言谈话中存在的问题，就可以考虑如何使这个班的幼儿有"听说轮换的意识"，在自己同他人的谈话中"用适中的声音"，能和大家一起"谈论一个感兴趣的话题"。通过这样的分析，幼儿谈话的活动目标就可确定下来了，就可以确定一个幼儿感兴趣的话题，即谈话活动的内容也就有了。我们应该认识到，将幼儿语言谈话教育目标落实到每个幼儿身上，有三个关键问题必须注意：

（1）如何将高层次目标准确地转化为低层次的目标；

（2）教育过程中，教师如何把握各个层次教育目标的内涵及相互间的关系；

（3）教师如何根据目标来选择相应的教育内容和方法，从而确保目标的实现。

在以往的幼儿语言教育工作中，不时有不同层次教育目标相脱节的问题存在，也不时有忽略教育目标而随意选择教育内容、方法的弊端出现，这些问题必须引起我们的重视，我们要加深对教育目标的理解，从根本上解决存在的问题。

⭐ 二、谈话活动的内容选择

谈话活动内容的选择是实现教育目标的手段，是将目标转化为幼儿发展的中间环节，也是活动设计和活动组织的主要依据。因此，活动内容的选择是一个完美的语言教育活动设计的核心。活动内容既包含有形的教材，又包含无形的各种内容。

在幼儿园的谈话活动中，谈话活动的内容选择从以下三个方面考虑。

第一，内容要与学前儿童感兴趣的、熟悉的生活紧密相关。

谈话只有与孩子们熟悉和感兴趣的生活内容结合，他们才能就相关的经验交流和讨论，比如喜欢的玩具、爱看的动画片、好玩的游戏，刚刚发生的且幼儿有强烈体验的重大事件（"雾霾天气""发生地震怎么办"）等。完全陌生的话题无法使学前儿童产生谈话的兴趣。假设谈话主题是学前儿童所不熟悉的"海啸的形成"，学前儿童便无法就这一主题进行饶有兴趣的谈话。

第二，与某些领域相互联系的，且学前儿童有一定的新鲜感和能运用创造性语言组织的话题。新颖的，并能使用较丰富的语言去架构的生活内容，如"沙尘暴""奇特的汽车"等，也可以让孩子们产生交流的愿望。

第三，以前交谈过的且学前儿童仍有极大兴趣的话题。有一些话题，幼儿是百谈不厌的，因为这些话题可以不断满足幼儿的想象和创造力，选择这样的谈话内容，可以让幼儿体验到更多不同的交谈经验，如"聪明的喜羊羊""我是孙悟

视频：可爱的蜗牛①

———————————
① 视频由绵竹市第二示范幼儿园提供，执教：蒋兰

空"等等。

⭐ 三、谈话活动过程设计与组织要点

从教育活动研究的角度看，学前谈话活动的设计与组织有其特别的规律。谈话活动的目的、对象、活动方式的独特性，在活动设计的基本结构以及组织要点上可得到充分反映。谈话活动设计的基本结构由以下四个步骤组成，依据这一结构序列去设计组织活动，可以取得良好的语言教育效果，这一点已经在实践过程中得到了证实。

（一）第一步骤：创设谈话情境，引出谈话话题

设计和组织谈话活动的第一步，是创设谈话情境，引出谈话话题。教师在谈话活动的开端，通过一定的情境，激发幼儿的兴趣，启发幼儿对话题有关经验的联想，打开言语表达编码的思路，做好谈话的准备等。谈话情境的创设是谈话活动不可缺少的一个环节，主要通过三种方式：

第一种方式是以实物创设的情境，即教师利用活动角布置、墙饰、桌面玩具、实物摆设等向幼儿提供与谈话主题有关的可视形象，启迪幼儿谈话的兴趣与思路。例如谈话"我的快乐五一"，在开始时教师可引导幼儿观察"五一"长假后小朋友带来的照片及旅游纪念品布置的展览区角。

第二种方式是用语言创设的情境。教师通过自己说一段话、提一些问题来唤起幼儿的记忆，调动他们的经验，以便进入谈话。

第三种方式是以情景再现的方式。教师通过和配班老师模拟再现某一场景，将幼儿顺其自然地引入到这一场景中。引导幼儿通过自然进入参与的方式，在活动式的情景再现中与幼儿进行交谈。

在探讨谈话活动内容的选择时，已经说明了谈话话题在谈话活动中的中心地位，以及如何选择一个有趣的谈话话题。选择话题是谈话活动设计最先涉及的问题，话题早已在设计谈话活动过程时确定，此时，要考虑的重点已转为如何创设情境，引出话题。

在第一步骤的活动设计和组织方面，教师应当注意下列两个问题。

首先，注意创设谈话情境的方式。无论以实物的方式或语言的方式创设谈话情境，都必须以有利于幼儿谈话为前提。教师应充分认识创设谈话情境的目的，在于开启谈话情境，取决于幼儿谈话的需要。一般来说，对幼儿已经具备比较丰富经验的话题，或新近关注较多的话题，可以不采用实物方式创设情境。对幼儿谈话难度大的话题，则要考虑创设实在具体的谈话情境。

其次，注意创设的情境与谈话话题之间的关系。谈话情境的创设是为引出话题服务的，应避免出现两种情况：一是避免许多与谈话内容无关的摆设，要紧扣谈话的中心话题；二是避免过于热闹以致喧宾夺主的现象。谈话的情境创设应尽可能地简单明了，以便直接连接话题内容。过于花样复杂的情境有可能分散幼儿的注意力。教师在创设谈话情境时，必须记住情境是谈话话题的"助手"，应以达到引导谈话话题的目的为基本标准来衡量情境创设的量和度。既要充分利用谈话情境启发引导幼儿，又要尽快导入话题引发幼儿谈话。

（二）第二步骤：幼儿围绕话题自由交谈

在幼儿就谈话话题开始谈话之后，教师接下来要向幼儿提供围绕话题自由交谈的机会。这一步骤的目的在于调动个人有关对谈话中心话题的知识储备，运用已有谈话经验交流个人见解。比如在"我的快乐五一"谈话活动中，教师让幼儿自由参观展区，围绕照片和旅游纪念品进行交谈，之后，可请幼儿画出特别好玩的地方，边画边向周围其他小朋友介绍，使每个幼儿有充分谈话的机会。

设计和组织这一步骤的活动，有三个基本的原则可供参考。

第一，应当放手让幼儿围绕话题自由交谈。在幼儿分组或一对一地自由交谈时，允许幼儿说任何与话题有关的想法。教师不需要做示范，不给幼儿提示，不纠正幼儿说话用词造句的错误，让幼儿充分运用已有谈话经验说出自己想说的话。

第二，鼓励每位幼儿积极参与谈话，真正形成双向或多向的交流。当幼儿分成小组时，教师可

让幼儿自己选择交流对象。这些三三两两自由结合的小组，或是一对一的小组，更有利于发挥每位幼儿的积极性，使他们有更多的机会交谈，也可保证谈话的气氛更加融洽。

第三，在自由交谈的活动过程中，适当增加"动作"的机会。谈话是口头语言操作，也是动脑的操作。根据幼儿活动的特点，在谈话活动中适当增加一些其他方式的操作活动因素，将更有利于调动幼儿的兴趣，增进他们谈话的积极性。在各种谈话活动中，均可根据话题内容，适当增加幼儿"动作"的机会。当幼儿进入围绕话题的自由交谈时，教师不能袖手旁观，不能将幼儿的自由交谈视为一种"放羊"的时机，让幼儿随便谈话而自己去做与谈话无关的事情。

在这个活动阶段，教师的职责和任务主要表现在三个方面。一是教师必须在场。当幼儿看到教师在场时，即使教师并未说话，他们也能感到自己说的话的价值，增进谈话的积极性。可以说，教师在场意味着活动的正常进展，能够对幼儿产生潜在的意义。二是教师参与谈话。教师可以采取轮番巡视的方式参与各组的谈话，到每一组都听一听幼儿的谈话，用微笑、点头、拍手等体态语言给他们以鼓励，也可用皱眉、凝视、抚肩等体态语言暗示那些未能很好进入谈话的学前儿童；教师还可以简单发表个人见解，或是对幼儿说的话给予一定应答，或用自己的语言对各组幼儿的谈话作出反馈，这样能产生一定的积极影响。三是教师要观察幼儿谈话情况，了解他们运用原有谈话经验进行交谈的状态，明了幼儿谈话的水平差异，为下一阶段活动的指导做准备。

（三）第三步骤：教师引导幼儿逐步拓展谈话范围

经过让幼儿围绕话题自由交谈的活动阶段之后，教师要集中引导幼儿逐步拓展谈话范围。在此阶段，教师通过逐层深入的谈话，向幼儿展示并帮助他们学习运用新的谈话经验，使幼儿的谈话水平进一步提高。在这里要特别指出，所谓新的谈话经验是指谈话活动目标在谈话活动中的具体化，是幼儿要学习的谈话的思路和谈话方式总和。教师在设计组织谈话活动时，要防止那种机械呆板理解"谈话经验"的问题发生。注意不要把一种句式或几个词汇的学习与新的谈话经验学习等同起来。每一次设计谈话活动时，都应当重视根据语言教育的要求和谈话活动的特点，寻找本次活动目标与新的语言经验点，力图从大的方面帮助幼儿整理谈话思路，掌握一定的谈话规则，获得一些适用于交往的谈话方式。

具体而言，每一个谈话活动向幼儿提供的新的语言经验，必须注意两点：一是重视每个年龄班幼儿的谈话水平，应在幼儿原有谈话经验的基础上进一步扩展他们的经验范畴，例如培养幼儿倾听谈话的意识、情感和能力，在小班、中班和大班都应有不同的要求，落实到每一次活动中，应逐步加入新的倾听经验要求；二是各个谈话活动设计的新语言经验可能有所侧重，如这次谈话活动可重点帮助幼儿学习围绕中心话题谈话，下次可能是重点学习围绕中心话题深入拓展小话题，在之后的谈话活动中还可能学习幼儿自己提出话题谈话，等等。

（四）第四步骤：教师隐性示范新的谈话经验

教师在此阶段向幼儿展示的新的说话经验，不是用显性示范说给幼儿听，或用指示的方法要求幼儿怎么说，而是通过深入拓展的谈话范围将这种经验逐步传递给幼儿。教师用提问、平行谈话的方法，将新的谈话经验引入，让幼儿在谈话过程中不知不觉地沿着新的思路去说，潜移默化地应用新的谈话经验，最终学会这种新的谈话经验。

总之，教师在设计这一步骤的谈话活动时，应当特别注意思考自己"说什么"和"怎么说"，因为此时教师说的内容和方式，直接关系到幼儿有关新的谈话经验的学习。在这一阶段谈话过程中，倘若教师准备不够充分，出现信口开河随便说说的现象，或是干巴呆板无话可说的局面，都将直接影响此次谈话活动的教育质量。

要特别提出注意的是，教师在引导幼儿进行谈话活动时，要注意对幼儿进行即时的心理观察，除了给幼儿创造谈话活动中良好的物质环境外，心理环境也很重要。幼儿的个性、生长环境不同，在集体活动中所表现出来的"宣泄方式"也是不一样的。有的幼儿热衷于在集体环境中积极用语言和肢体表达自己的内心情绪，而有的幼儿或许更钟情于"独处空间"。虽然我们要尽量引导每一个幼儿都能够在集体的环境下尽力展现自己，但作为教师也一定要尊重个体差异，一定要给予这些渴望"独处空间"的个体幼儿一段适应的时间，而不要盲目为之。

活动设计一　　谈话活动："特别的我"（中班）

活动目标：

1. 通过教师创设的谈话氛围，积极围绕我的"特别"与同伴积极交谈我和别人长得不一样的地方和我的特长。

2. 认真耐心地倾听他人的谈话，并愿意及时表达自己的想法。

3. 通过谈话交流，进一步了解自己和小朋友的特点，增进同伴之情。

活动准备：

幼儿的照片若干、多媒体设备、镜子。

活动过程：

一、PPT出示班上一位小朋友的照片（最好有明显的特征），引发幼儿谈话兴趣

师：看，这是谁？你是怎么知道的？

引导孩子说出照片上小朋友的特别之处。

接着又出示几个小朋友的照片，引导幼儿能注意观察特征并大胆表达出来。

二、幼儿围绕话题自由交谈

1. 说一说身边小朋友的特别之处。

师：看看你身边的小伙伴，他有什么不一样的地方？说一说。

2. 说一说自己的特别之处。

师：今天老师给小朋友还带来了镜子，请小朋友照一照自己有什么和别人不一样的地方，对旁边的小朋友说一说。

幼儿边照镜子边自由交流，教师以同伴身份参与幼儿的交流。

三、教师引导幼儿拓展谈话范围

师：除了我们的样子跟别人不一样，我们还有会做的一些事情，也跟别人不一样！现在老师就用动作做一做（如跳舞的样子），请小朋友猜猜，老师会做什么事情？

请一两个小朋友在集体前做一做，大家猜一猜。

小朋友在幼儿园自由做做动作，请同伴猜猜，说一说自己最擅长的事情。

活动设计二　　谈话活动："我的快乐五一"（大班）

活动目标：

1. 通过教师创设的谈话氛围，愿意围绕中心话题与同伴交谈关于五一长假的快乐生活。

2. 愿意以平静的心态耐心倾听他人的谈话，能用准确的词汇表达自己的想法。

3. 通过谈话交流，了解本地区的旅游景点，丰富爱家乡的情感经验。

活动准备：

1. 幼儿过"五一"节期间的各种照片及相关景点或场所的资料图片、宣传广告等。

2. 各种"五一"节期间的纪念品。

活动过程：

一、创设情境，引发幼儿谈话兴趣

师：今天，小朋友带来了很多"五一"节去旅游的纪念品和照片。看一看，和你身旁的小朋友说一说，这个"五一"节你去了哪里，你和谁去的，有什么好玩的，在那里发生了什么开心的、难忘的事情。

二、幼儿围绕话题自由交谈

1. 幼儿个别自由交谈。

幼儿边观看展品边围绕"快乐的五一"自由交谈，教师以同伴身份参与幼儿的交流。

2. 请个别小朋友在集体中分享过节的快乐事情。

师：刚才我听到了很多小朋友说到了关于过"五一"节的快乐事情，我想请××说说你是怎么过"五一"的。你觉得最有趣的事是什么？为什么觉得很有趣？

三、教师引导幼儿拓展谈话范围

师：现在请小朋友画一画自己觉得很有趣的事情。

在幼儿分组自由绘画的基础上，教师请幼儿各自拿着自己的画，和小组的朋友交流分享。

师：你画的是什么地方？你还想去玩吗？为什么？明年准备怎样过快乐的"五一"节呢？

四、隐性示范新的谈话经验

教师拿出自己"五一"度假的照片，谈谈自己"快乐的五一"和自己在旅游时对保护环境的想法。

请大家对感兴趣的照片和绘画内容继续自由交流。

（活动设计改编自：新疆师范高等专科学校　刘音；乌鲁木齐市第四幼儿园　赵新娜）

第三节　语言专题谈话活动

一、语言专题谈话活动

（一）语言专题谈话活动的含义及特点

所谓语言专题谈话活动，是指定期组织围绕某个话题展开的语言活动。语言专题谈话活动是语言教育的重要形式。

语言专题谈话活动除了有一个有趣的中心话题和宽松自由的谈话氛围外，还具有以下两个特点。

1. 相对固定的活动时间

无论是哪个年龄班开展的语言专题谈话活动，一般都具有相对固定的活动周期，不管间隔的时间是多长，它在教育活动计划中都有相对固定的时间安排，并以常规活动的形式有规律地进行。

2. 多种多样的活动形式

各年龄阶段的幼儿语言发展的特点各不相同，即使是同一个阶段的幼儿，也会因其生活背景、兴趣爱好、交往特点的不同而存在很大差异。教师有组织针对性地对不同阶段幼儿的语言活动加以因势利导，使其规范化、目的化和有规律地持久地进行下去，就形成了多种形式的语言专题谈话活动。从这个角度讲，语言专题谈话本身来源于幼儿日常生活中的交往形式及活动内容。专题性的语言活动不再是一个偶然的、随机的语言行为，它已成为教师有目的、有组织、灵活地进行语言教育的有效途径，它不仅可以丰富幼儿一日活动的内容，而且还为幼儿开辟了一个崭新的语言学习的空间。

（二）语言专题谈话活动的形式

日常生活中语言专题谈话活动的形式多种多样，一般有如下四种常见的形式。

1. 周末评议

在每个周末相对固定的一段时间里，教师可引导幼儿围绕一个专题进行沟通和交流，评一评、议一议相关的内容。活动可以由教师和幼儿共同参与，也可以在幼儿之间展开，让学前儿童在自由、宽松的对话交流中发展他们的对话语言。这个活动可在幼儿园各年龄班进行。

（1）活动内容。

① 夸一夸。

周末评议中，教师可引导幼儿夸一夸自己做得好的地方，夸一夸别人的优点或他看到的事情。这种活动不仅能培养幼儿口语表达能力，还能促进幼儿良好的社会性情感的发展。

② 议一议。

在周末，幼儿对自己一周以来的日常生活、学习、游戏等方面进行评议，为了使话题相对集中，教师可从本班的月（周）目标中，选择一个评议的重点来组织幼儿围绕这个中心进行有针对性的评议。在评议中教师要充分发挥幼儿的主动性，由幼儿来说，大家来评。

（2）指导要点。

① 根据不同年龄班的特点设计组织形式。

小班的评议活动一般由教师引导，以谈话的方式进行，并以集体评议为主；中、大班幼儿由于参与活动的积极性高，语言表达能力较强，则可以由幼儿自己主持，进行小组评议。教师可以适当参与，并给予一定帮助，如注意引发幼儿评议的兴趣，在活动过程中适当引导，活动结束时作简短的小结。

② 逐渐提高评议的水平。

随着幼儿年龄的增长，语言水平的增强，教师在组织评议活动时，活动范围应逐步拓宽，语言内容应随之加深，表达的句型和方式也应逐渐多样化。

2. 学做广告

大多数幼儿对电视广告特别感兴趣，他们不仅喜欢看，喜欢说，还喜欢进行动作模仿，"学做广告"就是给幼儿提供一个学、说、演的极好机会，既能锻炼幼儿说话的胆量，又能提高幼儿的语言表达能力。这种活动可以每周一次，小、中、大班均可进行。

视频：心动角色①

（1）活动内容。

"学做广告"的主要内容有：学说广告词，模仿广告表演，说说我熟悉的广告（说出广告的名称、宣传的产品、产品特点、我喜欢的原因等等），创编广告。

（2）指导要点。

① 鼓励幼儿大胆模仿。广告语言精练准确，通俗易懂，表演性较强。幼儿刚开始学说广告语言时的确有一定的难度，所以模仿学习是很有必要的。鼓励幼儿积极学说，甚至可以自由发挥创编。

② 注重平时收集积累。幼儿不仅可以通过电视、收音机、图书、报刊来学说广告，还可以在实际生活中学到不少的广告语言。要使这类语言专题谈话活动开展得丰富多彩，关键是要培养幼儿多观察、多记忆、多积累的好习惯。

③ 形式可以灵活多样。"学做广告"的活动可以通过组织幼儿集体谈话，也可以通过幼儿自由结伴分组交谈，还可以通过接龙游戏、即兴表演的形式灵活展开。

3. 专题调查和访问

教师和幼儿共同设计一些有趣的活动主题，并做好相应的准备，幼儿以小组形式和小记者的身份开展采访活动，采访之后，相互进行交流。在这样的活动中，一方面幼儿能获得丰富的信息，引发他们强烈的谈话欲望；另一方面能使幼儿分享经验，相互学习，使他们的主动性和创造性得到充分的发展。

（1）活动内容。

活动内容包括学前儿童专题调查和访问。

---

① 视频由绵竹市第二示范幼儿园提供，执教：乔婷婷

（2）指导要点。

① 认真确定活动的主题。教师可以配合班级教育活动的内容或者是单元教育的主题来确定调查和访问的主题。活动的主题首先要贴近幼儿的生活，采访对象是幼儿非常熟悉、容易接近、看得见、找得到的人和事，其次是主题的范围要小，要具体可操作。

② 精心拟定采访提纲。教师要设法使幼儿明确本次采访的主要目的，强调幼儿采访时关注的主要问题。

③ 协助学前儿童做好采访记录。由于幼儿的书写能力有限，需要家长或教师协助做好采访记录。采访应有明确的主题、具体的内容，提问的设计也应符合学前儿童的心理特点，在教师和家长协助下，使整个采访活动能有序进行。通过采访活动，不仅能使幼儿锻炼自己的口语表达能力，而且还帮助幼儿学会一些语言沟通的技巧，如耐心地倾听、认真地思考、礼貌地问答等等。

4. 开心时刻

教师引导幼儿随意地说说、讲讲笑话和幽默小故事，可以减轻幼儿说话的压力，培养幼儿的幽默感。讲笑话，说说幽默的小故事，可以帮助幼儿理解语言的含义，体验语言的幽默，学会分享表演的快乐。小班幼儿喜欢听，不太会说，随着他们的生活经验的日益增长，理解水平的不断提高，到了中、大班，幼儿不仅能听懂，还会学说，会创编。教师可依据本班幼儿的实际情况，定期开展这种专题活动。

（1）活动内容。

活动内容包括：曲苑杂坛（借助现代媒体听相声、看小品），学说会讲（讲生活中遇到的一些可笑的事、有趣的人，开玩笑等），滑稽表演（表演滑稽口音、滑稽动作，做怪相等），编顺口溜（有趣的童谣、打油诗等）。

（2）指导要点。

① 教师平时多听、多看。

教师平时要广泛收集符合幼儿语言发展特点的小品、相声、笑话和幽默小故事，经常讲给幼儿听，并借助现代媒体多让幼儿收看文娱节目，教师还要善于即时捕捉生活中有趣的、滑稽的片段，通过多种途径去丰富活动的素材。

② 鼓励幼儿自由学说。

"开心时刻"主要是由幼儿边演边说的，教师不要限制孩子们说话的题材，幼儿学说笑话、幽默小故事的方式也是自主的，但教师巧妙地参与活动，与幼儿同乐，更能提高幼儿活动的积极性。

除以上几种专题语言活动外，教师还可在日常生活中组织以语言交流训练为主的综合式语言专题谈话活动。例如：

画一画、说一说：将幼儿说话与绘画活动结合起来。

玩一玩、说一说：将幼儿说话与他们喜爱的玩具结合起来。

看一看、说一说：将幼儿说话与观察实物、阅读图书、欣赏动画片等结合起来。

演一演、说一说：利用专门设置的表演角主动让幼儿扮演角色，边演边说。

★ 二、语言专题谈话活动案例

案例一　谈话活动："我去过的地方"（大班）

活动目标：

1. 知道在轮流讲话中不能随意打断别人说话，不插话。

2. 能围绕谈话的主题讲述自己的旅游经历。

3. 乐意与同伴自由交流自己的想法。

活动重点：

能围绕谈话的主题讲述自己的旅游经历。

活动难点：

能把经历说得丰富又生动。

活动准备：

物质准备：中国地图一张、幼儿的旅游照片。

经验准备：幼儿有去过其他地方旅游的经历。

活动过程：

一、开始部分

导入——教师拿出自己去旅游的照片。

师：你们看，这是老师去广州动物园旅游拍的照片，老师看到了可爱的大熊猫。你们都去哪些地方旅游过呢？有什么有趣的事发生吗？你们说出一个去过的地方，老师就指出它在中国地图上的位置好不好？

二、基本部分

1. 幼儿4人一组自由交谈

师：今天咱们用小组轮流讲话的方式来交谈。轮流讲话就是小朋友们要按照一定的顺序一个接着一个地讲话。

过程中教师请一个幼儿表演在轮流讲话中被打断说话、插话的情景，并询问他/她当时被插话的感受。

教师总结：在轮流讲话中不仅要按顺序一个接一个地讲，还不能打断其他人讲话。

2. 幼儿分组交谈

教师指导，注意幼儿遵守规则的情况，对讲述较少的幼儿进行提问："你看到了什么？"最后教师总结幼儿插话和轮流讲话的表现情况。

3. 幼儿在集体面前讲述

幼儿在集体面前讲述，每个幼儿说完后，教师提问，比如："你在旅途中最难忘的事情是什么？"

4. 引导幼儿说说自己希望去的地方有哪些

师：听完了大家的讲述，你最想去什么地方呢？为什么？

5. 活动反思

师：今天在轮流讲话中，你觉得哪些规则很重要？为什么？

引导幼儿结合实际经验说，之后教师总结。

三、结束部分

师：老师知道小朋友们都带来了自己旅游的照片，感兴趣的小朋友还可以在图书区继续讲述。

案例二　专题访问："男孩和女孩"（大班）

活动目标：

1. 通过访问，幼儿能初步比较男孩、女孩的爱好相同和不同之处。

2. 幼儿会使用恰当的语言向别人提问，并体会访问的乐趣。

活动过程：

1. 在教师引导下，幼儿对男孩、女孩不同爱好产生访问的兴趣。

2.在教师帮助下拟定采访对象和采访内容。

（内容包括姓名、性别、最喜欢的玩具、最喜欢吃的东西、最喜欢做的事情……）

采访人	邓　瑶	采访时间	2022年5月4日
被采访人	袁小茜（女孩）	陈涵阳（男孩）	
采访内容 最喜欢的玩具			
最喜欢吃的东西			
最喜欢做的事情			
……			
相同的地方			
不同的地方			

注：以上内容均可用图画来表现。

3.幼儿进行采访活动。

4.幼儿交流采访结果，并比较所采访的男孩和女孩爱好的相同点和不同点。

案例三　专题谈话现场记录："我们的生活需要测量"（中班）

（S：表示幼儿）

问题1：我们怎么知道自己的身高?

S1　量身高。

S2　做儿保。

问题2：用什么来量身高?

S1　街上有个仪器，有椅子，还有垫子。

S2　用尺子。

S3　校医用来测量的仪器。

S4　小的时候都躺在床上量，4岁了就可以站着量了。

S5　南湖公园有，站上去，会"嘀嘀"地响，还可以称重。

问题3：我们都在哪里量过身高?

S1　妈妈的车上。

S2　医院和家里。

S3　在梦幻岛乐园，坐碰碰车的外面就有量身高的。

S4　医院。

S5　游泳馆。

问题4：我们量身高的时候用了什么工具？

S1　尺子。

S2　书。

S3　线。

S4　电子仪器。

问题5：除了这些，你还可以想到用什么来量身高？

S1　手。

S2　纸。

问题6：我们的"小兔测量尺"上都有什么呢？

S1　1、2、3、4、5、6、7，还有100、200、300。

S2　有数字。

S3　有长长短短的线。

S4　有粉红色、绿色、小兔子和围巾。

......

思考与练习

1. 简述什么是谈话活动。
2. 简述谈话活动的特点及作用。
3. 简述谈话活动与其他活动的区别。
4. 实习期间，根据谈话活动的总目标和本班孩子的特点，确定一个谈话主题，并制定相应的谈话活动的目标。
5. 自选年龄班，以"中国传统节日"或"家乡的名胜古迹"为主题，设计一个专题谈话活动方案，并分组试教。

学前儿童讲述活动

```
                  ┌─ 学前儿童语言
                  │  教育活动指导
                  │
                  │  学前儿童讲述      ── 讲述活动及特点
                  ├─ 活动概述
                  │                   ── 讲述活动的教育目标
                  │
                  │                   ── 第一步骤  感知理解讲述对象
                  │  学前儿童讲述活动  ── 第二步骤  运用已有经验讲述
                  ├─ 设计与组织指导
                  │                   ── 第三步骤  引进新的讲述经验
                  │                   ── 第四步骤  巩固和迁移新的讲述经验
   第五章         │
   学前儿童 ──────┤                   ── 组织看图讲述活动的准备
   讲述活动       ├─ 看图讲述         ── 看图讲述活动设计
                  │                   ── 看图讲述的新思考
                  │
                  │  情境讲述         ── 组织进行情境讲述活动的准备
                  ├─                  ── 指导情境表演讲述活动的展开
                  │
                  │  生活经验讲述      ── 生活经验讲述活动的准备
                  ├─                  ── 儿童生活经验讲述活动的组织
                  │
                  └─ 实物讲述
```

学习要点

● 学前儿童讲述活动的含义、特点、基本结构。
● 学前儿童讲述活动教育目标。
● 各类讲述活动的形式及组织指导要点。

第一节　学前儿童讲述活动概述

一、讲述活动及特点

（一）学前儿童讲述活动的含义及作用

1. 学前儿童讲述活动的含义

学前儿童讲述活动，是让儿童凭借一定的讲述对象，在相对正式的语言环境中，独自完成的语言表达活动。这类活动以促进儿童语言表述行为的发展为主，要求儿童积极参与命题性质的讲述实践，帮助儿童逐步获得独立构思和完整连贯表述的语言经验。

2. 学前儿童讲述活动的作用

讲述活动能够有效提高学前儿童语言水平，同时对儿童的认知、社会化发展等方面也能产生良好的影响。具体来说，有以下四点作用。

（1）培养幼儿讲述能力。

学前儿童语言教育的目标之一是培养儿童的表述能力，在讲述活动中幼儿需要独立构思讲述的内容、顺序、重点，考虑怎样让别人理解自己的话，等等。例如，在讲述活动"我喜欢的活动区"中，幼儿讲述前需要思考讲述哪一些自己喜欢的活动区，先讲述什么，再讲述什么，重点讲述自己在活动区里最喜欢的内容或材料，以及用什么样的词汇和句子来描述。所以，讲述活动能够帮助幼儿掌握讲述的一般和特殊方法，使幼儿连贯、完整、清楚地讲述某一事物，说出自己想说的事。在教师指导下，使他们的语言表述能力在这个过程中逐步得到发展。

（2）锻炼幼儿独白语言能力。

学前儿童讲述活动中着重培养的独白语言能力是儿童语言表述能力的一部分。在讲述活动中，幼儿有机会体会在集体面前独立、大胆地表达自己的想法的感受，把一事、一物、一人讲清楚，尝试说明、描述简单的事物或过程，从而使他们的语言表述能力在这个过程中逐步得到发展。例如，幼儿独立讲出《拔萝卜》的故事，在教师指导下，幼儿所讲的内容逐渐达到完整、清楚、符合逻辑等要求。

（3）帮助幼儿学习认识事物的方法。

幼儿在讲述之前，要认识所讲的事物，通过讲述活动幼儿能够学习认识事物的方法。以讲述活动"扇子"为例，幼儿自己先要认识不同扇子的特征，学习认识扇子的各个部分，以及认识的顺序，如名称—颜色—形状—材料—用途等，使自己的讲述给听的人一个完整、清楚的印象。经过多次的练习，有利于幼儿掌握认识事物的方法。

（4）发展幼儿思维和想象能力。

讲述活动中，幼儿需要观察分析事物的特征、事件发生的原因和顺序，领会人物在不同状态下的思想感情，如在看图讲述时，图片中的人、事、物都有一定的因果关系或者前后顺序。幼儿要经过一定的推理、判断、分析，才能认识自己所要讲述的内容，然后组织语言连贯地表述出来。此外，在看图讲述中，幼儿要对画面以外的事情展开丰富联想，这也有助于培养幼儿的想象力和创造性思维能力。例如，讲述活动"我拼出了什么"，幼儿用几何图形拼出作品，拼好后充分发挥自己的想象进行讲述。

（二）讲述活动的种类

1. 按讲述内容来分类

（1）叙事性讲述：用口头语言把人物的经历、行为或事情发生、发展、变化讲述出来。

（2）描述性讲述：用生动形象的语言，把人物的状态、动作或物体以及景物的性质、特征具体描述出来。

（3）说明性讲述：用简单明了的语言把事物的形状、特征、用途等解说清楚。

（4）议论性讲述：通过摆观点、摆事实来说明自己赞成什么或者反对什么。

2. 按凭借物的特点来分类

（1）看图讲述：根据图片内容进行讲述的语言活动。包括描述性的看图讲述、创造性的看图讲述，有排图讲述、拼图讲述、绘图讲述、粘贴图讲述等多种变化方式。

（2）情境讲述：根据儿童经验设计情境，学前儿童凭借对情境的观察与理解来进行讲述的一种活动。这种讲述包括真人表演的情境或操作木偶表演的情境，真人与木偶共同表演的情境，或者是通过录像或电脑展示的情境等，它们都体现了"角色表演"和"连续活动"的特点。

（3）生活经验讲述：儿童在教师指导下，根据已有生活经验，用完整连贯、有条理的语言讲述自己生活中所经历的或见过的，具有深刻印象或感兴趣的事情的一种教育活动。

（4）实物讲述：使用具体的实物作为凭借物，指导学前儿童感知理解实物并进行讲述的一种活动，实物包括真实的物品、玩具、教具。

（三）讲述活动的特点

1. 讲述活动需要一定的凭借物

学前儿童在讲述活动中需要有一定的凭借物。这里所说的凭借物，是指学前儿童的讲述对象，它决定了学前儿童讲述的内容和指向。凭借物通常是讲述活动中教师为儿童准备的或儿童自己参与准备的图片、实物、情景等（见表5-1）。例如，让儿童讲述"到商店购物"，儿童按照事先准备的购物的照片和课件所展示的内容叙述时间、地点、人物、事情的经过。讲述活动中的凭借物，是学前儿童讲述的客体，对学前儿童的讲述起着重要的作用，呈现出讲述的中心内容，使讲述语言具有明显的指向性。

表5-1　凭借物分类

凭借物的种类	凭 借 物 例 举
实物	植物、动物、玩具、文具、生活用品用具等
图片	印制的图片、照片、绘本、连环画等
情景	户外情景、某一具体活动场景等
多媒体课件	使用的媒体包括文字、图片、照片、声音（包含音乐、语音旁白、特殊音效）、动画和影片以及程式所提供的互动功能等
音乐	音乐剧，《啄木鸟》《口哨与小狗》等
绘画	教师绘制的画作、儿童的绘画作品等
动画片	《黑猫警长》《老虎学艺》《长尾巴的小白兔》等
材料	报纸、绳子、回形针、盒子、积塑、贴绒、七巧板、超轻黏土等

2. 讲述活动有相对正式的语境

语言表达受情境的支配，不同情境下所使用的语言不同，与其他几类语言教育活动相比较，学前儿童讲述活动为儿童提供的是一种比较正式的语言场合。这样的语境要求学前儿童不仅能在集体中发表自己的见解和观点，还能用规范的语言大胆地表达自己的认识。这种规范表现在：一是语言规范。学前儿童的语言完整、连贯、清楚。二是环境规范。一般是在专门的教育活动中或正式的语言学习环境中。例如，同样是说与冬天有关的内容，在谈话活动中儿童可以随便地谈论"我看到树上光秃秃的，树叶掉了，黄黄的，天气开始冷了"。而在讲述活动时，儿童则要根据图片内容说："冬天来了，天气冷了。树叶开始枯黄了，寒风一阵阵吹过……"总之，讲述活动必须根据语言环境要求，针对言语凭借物的实际，组织口语表达的内容和方式，运用正规的语言风格讲话，这是讲述活动的一个重要特点。

3. 讲述旨在锻炼一种独白语言能力

讲述活动要求儿童使用的是独白语言。独白，顾名思义，就是需要说话的人独自构思和表达对某一方面的内容的完整认识。它需要儿童用完整、连贯的语言独立地进行表达，并能得到他人的理解。例如，在讲述"树木的好处"时，幼儿要依据图片思考：什么地方？有什么？并且确定先说什么、后说什么，大致要打一个"腹稿"，然后，按照图片的顺序在集体场合清楚地讲述出来。因此，讲述的语言要求比谈话的语言要求高，并且建立在一般交谈的语言基础之上，它要求幼儿独自构思与独自表达对某一内容的完整认识。讲述活动是培养、锻炼幼儿独白语言能力的特别途径，它有别于其他各类语言教育活动，有它存在的独特价值。

⭐ 二、讲述活动的教育目标

根据讲述活动的特点和儿童语言发展的需要，在讲述活动中着重培养儿童三方面的能力。

（一）培养儿童感知理解讲述对象的能力

讲述活动能促进幼儿对讲述对象进行认真的观察与感知，然后通过运用概念、想象、判断、推理等多种思维形式的活动，获得一定的认识，并通过与同伴的交流进一步丰富对讲述对象的认识。例如，讲述活动"风筝上天"，教师出示图片，让儿童结合对风筝的认识，了解风筝的外形、玩法、制作风筝的材料，然后，让幼儿分组交流：风筝是什么样的？怎么放飞风筝？幼儿通过相互交流，从不同角度加深了对讲述对象的感知，同时对幼儿语言和其他方面发展都会产生极大的促进作用。

（二）培养儿童独立构思与清楚完整地表达的意识、情感和能力

讲述活动可以从三个方面提高儿童的语言水平：

（1）在集体场合自然大方地讲话。

（2）使用正确的语言内容和形式进行讲述。

（3）有顺序、有中心、有重点地讲述。

（三）培养幼儿掌握对语言交流信息清晰度的调节技能

（1）增强对听者特征的敏感性

（2）增强对语境变化的敏感性。

（3）增强对听者反馈的敏感性。

⭐ 三、学前儿童讲述活动的年龄阶段目标

（一）小班发展目标

（1）能有兴趣地运用各种感官，理解内容简单、特征鲜明的实物、图片和情境。

（2）愿意在集体面前讲述自己感兴趣的事件。

（3）能正确地说出讲述内容的主要特征或主要事件。

（4）安静地听教师或同伴讲述，并用眼睛注视讲述者。

（二）中班发展目标

（1）养成先仔细观察，后表达讲述的习惯。

（2）学会理解图片和情境中展示的事件顺序。

（3）学习按照一定的顺序讲述实物、图片和情境的内容。

（4）能声音响亮、句式完整地在集体面前讲述。

（5）能积极地倾听同伴的讲述，从中学习好的讲述方法。

（三）大班发展目标

（1）能通过观察，理解图片、情境中蕴含的主要人物关系，并有自己的思想感情倾向。

（2）能有重点地讲述实物、图片和情境的内容，突出讲述的重点。

（3）能根据场合的需要调节自己讲话的音量和语速。

（4）语言表达流畅，用词造句较为准确。

第二节　学前儿童讲述活动的设计与组织指导

讲述活动的设计与组织的基本结构由以下四个步骤构成。

（一）第一步骤：感知理解讲述对象

学前儿童讲述活动的特点之一，是具有相对固定的讲述对象即凭借物，因而在设计组织讲述活动时，首先要帮助儿童感知理解讲述对象。

感知理解讲述对象，主要通过观察的途径进行。这里所说的观察，大部分是通过视觉汲取信息，也可通过其他感觉通道去获得认识，如听觉、触觉、味觉、嗅觉等。常见的看图讲述、实物讲述、情境表演讲述，首先让幼儿仔细看图、看实物、看表演理解讲述对象；而听录音讲述，如"夏天的声音"，先让幼儿听一段录有夏天里的小动物各种声音的录音，请幼儿分辨出录音中各种声响，如知了、蝈蝈、青蛙、蟋蟀的鸣叫声等，通过听录音将各种声音联系起来，想象夏天里发生的有趣的事情，这是从听觉途径感知理解讲述对象的。

教师怎样指导幼儿感知理解讲述对象呢？可把握以下三点。

第一，依据讲述类型的特点感知理解讲述对象。叙事性讲述，应重点感知理解事件发生的过程顺序以及人物在其中的作用。描述性讲述，观察重点则在物体的形态或人物的状态动作、特征以及像什么等等，只有从这样的角度把握住了讲述对象，才能为讲述做好准备。

第二，依据凭借物的特点感知理解讲述对象。讲述活动中的凭借物是多种多样的，有的是几幅平面的相互有关系的图片，有的是立体的固定的实物，也有的是活动的连续动作的情景，还有的是听觉信息组成的活动情景，等等。教师在指导幼儿感知理解讲述对象时，应抓住这类讲述对象的特点去组织观察活动过程。

第三，依据具体活动要求的特点感知理解讲述对象。每一次活动的目标要求是不一样的，有时要求幼儿学习有中心、有重点地讲，有时要求幼儿有顺序地讲。教师的任务是根据活动的具体要求，指导幼儿观察，以便为讲述打好认识上的基础。

（二）第二步骤：运用已有经验讲述

在幼儿感知理解讲述对象的前提下，教师引导幼儿运用已有的经验进行讲述。这一步骤的活动组织，要求教师尽量放开让幼儿自由地讲述，给他们充分的机会、时间，运用已有的经验进行讲述。组织幼儿运用已有经验讲述的方式很多，基本上可以归纳为以下三种。

1. 幼儿集体讲述

幼儿集体讲述虽然保持集体活动的状态，但是需要给每位幼儿围绕感知对象充分自由发表个人见解的机会。比如，中班讲述活动"我带来的玩具"，教师在活动设计组织时，可让幼儿根据个人经验，向同伴介绍自己带来的玩具，教师不作规定和提示。

2. 幼儿分小组讲述

分小组讲述一般情况下每组四人，幼儿可有更多的机会围绕同种感知对象，轮流进行讲述。这种形式具有一定的直接交流的性质，能保证每位幼儿均有讲述的机会。

3. 幼儿个别交流讲述

个别交流讲述常常是幼儿一对一地讲述。教师可让幼儿就近与邻座的同伴结成对子，轮流讲述，也可让幼儿对着假想角色讲述，如讲述"我们班的小朋友"，幼儿对着假想角色讲述自己班不同的小朋友。这样的讲述方式对幼儿具有相当的吸引力。

教师在知道幼儿运用已有经验进行讲述时，要注意两点：一是在幼儿自由讲述前，交代清楚教师的要求，提醒幼儿要围绕感知理解的对象进行讲述；二是在幼儿自由讲述的过程中，注意倾听幼儿的讲述内容，发现幼儿讲述中的"闪光点"以及存在的问题。在活动中，教师不要过多指点幼儿讲述，最多以插问、简单提问引发幼儿讲述，以免干扰幼儿运用已有经验进行讲述。

运用已有经验讲述是一种放手让幼儿讲的活动程序，这一开放的步骤对于下一步活动十分必要。经实践证明，如缺乏这一步骤活动，讲述活动的效果会受到影响。

（三）第三步骤：引进新的讲述经验

经"开放性"的讲述之后，教师应将活动导入"收"的程序，为幼儿引进新的讲述经验。

新的讲述经验，是每次讲述活动的学习重点。在制订活动目标时，教师应考虑上次活动的重点、解决的问题、达到目的的情况，以便在此基础上向幼儿提供新的讲述经验。新的讲述经验主要是针对讲述的思路、讲述的方式、讲述的全面性而言。

引进新的讲述经验的方式是多种多样的，常见的有以下三种。

第一，教师示范新的讲述经验。教师在幼儿自己讲的基础上，提出一种新的讲述思路，就同一讲述对象发表个人的见解。比如，大班拼图讲述"城市里的交通工具"，幼儿自己拼图讲述之后，教师重新拼摆贴绒图片，构成一个合理的画面，并添画街道、花园、楼房等事物，然后按照这一完整画面，组成现代城市有情节的内容并讲述出来。教师的这种示范讲述提供了一种讲述思路，但绝不是幼儿复述的模本。如果教师误解了示范的作用，要求幼儿按照教师讲述的内容一字不漏地模仿，幼儿便毫无趣味可言，会极大地影响幼儿讲述的积极性和创造性。

第二，教师通过提示引进新的讲述经验。在有些活动中，教师可以用提问、插问的方法引导幼儿的讲述思路，为他们导入新的讲述经验。在运用这类方法时，教师表面上顺着幼儿的讲述内容，实际上却通过提问、插问不断改变幼儿的讲述思路。例如，在幼儿拼图讲述中，当幼儿自由讲述后，教师通过提问："小朋友，你还可以用拼图拼出什么故事？给我们讲一讲，好吗？"

第三，教师与幼儿一起讨论新的讲述思路。教师可从分析某一位幼儿的讲述内容入手，与幼儿一起归纳新的讲述思路。比如讲述"各种各样的杯子"，教师说："刚才××小朋友讲得真好。他在讲述杯子时，先讲了什么？先讲了杯子的颜色？是什么形状的？由几个部分组成？用什么做的？有什么用途？怎样使用？"教师讲这段话时，边问边答并和儿童一起分析讨论，帮助幼儿理清讲述的顺序，也引进了新的讲述经验。

（四）第四步骤：巩固和迁移新的讲述经验

讲述活动中，仅仅引进新的讲述经验是不够的，还需要提供幼儿实际操练新经验的机会，以利于他们更好地获得这些经验。因此，讲述活动的最后一个步骤是巩固迁移新的讲述经验。

在活动中，巩固和迁移新的讲述经验，有一些具体做法。

一是由A及B。当幼儿学习了一种新的讲述经验后，教师立即提供同类不同内容的凭借物，让幼儿用新的讲A的思路去讲述B。例如，幼儿学习讲述一件玩具的顺序后，教师可让幼儿用同样的思路讲述另一件玩具，从而帮助幼儿掌握所学新的讲述经验。

二是由A及A。在教师示范新的讲述经验并帮助幼儿理清思路后，让幼儿尝试用新的讲述方式来讲同一件事、同一情景。例如，学习讲述"春天的桃花"思路后，让幼儿开个小花展，向小班的弟弟妹妹介绍讲述"春天的桃花"。值得注意的是，在这种情况下，教师应要求幼儿创造性地运用新的讲述经验，尽可能地避免绝对模仿和复述别人的话。

三是由A及A1。用这种方法组织第四步骤的活动，教师可以在原讲述内容的基础上，提供一个扩展或延伸原内容的讲述机会。比如，拼图讲述"城市里的交通工具"，在教师示范过新的拼图添画和讲述经验之后，进一步要求幼儿自己拼图添画，然后讲述。通过这样的一个环节让幼儿巩固和迁移新的讲述经验。

总之，在这四个步骤的讲述活动设计组织中，有着一个内在的完整的设计组织程序。可以说，幼儿对于新的讲述经验的学习，总是在每次活动中获得操练、实践，不断巩固、迁移，并在下一次讲述活动中再次尝试运用。通过这种"滚雪球"的积累过程，幼儿的讲述能力会不断得到发展。

第三节 看 图 讲 述

看图讲述是指教师启发幼儿在观察图片、理解图意的基础上，根据图片提供的线索，运用恰当的词句和完整连贯、有条理的语言表达图意的一种教学活动。

★ 一、教师组织看图讲述活动的准备

（一）看图讲述活动内容的选择及准备

看图讲述所使用的材料主要是图片（如图5-1所示），这些图片可以是多媒体展示的图片、印刷出版的图书上的画、教师自制图片、照片，还可以是儿童的画等。图片内容，对儿童讲述能力的发展和讲述水平的提高有着直接的影响，因此教师在选择图片时应注意以下三点要求。

图5-1 大班看图讲述图片《西瓜船》[①]

---

① 大班看图讲述图片《西瓜船》：https://www.meipian.cn/2yj2hsco?ivk_sa=1024320u

1. 内容上的要求

内容具有教育意义：对幼儿的情感、能力、知识等方面具有教育意义。

主题健康：主题符合时代要求，有利于促进幼儿健康成长。

2. 艺术上的要求

形象鲜明，有艺术性：图片中的角色（人物、动物、植物等）形象鲜明、特征明显突出，背景简单，结构布局匀称，色彩鲜艳而协调。图片具有艺术性，有感染力，能激发学前儿童看图的兴趣。篇幅大小合适（一般单幅图为全开或对开纸，多幅图为四开纸，也可使用一幅固定的背景图，其余角色采用立体活动的插入或贴绒教具）。

3. 年龄上的要求

小班：主题明确，线索单一，角色不宜太多。画面大，画面中角色的动作、表情、神态明显，背景简单，色彩鲜艳，主要突出角色特征。图片的篇幅少，一般为1～2幅。

中班：主题明确，线索较复杂，前后图片之间有一定联系，角色较小班略为增多，形象突出，有一定的动作和表情，能从图片中了解角色的心理活动。中班可选用多幅图，但不宜超过4幅。

大班：主题鲜明、生动，图片与图片之间有一定的衔接，画面内容能为幼儿提供想象的空间，角色的心理活动能从画面中反映出来，能根据图片中的内容激发幼儿联想画面以外的线索，使幼儿通过观察分析讲出画面上各个事物之间的相互关系。大班可用多幅图，但不宜超过6幅。也可使用立体（活动）教具讲述，还可让大班幼儿进行排图讲述。

（二）分析图片的内容

选择图片后，教师要仔细观察和熟悉图片内容，并进行认真分析。

1. 理解图片的内容，分析主题

教师首先要仔细观察画面中的时间、地点、情节（人与人、人与事、人和环境间的关系）。其次，根据人物和角色之间的动态，构想角色会说些什么，想些什么；在理解图片内容的基础上，再找出主题思想。

2. 分析讲述图片的重点、难点

在确定主题和讲述范围的基础上，教师要分析哪些图片对表现主题、情节发展起关键作用，对这样的重点图引导幼儿讲深讲透一些。分析哪些图是一般图，一般图也应分析确定要讲清什么，哪些可以一句带过，然后根据主次分配好每幅图的讲述时间。分析应重难点明确，详略分明，讲述的难度相应降低，并且避免讲述时出现平均用力或前松后紧的现象，有利于提高教学活动的效果。

3. 分析讲述中需要掌握的词句

在分析图片内容的同时，还要考虑引导幼儿观察和讲述图片时，语言培养上应提出新的要求。例如，使用哪些幼儿已掌握的词汇和句式，应引进哪些新词和句式，在促进幼儿表达方面有何新的要求等，这样才能通过每次的看图讲述，不断提高幼儿使用语言的能力。

（三）设计提问

看图讲述教学的主要部分是教师的启发提问，提问的目的是引导幼儿仔细观察图片，并用恰当的语言表达图片的内容。问题提得是否恰当，直接影响幼儿的讲述质量，因此教师应在分析图片内容的基础上，重点设计提问：先问什么，再问什么，怎么问，都要有充分的准备。

设计提问时必须注意以下四点。

1. 提问要围绕主题，突出重点

提问要紧扣主题，不需要与主题无关的提问。有的图片内容，需要讲清时间、地点、天气等。因此，"这是什么时候？在什么地方？天气怎么样？"这一类提问就十分必要。有的图片内容应直接提与图片主题相关的环境、人物的问题，有的图片内容则应针对人物的动态、语言提问。

2. 提问要有顺序

教师应根据一定的线索，如画面景物的远近、人物出现的先后、事件发生的前后来确定提问的顺序，引导幼儿有目的、有顺序地观察图片。比如，可以按照从上到下、从左到右、从远到近的空间顺序，也可按事件发生的时间顺序来观察图片。一般来说，提问的顺序是从整体到局部，从主要情节到次要情节，从具体（从人物形象到动作）到抽象（人物的内心活动）。一个问题与另一个问题之间是相互联系的，下一个问题往往是上一个问题的发展，每个问题都具有承上启下的作用。

3.提问要有启发性

幼儿观察图片一般比较粗略，容易看到外部明显的动作、表情，而对内容的内在联系不够注意，这将影响幼儿对图片内容的表达。所以，教师提出的问题必须有启发性，以调动幼儿的积极思维，加深幼儿对图片的理解。有时也可在图片出示前提出启发性问题，让幼儿都能根据图中所提供的线索和自己的生活经验积极开动脑筋，或者开展讨论，充分表达自己的见解。教师应避免提那些包含答案在内的选择性问题。这样的暗示性的提问，幼儿只是机械地回答"是"或"不是"，而不用动脑，对思维和语言发展没有明显的促进作用。

4.不同年龄班，提问的要求应不同

在小班，提问应具体明确（如图上有什么、是什么等），幼儿看了图能够回答。具体的小问题一个个地问，启发幼儿讲述图中人和事物的名称以及角色的主要特征、动态和简短的对话。

在中班，逐渐增加旨在要求幼儿对图片内容进行简单描述的提问（如是什么样、怎样做等），帮助幼儿讲清图中人以及事物之间的关系，鼓励幼儿用不同的词语描述图中同样的人或事物。

在大班，教师可提几个连续性的问题，也可设计一些较概括的主要问题（如为什么、说明了什么等），还可提一些与图片内容有必然联系但在图片上没表现出来的事物，让幼儿思考和回答。

总之，事先设计问题是为了使看图讲述能达到预期效果，但在活动过程中不要死扣准备好的问题，而应根据幼儿回答的具体情况，灵活掌握。

常见提问类型见表5-2。

表5-2　常用提问类型一览表

类　型	作　　用	例　　举
描述性提问	引导幼儿细致地观察并描述图片	"小兔是什么样子的？"
比较性提问	启发幼儿比较事物的异同	"这两只老鼠的表情有什么不同？"
分类性提问	启发幼儿运用概念思维	"花园里有什么是黄色的？花园里有什么是绿色的？"
假设性提问	启发幼儿想象	"如果不遵守交通规则，将发生什么？"
选择性提问	引导幼儿对几种结论进行取舍	"你觉得他们谁是懂礼貌的孩子？"
反诘提问	引导幼儿对得出的判断进行思考	"你怎么知道小红是个懂礼貌的孩子？"

二、看图讲述活动设计

（一）感知理解讲述对象

观察是幼儿看图讲述的前提和依据，只有充分地、仔细地观察，感知理解了讲述对象，他们才能讲清图片的主要意思。

看图讲述开始时，教师要出示图片（事前可用东西遮盖图片），以引起幼儿看图的兴趣，引导观察，并告诉幼儿今天看什么图，应该怎样看，有什么要求等。观察图片时，教师可用简短的语句集中幼儿的注意力，用自己对图片的兴趣去感染幼儿，调动幼儿对看图讲述的积极性。

1. 以不同的方式，引出图片，激发幼儿观察图片的兴趣

一是可以直接出示图片。教师根据图片的内容和要求提出问题，将幼儿的注意力集中到图片上。直接出示图片的方式有以下三种。

（1）一次性出示，让幼儿观察图片中的时间、地点、角色，以及其在做什么，让幼儿对整体内容有了初步的了解后，再逐幅仔细观察。

（2）逐幅出示，按图片的顺序，依次出示，逐步引导幼儿观察、思考，理解每幅图的意思及图与图之间的联系。

（3）非顺序出示，让幼儿先观察一组打乱了顺序的图片，再让幼儿动手按自己的意愿排列图序，并说明排序的理由（因排列的顺序不一样，讲述的内容也不一样），进行排图讲述。

二是可以间接出示图片。教师们习惯使用现成的图片作为看图讲述的凭借物，这种方式固然方便，但是会限制幼儿学习和创造的积极性。所以，增加凭借物的可变性，间接地为幼儿提供图片，同样也能收到意想不到的效果。间接出示图片的方式有以下四种。

（1）不完整图画：对图片进行部分的遮盖或留白，形成不完整的图画。比如，传统讲述活动"大象救兔子"，画面上只有背景图和三只兔子、一只老虎，隐去了大象的形象，幼儿可以充分发挥想象，可以是"大象救兔子"，也可以是"乌龟救兔子"，或"小鸭子救兔子"，等等。

（2）添画：教师给幼儿提供的只是一个基本图形，由幼儿进行添画，进一步对画出的图画展开添画讲述。比如，教师在纸上画了一个圆，引导幼儿发挥想象——这是什么？再添画，把它变成各种各样的东西，不断丰富画面，最后再对图画进行讲述。

（3）摆图：教师提供给幼儿有主题的一套拼图，让幼儿自由摆弄形成图画，进行讲述活动。比如，为幼儿提供一块绒纸，一套几何图形，请幼儿拼摆各种形象，讲述各种角色之间发生的故事，幼儿边操作边讲述，积极性很高。

（4）幼儿绘画作品讲述：幼儿自己的绘画作品更能激发幼儿讲述的兴趣，幼儿通过动手、动脑，获得了讲述的图画，为更好地展开看图讲述作好了铺垫。

总之，怎样出示图片应根据活动目标、幼儿实际水平和图片本身的特点，采用不同的方式引导他们观察、分析、想象，以取得良好的效果。

2. 感知图片

观察是儿童看图讲述的前提和依据，只有充分地、仔细地观察，感知理解了讲述对象，他们才能讲清图片的主要意思。教师可以调动学前儿童的视觉、听觉、触觉等多种感官丰富对图片的感性认识。教师引导儿童按照一定的顺序进行观察，例如，从上到下、从左到右、从近到远、从整体到局部等，也可按时间—地点—人物—事件—结果的顺序观察，还可从表面的人物形象、动作到人物内在的心理活动进行观察，采用哪种顺序，可由活动的目的和图片的内容决定。

3. 理解图片

看图讲述需要学前儿童在理解图意的基础上进行。教师设计启发性问题，引导儿童理解图片内容，用连贯的语言完整表述出来。此阶段可用描述性提问、比较性提问、选择性提问等，常问的问题是："图上有什么？在什么地方？他们在干什么？做得怎么样？"等等。

（二）幼儿运用已有的经验进行讲述

在幼儿感知理解图片之后，在指导讲述的教学中，教师应尽量放开让幼儿自由讲述，给他们充分的机会，引导幼儿运用已有的经验进行讲述。同时，在幼儿集体、小组或个别讲述中，以不同的方式组织幼儿进行讲述。

幼儿在教师的启发提问下，凭借对图片的感知理解，既可以进行集体讲述，也可以分组结伴讲述，还可以个别幼儿在集体中大胆地讲述，这几种方式交替进行。幼儿在讲述时，教师要仔细倾听，注意指导幼儿讲清楚主要情节的发展过程，也可用提问的方式帮助幼儿有序地讲述，还可以参与者的身份深入到幼儿中间，以插问的方式加以提示，帮助幼儿讲述。教师在观察指导讲述中可以进行提示。

提示是指幼儿在观察和讲述时，有时难免看不清或表达不出图意，这时教师应提一些具体的、较接近答案的辅助性问题进行提醒和暗示，给幼儿提供线索，起到搭桥引路的作用。

提示的方式一般有以下三种。

指图提示：教师指出图上的某一部分，引起幼儿的注意，指引思考的方向。

讲述前的提示：这种提示往往是根据幼儿容易遗漏或讲错的地方，事先提示幼儿注意，帮助他们把话说完整。

递词提示：幼儿在回答时，因为想不出恰当的词句而停顿时，教师可直接递一两个词，帮助幼儿继续说下去。

（三）教师引进新的讲述经验

引进新的讲述经验可以是教师在幼儿讲述图片的基础上，提出一种新的讲述思路；可以运用提问、插问的方法引导幼儿的讲述思路；还可以与幼儿一起讨论新的讲述思路。指导幼儿开展丰富的想象，完整讲述图片内容。

引进新的讲述经验，指导讲述应注意以下四点。

1. 教师要面向全班，具体指导

为了使多数幼儿得到讲述的机会，教师应面向全班加强指导，根据不同对象分别提出不同的要求。对语言发展好的幼儿提问要有适当的难度，使他们经过一番积极思考后才能讲述，或请他们作总结性讲述；对于胆小的、语言发展较差的幼儿可提简单的问题，或让他们重复回答同一问题，以鼓励他们讲述。这样使不同水平的幼儿通过讲述实践，语言都能在原来的基础上得到发展。

2. 指导幼儿说话要有根据

通过看图讲述来训练幼儿思维的逻辑性和语言的准确性，教师应指导幼儿依据图片所提供的条件或线索进行思考、讲述。比如，画面背景是公园，引导幼儿描述"这是在公园里"，教师启发幼儿看图，并思考"公园里有什么？怎么讲才能和图片画的一样呢？"经常这样训练幼儿，能使他们在运用语言时，注意表达的准确性，不仅能说，而且还能说得正确。

3. 帮助幼儿用词组句，训练儿童连贯地说话

看图讲述除应让幼儿掌握更多的新词外，还应帮助他们用词组句。看图讲述时，可先引导幼儿看一部分讲一部分，逐步把句子扩充完整，再让幼儿思考教师设计的一组系统性的问题，要求幼儿按问题的顺序，把一个个问题的答案用语言表达出来，逐步做到连贯地讲述。

4. 根据表达的需要，教师帮助幼儿理解和运用新词

教师呈现新词要自然。一般是当幼儿看到图片中具体的形象、表情、动态时，教师应鼓励幼儿用自己掌握的词语表达。如果幼儿不能用确切的词表达，教师就应当适时呈现相应的新词。比如，中班图书《看图书》中出现"争"这个词，当幼儿说到了"两个人都拿着一本书不肯放，两个人都抢一本书，两个人都想看这本书、不肯让"等词句后，才提出"争"这个词。这样，既自然地出现了新词，又用较确切、概括的语言归纳了新词的含义，较易为幼儿接受。

帮助幼儿掌握新词，还要引导幼儿及时运用。在幼儿理解词意的同时，教师要创设条件，如设计游戏、情境表演等，让幼儿有多次练习的机会。在幼儿学用新词表达思想时，并不是单纯地重复，教师还应鼓励幼儿使用同义词或相近的词，使他们能在不同的场合中灵活运用所教的词，将消极词汇转化为积极词汇。

（四）巩固和迁移新的讲述经验

《纲要》明确指出："发展幼儿语言的重要途径是通过互相渗透的各领域的教育……"当幼儿在运用新的经验对图片的大意进行讲述后，教师还应拓展幼儿的思维，如更换图片中的角色，或改变场景。增添情节等。让他们展开联想，进行创造性讲述，并在丰富多彩的活动中加深印象，扩展幼儿的讲述经验，并获得表达的快乐。

教师可通过以下两种方式让幼儿巩固迁移新的讲述经验。

第一，示范与小结。教师示范要求：一般在幼儿用错词句、发音不清楚或经过教师启发而他们还难以改正的情况下，可示范让幼儿模仿。为了让幼儿全面、正确地理解内容，加深印象，有时由

教师或能力较强的幼儿作完整的示范讲述。一般小班或讲述水平较差的中班，可由教师示范小结为主。从中班起，应培养幼儿自己小结讲述，从一张图的小结逐步过渡到几幅图的连贯小结讲述。在大班，则要求幼儿能独立而连贯地表达图意，又要求幼儿学习概括图意，用简单明了的句子讲清图的大意，还可组织他们互相补充、评议同伴的讲述。看图讲述结束时，有时还可启发中、大班的幼儿给图片取名，以培养幼儿语言的概括能力。幼儿为图片取的名字，不能要求太高，只要点题就可以。对取名不确切的，应启发幼儿知道为什么不合适。最后还可以在幼儿取的许多名字中，挑选一个最好的。

　　幼儿在讲述中掌握六要素，即要求幼儿掌握六要素，即时间、地点、人物、起因、经过、结果，并能结合六要素完整讲述，引导幼儿把所学的新词汇、新句式和已有经验迁移到新的讲述活动中，在反复运用中养成规范使用语言的习惯。

　　第二，看图讲述与多种教学形式和游戏相结合，以巩固迁移新的讲述经验，进一步调动幼儿讲述的积极性与主动性。

　　总之，看图讲述活动的指导要求，要按照循序渐进的原则，逐步递进，不断给幼儿提出新的要求，使幼儿在原有的水平上，语言表达能力和思维能力都有一定的提高，并在看图讲述活动中帮助幼儿扩展语言经验，在活动中获得快乐，健康成长。

⭐ 三、看图讲述的新思考

（一）关于图片的使用

可以活用多种图片，大图小图结合。

　　随着时代的发展，看图讲述的图片选择逐渐多元化。最近几年，绘本成为国内外学前教育界关注的热点，选择适宜的绘本作为看图讲述的凭借物，已逐渐成为一种趋势；电子产品的迅猛发展，使得很多影像资料可以用多媒体的方式进行呈现，为看图讲述提供了更多的选择。

　　随着看图讲述的图片不断丰富，教师可以将大图和小图结合起来，灵活使用。大图的优点是便于教师面向全体幼儿出示，集中指导。但是，不足之处是当少数幼儿讲述后，其余幼儿的注意力容易分散。而小图的优点是有利于集中幼儿的注意力，便于教师开展讲述的相关活动，使得每个幼儿都参与其中，调动了幼儿的积极性。

（二）看图讲述活动与多种活动的整合

教师可根据图片的特点，将看图讲述活动与多种活动整合，一般适合以下情况：

一是图片反映的内容动作性、情节性很强，可配合开展表演游戏；

二是图片为幼儿提供了一定的想象空间，适合创编，可组织幼儿开展创造性的语言或表演活动；

三是适合个人展开对图片的想象和理解，可以用绘画或手工的方式。

（三）看图讲述活动发展幼儿的创造性思维

看图讲述是以图片为依据的，幼儿讲述的内容极易雷同，怎么做到"同中求异"，培养幼儿的创造性思维呢？不妨作以下尝试：

　　讲述从实到虚。教师可引导幼儿从讲述人物或现象的外在情形，到讲述人物的内部心理活动或现象的内在原因。

　　讲述从已知到未知。幼儿在讲述已有画面的前提下，可以大胆发挥想象，讲述画面上没有的内容，教师可配合运用遮盖图片的方法，帮助幼儿展开多种可能的讲述，进一步丰富图片的内容。

　　讲述从有序到无序。一般来讲，看图讲述会遵循一定的时间顺序和空间顺序，根据情况，教师可适当通过图片顺序的调整或幼儿讲述顺序的调整，给幼儿提出新的挑战，促进幼儿按照新的顺序，开展完整的、连贯的、有逻辑性的讲述活动，发展幼儿的创造性思维。

活动设计　**看图讲述：《小马噔噔》(中班)**

活动目标：

1. 通过观察画面，积极动脑筋，理解猜测故事情节。

2. 能按照一定的顺序，运用完整的语言在集体面前讲述图片内容。

3. 感受帮助别人是件快乐的事情，乐意帮助他人。

活动准备：

PPT、图片、笑脸贴、小动物手偶。

活动过程：

一、感知、理解讲述对象

(一) 谈话导入，出示图片，激发起幼儿感知图片的兴趣

教师提问并出示图片。

师："笛笃笛笃"，瞧，谁来了？(出示小马噔噔)

这匹小马有什么特别的地方吗？(尾巴上有四只鞋子) 看看小马的鞋子是什么样的？像什么？

(二) 教师出示第一幅图，引导幼儿观察感知图片

教师出示图片(尾巴上挂着鞋子的小马噔噔)并提问。

师：小马噔噔的鞋子为什么会挂在尾巴上？

小马噔噔继续往前走。它会遇见谁呢？

二、幼儿运用已有经验进行讲述

(一) 集体观察并讲述

1. 教师出示第一幅图，引导幼儿观察感知并运用已有经验进行讲述。

教师出示图片(猫妈妈抱着哭的猫宝宝)并提问。

师：小马噔噔遇见了谁？它怎么了？(引导幼儿仔细观察画面，重点关注小马噔噔鞋子的变化和猫宝宝的表情)

2. 教师出示图片(第二幅图片)并提问。

师：小马噔噔是怎么做的？小马噔噔高兴吗？猫妈妈和猫宝宝高兴吗？

小结：原来得到别人的帮助和帮助别人都是一件快乐的事情。

(二) 幼儿分组观察并讲述

教师出示图二、三、四，幼儿分组选择一幅图，结伴讲述。

教师观察指导各小组的讲述。

幼儿可尝试在集体面前讲述。

三、教师引进新的讲述经验

教师出示图片(遇到另外两个动物)并提问。

师：小马噔噔又遇到了谁？

它们怎么了？(幼儿观察图片进行讲述)

猜一猜，小马噔噔会怎么做？(教师提示幼儿大胆猜测故事的情节引进新的讲述经验)

教师与幼儿一起归纳新的讲述思路。

四、巩固和迁移新的讲述经验

1. 幼儿戴上手偶，讲述图片上的内容。

2. 教师可为幼儿提供新的动物手偶，启发幼儿进行讲述："如果小马噔噔还有一双新鞋会帮助谁？干些什么？"

附故事：

《小马噔噔》

小马噔噔买来四只鞋，穿在四只脚上。他没走几步，就觉得不舒服，只好把鞋脱下来，挂在尾巴上。

小马噔噔往前走，看见猫妈妈抱着哭闹的猫宝宝没有地方放。他取下一只鞋，送给猫妈妈当摇篮，猫宝宝躺在摇篮里就不哭了。

小马噔噔往前走，看见一队小蚂蚁过不了河，正犯愁呢。他又取下一只鞋，送给小蚂蚁当小船。哈哈，小蚂蚁能够过河了。

小马噔噔往前走，看见小兔摘下的草莓全堆在地上。他又取下一只鞋，送给小兔当篮子。这样小兔才把草莓带回了家。

小马噔噔往前走，看见母鸡用小勺子接水，很慢很慢。他又取下最后一只鞋，送给母鸡接水用。

没有了鞋，小马噔噔跑起来又像从前一样轻松了。

第四节　情　境　讲　述

情境讲述是根据儿童经验设计情境，包括真人表演的情境或操作木偶表演的情境，真人与木偶共同表演的情境，或者是通过录像或电脑展示的情境等，在引导儿童观看表演的同时，要求儿童凭借对情境表演的理解进行讲述的一种活动。

情境表演有场景、角色、情节，表演过程中有动作、表情，有时还有对话，富有强烈的直观性，有利于儿童对情节的理解，能诱发儿童观察的兴趣和讲述的愿望，深为儿童喜爱。因此，小、中、大班都可开展。

情境讲述要求儿童用自己的语言讲述表演内容，要求他们必须努力回忆观察所获得的印象，想象、思考表演动作所表达的意思，并按动作表演的顺序组织语言。因此，情境讲述对培养儿童的有意注意、认真观察、记忆、想象、思考的能力和语言连贯的能力都有积极的作用。

⭐ 一、组织进行情境讲述活动的准备

1. 选择内容

作为情境讲述的内容，除了与其他形式的讲述内容有共同之处外，还要符合下列几点要求：首先，所选的内容动作性较强，便于表演。其次，主题突出，情节简单，角色不宜太多，一般以2～3人为宜，表演中可以有适当的对话，但对话不宜过多，以免影响幼儿的想象与思维。在中、大班，有时还可用哑剧的形式，只靠动作、表情和道具等来表现情节。

2. 组织排练

内容选好后应物色人选，扮演角色，可以由教师表演、幼儿表演或师生合演，也可以由教师操作木偶进行表演。

情境表演成功与否，直接影响幼儿讲述的积极性和讲述的质量，因此必须事先认真排练。排练时指导幼儿动作、神态和对话，使幼儿不仅可以自始至终完整地表演，而且能分段表演。

3. 准备道具，布置场景

排练之后，要考虑表演道具和场景的设计。如"下雨天"，道具有雨衣一件、雨伞一把。场景是

乌云密布，电闪雷鸣，大雨如注。为了使情境创设更真实、生动，可以用电化教具配合，以幻灯片作背景，录音机放雷雨声，也可以用画板或口技代替。总之，道具、场景应力求生动形象，有助于幼儿对表演建立深刻的印象。化装也要简单，只要突出人物身份的主要特点，能使幼儿看懂就行。如佩戴上老花眼镜表示是奶奶，戴上口罩、白帽就表示是医生等。各种道具的准备、场景的布置、情境的创设都应由教师与儿童共同进行，儿童的参与有助于他们理解情境的各个要素，更好地进入情境和角色。

4. 设计活动计划及提问

情境讲述活动计划及提问的设计要求与看图讲述活动设计大致相同。计划应包括活动名称、活动目标、活动准备、活动过程。活动过程中的提问要紧扣主题；按人物的出场和情节发展的顺序提问；富于启发性，能引导幼儿通过观察表演产生相关的情绪记忆和运动记忆。

二、指导情境表演讲述活动的展开

（一）感知理解讲述对象

情境表演讲述的凭借物是观看表演，并引导幼儿讲述表演。

1. 介绍场景、角色和主演者，引起幼儿兴趣

情境表演讲述开始时，教师用富有感情和吸引力的语言揭示内容，介绍场景、角色和主演者，以引起幼儿观察表演的兴趣，并提醒幼儿仔细观看表演者的表情、动作，记住表演内容，以便在观看后进行讲述。

2. 观看表演

为了使全体幼儿都看清楚表演，表演者要面向全体，速度适中。可以完整表演，也可以分段表演。

为了给幼儿一个初步的总体印象，一般在表演过程中先组织幼儿观看完整的表演，但因情境表演有一瞬即逝的特点，故还需要分段表演，便于幼儿观察、记忆，然后再次完整地表演，以巩固印象。有时也可以先分段表演，再完整地表演。如何安排表演，应根据教材内容、活动目标和班级实际水平而定，不能强求一律。

教师还要根据表演的内容进行启发性提问，帮助幼儿理解表演内容，提问要有顺序，一般按时间、地点、角色、事件及结果进行提问，也可以从角色的动作、对话及心理活动变化的角度提问，还可从情节的发展上提问。总之，提问不仅要有顺序，还要紧扣主题，富于启发性，能引导幼儿通过观察表演，产生相关的情绪记忆和运动记忆。

（二）幼儿运用已有的经验讲述表演内容

教师应在幼儿看完表演之后，引导幼儿采用自由组合或个别方式，运用已有的经验进行讲述。教师应借助于提问，提醒幼儿要围绕感知理解的表演进行讲述。也就是说，将观察到的内容，按顺序进行讲述，这样既使幼儿容易接受，又使幼儿的思维得到合乎逻辑的训练。

第一次完整表演后的提问可以笼统些，以启发幼儿主要讲述初次观察的印象，不强求有顺序的回答。

第二次分段表演后的提问，是为了让幼儿逐段细致地描述细节、人物对话及心理活动。因此，应针对情境表演的具体情节提出问题，不仅引导幼儿回忆观察所获得的印象，还要求幼儿运用新词（或同义词、近义词）恰当地描述表演情节，以提高幼儿选词造句的能力，使幼儿生动活泼地讲述。总之，幼儿观看表演后，根据教师提问的思路，头脑中会产生联想，回忆表演的内容并能用完整连贯的语言讲述出来。讲述时可以分组结伴讲述，也可以请个别幼儿在集体面前讲述，让幼儿互相倾听，开展自评和互评。

（三）引进新的讲述经验

幼儿自由讲述表演内容后，教师可根据主要情节的线索提问，让幼儿产生联想，然后再次观看表演；也可作示范讲述，由教师或幼儿按表演顺序，连贯地示范讲述整个表演内容，让幼儿了解新的讲述思路。

由于表演是一瞬即逝的活动过程，不像图片那样长时间不变地呈现在幼儿眼前，幼儿观看表演后的讲述，带有回忆性质。因此，教师可用提问、插问的方法引导幼儿的讲述思路。讲述中碰到重点、难点，或因为没有记住某些细节而遗漏时，教师可以重复表演这一小段，让幼儿仔细观察后再进行讲述。

（四）巩固迁移新的讲述经验

幼儿根据老师的要求更换角色、场景或事件，用上述类似的讲述经验作迁移讲述。例如情境表演的内容有适合全体幼儿表演的，可把全体幼儿每两三人编为一组，分别扮演角色，做情境表演游戏；也可由教师解说，全体幼儿按角色的动作进行对话。

情境表演讲述除了上述的由教师设计动作、指导幼儿表演的形式外，也可以让幼儿自编自演。一般来说，幼儿经历多次情境表演讲述后，产生了模仿和表演的兴趣，并且有一定的表演能力，教师应该给幼儿创设一定的情境，让幼儿在情境中自己设想角色的对话、行动，通过自编表演动作来发展情节，完善表演内容。

此外，组织幼儿进行即兴表演，也是一种情境表演讲述的形式。教师引导幼儿把日常生活中或在电视、电影里看到的感兴趣的事情，通过眼神、表情和形体动作，自编自演。这种形式不受条件限制，不需事先排练，他们会感到格外亲切，便于提高幼儿的表演和讲述能力。

总之，要使全班幼儿都有表演、观察和讲述的机会，以提高情境表演讲述的效果。情境表演讲述要求幼儿一定要记住表演的内容，在教师的启发性提问下，展开回忆、想象，并用完整而连贯的语言描述出表演的情节内容、心理活动及对话等，从而提高幼儿的记忆力、思维力、讲述能力和表演能力。

活动设计 　情境讲述：《熊先生生病了》（大班）

活动目标：

1.通过观看情境表演，理解情境表演的内容，尝试清晰、连贯、完整地讲述情境性的语言。

2.能调动生活经验讲述情境内容，主动想象，自主表达与情境相关的内容。

3.知道生病要去医院看病，懂得关心问候病人并呵护其情感。

活动准备：

熊先生头饰、兔医生头饰、护士帽、白大褂、针筒、药瓶、药、号码牌、医生用具（听诊器、压舌板、手电筒等）、同主题操作图片。

活动过程：

一、感知理解讲述对象

（一）介绍角色、场景，引起幼儿兴趣

（教师扮演感冒的熊先生出场）师：小朋友，你们看谁来了？今天熊先生没有去上班，我们看看他怎么了。

师：熊先生怎么了？

师：他应该找谁帮忙呢？（与幼儿讨论）

教师出示白大褂和医院场景，引导幼儿思考生病了找谁来帮忙。

（二）教师进行完整的情境表演

二、围绕表演内容自由讲述，教师逐个进行指导

教师分段表演内容，引导幼儿回忆情境表演的内容。

1.表演片段一，出示教具提问。

师：熊先生去上班了吗？

师：他怎么了？

师：熊先生去了哪里？

2. 表演片段二，出示教具提问。

师：熊先生到医院做的第一件事情是什么？

师：熊先生看到兔医生，兔医生是怎么问他的？

师：熊先生是怎么回答兔医生的？

师：兔医生是怎么给熊先生看病的？（首先……接着……）

3. 表演片段三，出示教具提问。

师：兔医生给熊先生看好了病，又对他说了什么？

师：最后，熊先生看好了病，对兔医生说了一句什么话？

师：熊先生拿到了药，对护士又说了一句什么话？

三、引进新的讲述经验，学习情境中的对话

（一）出示同主题操作图片，幼儿两人一组自主讲述

小组讲述要求：幼儿选择熊先生或兔医生的角色，尝试清晰、完整地把熊先生和兔医生的对话讲述给同伴听。在一个幼儿说的时候，另一个幼儿要注意安静倾听，教师巡回指导。指导重点：引导幼儿观察图片材料，鼓励幼儿回忆情境性的对话，讲述情境表演内容，鼓励幼儿主动想象，自主表达与情境相关的内容。

（二）请各小组代表讲述

指导语："小朋友们，我们来听一听熊先生和兔医生的对话吧！"教师引导幼儿讲述情境性语言。教师再评价幼儿讲述中出现的亮点和不足之处。

（三）教师示范讲述，帮助幼儿提升讲述经验

教师操作图片，再现表演的情境，生动讲述自己创编的故事《熊先生生病了》。指导语："小朋友仔细听，等下老师要问问你们听到些什么。"

四、巩固迁移新的讲述经验

教师指导幼儿用故事中的对话进行角色表演。

教师小结：我们生病了，就要到医院找医生看病。如果小朋友身边有人生病了，我们应该怎么做呢？怎样去关心他们呢？

附故事：

《熊先生生病了》

今天，熊先生没有去上班，他感冒了，在不停地咳嗽和流鼻涕。

他来到了在家附近的医院，并挂了号。接着，他来到了兔医生的办公室。

兔医生："熊先生，请问您哪里感到不舒服啊？"熊先生："我不停地咳嗽和流鼻涕，觉得全身乏力。"兔医生用听诊器听了熊先生的呼吸和心跳，接着又请熊先生张开嘴巴，用压舌板和手电筒看了熊先生的喉咙。

兔医生："你感冒了，要按时吃药，多休息、多喝水，很快就会好的。"熊先生："谢谢医生！"兔医生："不用谢！"熊先生在药房拿到了药，并对护士说："谢谢护士！"护士："不用谢！再见！"熊先生："再见！"

第五节 生活经验讲述

生活经验讲述是指幼儿在教师指导下，根据已有生活经验，借助于一定的凭借物，围绕一个主题，用完整连贯、有条理的语言讲述自己生活中所经历的，具有深刻印象或感兴趣的事情的一种教

育活动。

生活经验讲述要求幼儿把自己所经历过的、印象最深而又最感兴趣的事有条理地讲出来，可以训练幼儿围绕一个中心独立、连贯地说话的能力，同时幼儿所经历的事和社会生活密切联系，又可以促使幼儿关心周围事物，正确理解社会生活，培养从小热爱生活的思想情感。

幼儿讲述自己的生活经验是根据自己的理解，将自己的所见所闻进行整理加工，然后选用恰当的词句连贯地、有条理地叙述，这需要一定的概括能力，有一定的难度，一般宜在中、大班进行。

⭐ 一、生活经验讲述活动的准备

（一）预设或生成话题

生活经验讲述的话题可以是教师在了解幼儿生活经验的基础上，为幼儿预先准备好的话题，如"我最喜欢的食物""我的玩具""好玩的游乐园"等。也可以是在生活中幼儿随机产生的兴趣话题，即教师根据幼儿对某事物的关注和兴趣点，帮助幼儿生成中心话题。这样的教育活动更多关注的是幼儿的不同兴趣点，引导和促进幼儿的主动发展。这就要求教师要对本班幼儿的发展水平有充分的了解，对幼儿喜欢的话题敏感和了解，能随时捕捉到孩子们感兴趣的和关注的话题，提前为讲述做好计划和提供各种适宜条件（多种物质材料的收集和准备），并遵循幼儿的需要和发展过程给幼儿讲述以直接的帮助。例如，孩子们特别喜欢谈论各种各样的恐龙，教师根据孩子们的兴趣点可以提供给幼儿有关各种恐龙的图片、VCD、玩具、有关资料等，充分调动幼儿的感官，帮助幼儿充分感知恐龙，探索恐龙的奥秘，然后组织"各种各样的恐龙"的讲述活动。由于讲述的内容来自幼儿对恐龙的兴趣，来自幼儿自己的探索和体验，更能调动幼儿讲述的主动性和积极性，使活动更好地促进幼儿的主动发展。

（二）确定讲述主题

幼儿生活经验讲述的内容来自他们生活经验范围内的认识，因此丰富幼儿的生活经验是生活经验讲述的重要前提。日常生活中的参观游览、观察、教育活动、游戏、电影或电视等皆可为幼儿讲述积累丰富的生活素材。生活素材越丰富、越完整，幼儿的讲述就越生动形象。这就要求教师要为幼儿提供各种机会，创设各种教育环境，引导幼儿关心周围事物，丰富幼儿的感性认识，帮助幼儿积累各种生活的表象。只有对丰富多彩、生动形象的事物不断进行观察，幼儿才会产生强烈的语言动机和表达欲望，才能讲出生动具体的内容来。

丰富的生活经验是幼儿讲述的基础。教师必须根据本班近期教育工作的内容和幼儿已有的生活经验，选择幼儿熟悉的、感兴趣的和印象最深的主题，这个主题最好能反映幼儿共同经历过的事情，如"快乐的六一儿童节"等。也可以谈个人生活中有趣的事，如"我最喜欢的玩具""最高兴的一件事"等。讲述的主题一般都是围绕某件事、某个人、某项活动进行的。

确定主题以后，教师可以在讲述前几天将要讲的题目告诉幼儿，让幼儿做好思想准备，有意识地回忆或整理自己的生活经验，以提高讲述质量。

视频：植物小知识播报[①]

（三）摸底预约

由于幼儿生活经验有限和表象积累不足，不能像成人那样完全凭记忆讲述，为了使幼儿能够顺利地组织和正确表达讲述的内容，需要准备一定的凭借物并给幼儿划定讲述的中心内容。因为生活经验讲述并不是让幼儿东拉西扯，它同样需要幼儿按一定顺序，围绕一个主题，有目的、有计划、有条理地讲述自己生活中经历的事情。幼儿在一个主题下从各自的经验和体会出发，去表达不同的见解和认识，并分享和交流同伴的经验。例如，"有趣的线条""我的生日"就可以借助可以摆放成线条的绳子、幼儿生日会的照片等作为讲述的凭借物，以调动和激发幼儿已有生活经验，进而展开讲述活动。

---

① 视频由绵阳市花园实验幼儿园提供，执教：马丹，指导：何云竹

讲述前，教师应找幼儿谈话，了解幼儿对所选主题的生活经验和词语积累的情况，对这一事物的态度是否正确，做到心中有数。

同时，教师根据了解的情况可以预约个别幼儿发言。比如，有的幼儿生活经验比较丰富，而且和别人不同，可以预约讲述；有的幼儿胆子较小或语言表达上有困难，可事先加以适当引导，帮助他/她把意思表达清楚，并鼓励他/她大胆发言。但是，预约帮助必须是让幼儿讲自己的话，切不可教他/她背诵教师或家长代为准备的发言。

⭐ 二、儿童生活经验讲述活动的组织

（一）感知理解讲述的题目及内容

教师通过谈话或出示有关的实物、教具，唤起幼儿生活中相似的回忆，产生讲述的兴趣和愿望。

开始部分，为了激发幼儿对讲述的兴趣和愿望，教师可创设生动有趣的情境（指通过实物、直观教具的出示或游戏与情境表演的形式，配以生动而富有感情的语言），引起幼儿对已有生活经验的回忆，引出讲述的主题。例如，讲述"有用的工具"的活动，教师可以布置一个小小的工具展，展览幼儿和老师共同搜集的各种各样的工具，让幼儿在观赏中激发讲述的兴趣。

引出讲述的主题后，可出示一定的凭借物，通过提问启发幼儿从多个角度依据凭借物的特点感知理解讲述的对象。教师的提问要具体明确，提问的内容应完整，可按事物发生发展的过程引导幼儿对凭借物进行充分、细致的观察。比如，在"有趣的游乐园"的讲述活动中，教师在出示了幼儿在游乐园玩耍的照片后，提问："这是在哪里？这里有些什么？小朋友们在玩什么？他们是怎么玩的？小朋友们高兴吗？你怎么知道他们很高兴？"教师提出问题后，可让幼儿一边观察，一边讨论，学习用完整、清楚的语言讲述对象。

（二）幼儿运用已有的经验，围绕题目自由讲述

在感知理解讲述的基础上，引导幼儿围绕主题讲述自己的生活经验，这是活动的重点环节。在讲述之前，教师可先交代讲述的要求。如果是讲一件事，要求讲清楚事情发生的经过；如果是描述事物，就要具体、生动、有细节，还要说清楚自己的态度和情感。

教师应注意倾听每个幼儿的讲述，着重指导幼儿讲述的完整性、连贯性和逻辑性。有的幼儿讲述的逻辑性差，教师应帮助幼儿选择讲述的内容和安排讲述的顺序。然后，再根据幼儿的发言与思路，提出一些辅助性的小问题。比如，幼儿讲"我最高兴的是看飞机"，教师可提问："飞机飞上天时，天空怎么样？听到什么声音？这时，你是为什么高兴？"帮助他们把事情讲清楚，讲完整，并进行有针对性的指导、纠正。有的幼儿只会用一两句话带过一件事，不会完整、连贯地具体描述，教师要引导他们说得具体些，把一件事说清楚。有时，幼儿会把想象当作事实，如没拾到手机的会说拾到手机。对这种情况，教师不要批评幼儿撒谎，可以问他："这是你自己做的事吗？"有的幼儿分不清是非，把坏事当作好事讲。教师应该让他讲完，再帮他分析，为什么这是坏事。教师发现幼儿发音不正确，或用词和语法上有错误时，应予以纠正。如幼儿讲述时一再重复别人讲述的内容，教师应鼓励其讲别人没讲过的内容。

（三）引进新的讲述经验

教师或幼儿以平行讲述的方式进行示范。

一般来说，对未接触过生活经验讲述且语言基础较差的幼儿，示范性讲述的目的在于引起幼儿的兴趣并为幼儿树立榜样。对参加过生活经验讲述的幼儿，示范性讲述的目的在于提高幼儿的表达能力。

由于讲述活动要求幼儿使用独白语言，即幼儿需要对已有的生活经验独自构思和表达出对某一内容的完整认识，同时这是一种关于回忆的追述，这对初次参加讲述的班级有一定难度，既要考虑怎样组织内容，怎样安排表达的顺序，还要选择合适的词语连贯表达，因此教师的示范对幼儿是有效的帮助。教师在示范性讲述中要明确交代时间、地点、人物、事件，重点在人物活动和情节的发展上。示范性讲述要简洁、明了、生动有趣，引起幼儿的兴趣和共鸣，可以放在幼儿讲述之前，便

于引导并激发幼儿发言的积极性；也可以放在幼儿讲述后，通过提问引导幼儿理解教师是怎样组织讲述内容的，例如，"老师刚才讲了一件什么事？是怎样讲的？先讲了什么时间？在什么地方？有哪些人？……"然后，帮助幼儿安排讲述的内容和顺序，启发幼儿回忆有关印象，并拓展幼儿讲述的经验范围，随时在幼儿讲述中，根据幼儿发言的思路提出一些辅导性的问题，提醒幼儿围绕中心组织话题，帮助幼儿把话讲清楚、讲完整。

对已经掌握讲述方法的班级可不必提供讲述范本，以免幼儿的讲述受教师示范的影响，限制其发挥讲述的内容。

（四）巩固和迁移新的讲述经验

为了使幼儿对生活经验的讲述产生兴趣，也可考虑以其他生动活泼的形式，以激发幼儿讲述自己体验的愿望。特别是对中班幼儿来讲，由于他们生活范围有限、知识经验较狭窄、表达能力差，可以在幼儿已有的生活经验的基础上创造条件，让幼儿通过直接的感知与接触来谈自己的体验。例如，教师可以事先建议幼儿自带喜爱的玩具来园，并为幼儿提供一些较新奇的玩具，让幼儿在活动中看看玩玩，然后让幼儿谈谈自己玩玩具的感受。结束部分，可进行小结或组织评议活动。引导幼儿一起分析讲述者什么地方讲得好，好在哪里。对语言生动活泼、用词新颖或描述具体、中心突出的幼儿要及时肯定和鼓励，对不足之处进行纠正。最后以自然的方式结束活动。

活动设计　　生活经验讲述："去超市购物"（大班）

活动目标：

1. 能借助思维导图，按照时间、地点、人物及事件经过的线索，完整地讲述超市购物的情景，表达自己的感受。

2. 尝试绘制思维导图，整理自己的生活经验，能整理出讲述的线索。

3. 积极与同伴进行语言交流，提高口语表达能力。

活动准备：

1. 幼儿有事先购物的经验，并拍有照片、录像。

2. 课件制作：讲述思维导图（时间、地点、人物、事情经过及结果等）。

活动过程：

一、感知理解讲述的题目及内容

教师基于幼儿生活经验，出示某超市标志，谈话导入活动。

师：小朋友，这是什么地方的标志？××超市是个什么地方？你们有没有去过超市？和谁一起去的？

师：前几天，老师也带小朋友去了××超市，还在里面买了东西。下面就让我们一起来说说这件事。

二、儿童运用已有的经验，围绕题目自由讲述

1. 师幼共同绘制思维导图并讲述。

2. 根据讲述活动的重难点（如重点讲述、有序讲述等），依次出示时钟、人物等图标，帮助幼儿丰富图标的使用经验，通过师幼互动、教师示范等形式帮助幼儿输入新经验。

师：你是什么时候去的超市？你跟谁去的？你是怎么去的？

师：你去超市看到了什么？

教师继续启发幼儿，并根据幼儿的回答完成思维导图，启发幼儿不断完善讲述内容。

师：你在超市做了哪些事情？

师：你对超市的什么事情最感兴趣？……

三、引进新的讲述经验

1. 幼儿自主操作思维导图并运用新经验进行讲述，教师根据幼儿的操作讲述情况适时引导。

教师通过多种组织形式鼓励幼儿自主使用思维导图进行讲述，如独立先讲再画，边画边补充，然后用语言表达出来。

2. 幼儿分组互动进行讲述。

幼：我在超市看到了很多商品。

幼：你看到了哪些商品？

幼：我看到了食品、衣服、文具那些。

幼：你买了什么？

幼：我买了一包薯片、一瓶水。

3. 教师发现幼儿讲述的新经验，进行分享。

四、巩固和迁移新的讲述经验

1. 请个别幼儿讲讲。教师讲评。

2. 教师鼓励幼儿回家后跟爸爸妈妈去超市，继续完善思维导图，向家长、伙伴进行讲述，不断迁移讲述经验，提升讲述能力。

活动延伸：

1. 角色游戏——"××超市"。

2. 有关超市的图片、照片、思维导图等投放到语言区，便于学前儿童进行讲述。

第六节　实物讲述

实物讲述是指以具体的实物，包括真实的物品、玩具、教具等作为凭借物的一种语言讲述活动。教师在设计、组织实物讲述活动时应注意以下几点：

（一）感知理解实物特征

实物讲述的对象包括日常用品、玩具、植物、动物等。教师在设计与组织学前儿童实物讲述活动时，首先需要帮助学前儿童从不同角度感知理解实物的特征，如外形特征、用途等。儿童在获取了充分的感性经验的基础上，才能更好地进行实物讲述。

（二）区别实物讲述与科学活动

学前儿童实物讲述活动与学前儿童科学活动的观察类科学活动有相似之处，但两者又有所不同。实物讲述侧重实现语言讲述活动的目标，科学活动更侧重实现科学领域的目标。所以，教师在组织学前儿童实物讲述活动时，可选择描述性讲述方式，引导学前儿童抓住实物的主要特征进行描述。

活动设计　**实物讲述："我说你猜"（中班）**

活动目标：

1. 通过感觉器官，感知物体特征，尝试用恰当的词语来描述物体，并说出物体的主要特征。

2. 能尝试用独立、完整的语言描述物体，便于对方判断。

3. 能安静地倾听别人描述事物，并据此判断出物体的名称。

活动准备：

质地、形状、大小不同的物体：磁铁、石头、玻璃弹子、皮球、易拉罐、玻璃瓶、方形铁皮盒子、铃鼓、长毛绒小狗、塑料小鸭子。每人口袋里另放一物品。

活动过程：

一、感知理解讲述对象

初步感知多种物品：感知筐内的物品

（1）教师将自己带来的所有物品放在桌上让幼儿一一指认。

（2）然后将物品按质地、形状、大小的相同与不同，有次序地放入筐内，蒙上布，让幼儿上来触摸。例如：可以先将磁铁和长毛绒小狗放在筐内让幼儿触摸，然后将玻璃弹子和玻璃瓶放入小筐内让幼儿触摸，接着将玻璃弹子和皮球放在筐里让幼儿来触摸等。

（3）教师提问，引导幼儿感知理解讲述对象：

师：这是什么？这又是什么？为什么？

师：如果是××，摸在手上是什么感觉？

二、幼儿运用已有经验讲述

（1）请一位幼儿上来触摸物品，并请他/她描述这件物品的形状等特征，集体猜测这位幼儿所摸物品的名称。在这一活动中老师要引导幼儿仔细倾听讲述者的描述。

（2）结伴触摸讲述。在活动前，每位幼儿口袋里放一件同伴不知道的物品，然后相互触摸，猜测"你口袋里有什么"，并讲出来。在幼儿结伴进行活动时，老师深入到幼儿身边，引导幼儿不光注意触摸本身的有趣性，而且要用语言描述出所触摸物品的形状等特征。

三、引进新的讲述经验

游戏："介绍小达人"

（1）**游戏玩法：**请三位幼儿共同前来触摸并描述同一物品，三位幼儿依次介绍同一物品。幼儿选择介绍最清楚的一位为"介绍小达人"。

（2）**游戏规则：**为避免相互影响，一位介绍时，另外两位可候场，不听第一位幼儿的介绍。介绍小达人，可暂时保管介绍的物品，作为奖励。

注意事项：教师引导、启发幼儿思考讨论：谁讲得最清楚，让大家一猜就知道他说的物品是什么？介绍人哪些地方介绍得清楚？帮助幼儿归纳一些新的讲述思路：比如，这个物品是什么样的？（大小、形状、表面、上面、中间、下面等等）摸在手中有什么感觉？

四、巩固迁移新的讲述经验

游戏："我说你猜"

游戏玩法：幼儿一一结伴描述口袋里的物品，一个幼儿摸口袋里面的物品并进行描述，另一个幼儿猜口袋里的物品，猜完后拿出物品进行验证。

游戏规则：如果幼儿猜对了，这对伙伴可暂时保管介绍的物品，作为奖励。如果幼儿猜错了，其他幼儿可以帮助这对伙伴重新介绍一次物品，介绍得好的可暂时保管介绍的物品，作为奖励。

注意事项：幼儿可以互相调换角色玩该游戏。

思考与练习

1. 什么是幼儿园讲述活动？它的主要特点是什么？
2. 幼儿园讲述活动有哪些类型？
3. 教师在设计看图讲述提问时应注意什么？小、中、大班的提问各有什么不同？
4. 情境讲述教学前应做哪些准备工作？在引导儿童讲述的过程中应注意什么？
5. 怎样确定儿童生活经验讲述的主题？教师应如何丰富儿童的生活经验？
6. 搜集"各行各业的英雄"图片，设计幼儿园大班看图讲述活动"各行各业的英雄"，引导幼儿感受爱与感恩，萌发对英雄的崇敬之情。
7. 结合幼儿园的升旗仪式，设计幼儿园中班情境讲述活动"幼儿园的升旗仪式"，激发幼儿热爱祖国的情感，并到幼儿园进行现场教学。
8. 选择各式各样的中国结，以"红红的中国结"为主题设计大班实物讲述活动方案，并到幼儿园开展现场教学。
9. 结合小班幼儿的生活经验，根据生活经验讲述活动的基本模式设计一个教育活动方案，并进行分组模拟试教。
10. 尝试设计制作一个可投放在语言区的材料。

学前儿童阅读活动

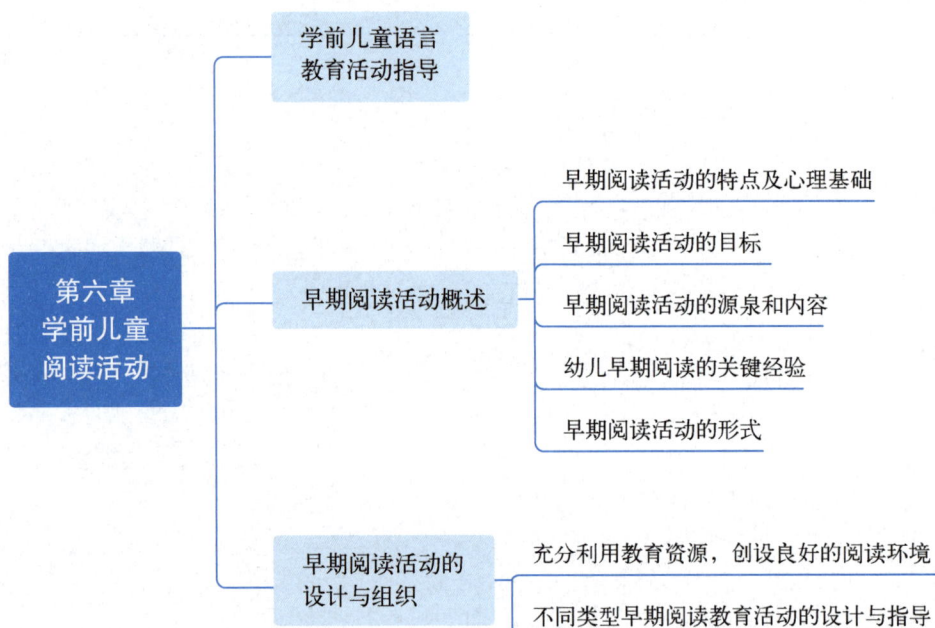

```
                        ┌─ 学前儿童语言
                        │   教育活动指导
                        │
                        │                    ┌─ 早期阅读活动的特点及心理基础
                        │                    │
                        │                    ├─ 早期阅读活动的目标
                        │                    │
  第六章 ──────────────┼─ 早期阅读活动概述 ├─ 早期阅读活动的源泉和内容
  学前儿童              │                    │
  阅读活动              │                    ├─ 幼儿早期阅读的关键经验
                        │                    │
                        │                    └─ 早期阅读活动的形式
                        │
                        │  早期阅读活动的    ┌─ 充分利用教育资源，创设良好的阅读环境
                        └─ 设计与组织        │
                                             └─ 不同类型早期阅读教育活动的设计与指导
```

学习要点

- 当前学前教育领域对早期阅读的各种认识。
- 各种不同类型早期阅读活动的特点与指导方法。
- 不同年龄段幼儿的阅读活动设计。
- 前图书阅读、前识字、前书写经验在幼儿早期阅读中
  的重要意义，与幼儿将来要进行的系统学习的区别。

第一节　早期阅读活动概述

在我国先秦两汉时代就很重视对儿童进行文字的认读教育和文章的句读训练。我国传统的阅读启蒙教学看重集中识字和诗文阅读方面，他们把识字教育和初步的知识教育以及思想道德教育结合起来。

什么是阅读，从不同角度有不同的理解和认识。

从价值角度，中国阅读学研究会会长曾祥芹教授说："阅读是披文得意的心智技能，是缘文会友的交往行为，是书面文化的精神消费，是人类素质的生产过程。"我国教育家叶圣陶先生曾作过一个生动的比喻："阅读是怎么一回事？阅读是吸收。好像每天吃饭吸收营养一样，阅读就是吸收精神上的养料。"他认为："阅读是'吸收'的事情，从阅读，咱们可以领受人家的经验，接触人家的心情。"

阅读教育的价值就在于它是供给幼儿积极主动发展，去书海荡漾，去社会交往的"不断的支持过程"的发动机，可以帮助幼儿提高主动获取知识、收集资料、解决问题的能力，以及习得传承文化，提高品德修养。

从心理学角度，有人认为"阅读是一种从书面言语和其他书面符号中获得意义的社会行为、实践活动和心理过程"。也有人认为"阅读是人们通过语言符号（文字）的辨认、感知、理解，从中获取知识、信息，进而充实自己、完善自己的知识结构的语文行为和心智活动"。还有的人认为"阅读是由感知、思考、评价、判断、想象、推理和解决问题等一系列过程和行为构成的总和"。我国当代著名语文教育家朱绍禹曾说："阅读文章是透过书面语言，领会其意义，从中获取思想和学习语言的活动程序，是人们学习和认识世界的一种基本手段。"中央教育科学研究所章熊也曾说："阅读，就是通过视线的扫描，筛选关键性语言信息，结合头脑中储存的思想材料，引起连锁性思考的过程。"古德曼（Goodman）提出了阅读是"心理语言学的猜测游戏"，阅读过程是一个预测、选择、检验、证实等一系列认知活动。

从构建意义角度，美国宾夕法尼亚州阅读能力评估咨询委员会提出："阅读是一个读者与文本相互作用、构建意义的动态过程。构建意义的实质是读者激活原有的知识，运用阅读策略适应阅读条件的能力。"第二语言阅读专家克拉克（Clarke）、西尔伯斯坦（Silberstein）和威多森（Widdewson）认为，"成功的阅读是一个创造过程，读者和阅读材料相互交流创造意义"。

脑科学研究表明，从大脑皮层发育看，阅读中枢先于说话中枢基本发育成熟。两个月大的婴儿就有"模式识别"，儿童掌握字形与实体的联系比掌握语音和实体的联系更为容易，婴儿能够把一切事物及相关因素都作为一个完整的模式接受下来并印在神经网络里。两岁前儿童言语学习速度最快，早期的语音技能对后来的阅读能力（字词认知）有显著的影响，尤以语音意识的影响最为重要、最为稳定。由此可见，阅读是文明人类必不可少的活动，在进入学习社会的今天更是如此，这是人们获取知识、经验、思想的重要的基本途径。幼儿早期阅读活动首先是作为一种特殊的交际方式而存在的社会现象，具有行为的社会性；幼儿阅读作为一种主体活动，它具有活动的实践性；幼儿阅读作为一种个体的行为和活动，又主要体现为个体化的心智活动的过程。

对于"幼儿早期阅读活动"的概念，北师大教育系刘炎教授认为，婴幼儿凭借以图像、色彩、成人的语言以及文字来理解的、以图为主的低幼儿童读物的所有学习活动都是早期阅读。对于幼儿来说，他们触摸书籍，拇指和食指一页一页地翻书，听成人讲故事，会看画面，能从中发现事物的变化，自己复述故事，发表自己对故事的意见都属于阅读的范畴。也就是说，一切有助于幼儿学习的阅读活动行为，我们都可以称之为阅读。

在大教育观、整体观的指导下，要求全面认识与实践"早期阅读"教育——注重在各类活动中渗透阅读教育，注重以阅读能力的发展带动其他能力的发展，将幼儿的和谐发展放在首位。"幼儿早期阅读教育活动"就是指以幼儿自身经验为基础，在适当情境中，通过幼儿对文字、符号、标记、图片、影像等材料的认读、理解和运用，对幼儿身心所施加的一种有目的、有组织、有计划的影响活动。它不是单纯的看书、识字活动，而是一种结构相对完整、体系相对独立、能促进幼儿全面和谐发展的综合活动。

一、早期阅读活动的特点及心理基础

幼儿早期阅读活动需具备以下三个特征。

1. 符号性与多维感知

所谓符号是一个社会全体成员共同约定用来表示某种意义的记号或标记。早期阅读活动中的符号是指丰富多彩的阅读素材。比如，图书、报纸之类运用的文字符号，学科学习必需的数学符号、音乐符号，画报图片中的静止图像，商标、招贴、警示之类的通用或常见标记，电影、电视、VCD之类的动态多媒体影像，甚至"树的年轮"、叶脉的纹路、指纹、迷宫，等等。幼儿对生活中这些含有一定具体意思的符号均会表现出极大的好奇感，这些在生活中丰富的阅读对象促进了幼儿对符号的认识、理解、运用，可以帮助幼儿建立乐意学习文字的态度，成长为自觉学习掌握文字书面语的人。

幼儿园早期阅读活动中，幼儿感知各种信息符号并在头脑中系统组织各种信息符号所代表的意义的过程，需要符号系统的参与，幼儿需要将阅读内容与口头语言连接起来，对符号作出理解和解释，并产生对表征意义的联想。

同时，利用感官对多种因素影响下的物体获得的有意义的印象，即通过视、听、触、嗅、味等，多维感知不同因素影响下的符号。

而众所周知，对于符号，首先在于视觉的感知。离开了视觉的感知，符号即不能发挥其固有的作用。通过对幼儿阅读行为中视觉感知的心理学分析表明，它包含着四个层次的心理活动：发现、辨别、认同和再认。幼儿阅读行为中的感知是一种特殊的"看"，特别是其"发现"与"辨别"层次的心理活动需要动用多种感官。幼儿阅读正是以视知觉为主的阅读，同时动用多感官及动手动脑相结合的阅读，并逐步发展起来的多维感知阅读。这强调对幼儿观察能力、搜索和选择信息等能力的综合培养。

案例一

建构活动中幼儿对"结构图的阅读"。当幼儿理解了组成某个事物的其中各部分的代表符号（数字或文字等）时，便能根据此规律去完成组合成某个完整结构的任务，甚至自己设计结构图（如搭积木），既自己使用，也提供给别的伙伴使用。

视频：结构游戏图示解读[1]

案例二

美术活动中"五星红旗着色图的阅读"。教师给出一个涂色要求图示，图示中用色块或编号说明每一处该填什么颜色。这时，教师不需要告诉每个幼儿如何填色，只需让幼儿"阅读"理解某一符号（色块或编号）所代表的颜色后，幼儿就能自己根据规律去完成填色的游戏。

案例三

角色游戏中幼儿对"游戏规则的阅读"。在大班开展的医院游戏中，幼儿可根据自己对就诊

---

[1] 视频由绵阳市花园实验幼儿园提供，执教：梁海霞、方元

程序的理解，用自己的符号绘制出"诊病流程图"，制定出医院游戏规则，并将规则图运用于游戏活动中。这既体现了幼儿的认知过程及创意表达，也使这项"阅读"成果成为与其他伙伴沟通的桥梁。

案例四

数学游戏中幼儿对"模式的阅读"。在数学游戏中，幼儿观察理解预设的"操作模式"，完成相应的数学游戏活动。例如，高矮、大小排序，形状分类等。

视频：慧玩数学[①]

案例五

日常生活中幼儿对"标识、图案的阅读"。幼儿将衣服上的各种标签等小卡片收集在一起，从中"读出"哪些标识表示"干洗"，哪些标识表示"水洗"，哪些标识是"不能使用熨斗"等信息。或者，幼儿把收集到的商品广告单中的各种产品图案剪下来，按"吃的""厨房用品""洗涤用品"等进行分类。这也是一种阅读。

由此可见，幼儿早期阅读活动有着丰富的阅读环境。幼儿的阅读对象，即"阅读材料"，必然具有丰富性、具体性、形象性、生动性的特点。每个幼儿都是不同的阅读主体，其阅读方式必然存在独特性，即不同的幼儿会用不同的方式去感知"阅读对象"。

2. 理解性和情感体验

幼儿早期阅读是一种伴随特有情感体验的理解性活动。

首先，这是一种凭借思维来理解各种信息符号的心理过程。感知各种信息符号是阅读的手段，理解则是幼儿阅读的本质。幼儿开展早期阅读时，需要凭借已有经验，通过猜测、假设、判断、验证等逻辑分析和综合判断，运用一系列思维活动把符号还原为具有个人和社会情境特征的"意思表达"。而幼儿早期阅读中的"理解"更是多种多样的，其思维基础包括逆向顺向、聚敛发散、纵向横向、求同求异、形象逻辑等思维。因此，通过早期阅读可以培养幼儿以理解为核心的良好思维品质。

其次，幼儿早期阅读强调情感体验。阅读过程是智力因素和非智力因素共同参与的过程，阅读过程中伴有动机、兴趣、情感、意志等活动。在早期阅读活动中，幼儿可以借助具有客观意义的阅读材料来了解别人的思想感情，理解别人的思想感情，分享别人的思想感情；同时幼儿也可以借助自己创作的阅读材料表达自己的兴趣与情感。

案例一

幼儿园开辟了"新闻栏""周刊"，幼儿通过阅读各类"身边的新闻"，经过自己的分析理解后，将自己的感受、看法在"新闻栏"中表达出来。曾有一个幼儿在"国庆大阅兵"新闻图片旁贴上了"爱心"表达自己的爱国情感，这即是幼儿对阅读内容的理解和情感的直接表达。

图6-1　幼儿园"新闻栏"

案例二

在建构游戏中，一些幼儿在游戏结束以后舍不得拆散自己的作品，可窄小的活动室空间又不允许长时间保存。为了支持幼儿兴趣，教

---

① 视频由绵阳市花园实验幼儿园提供，执教：胡晓露，指导：江琳琳

师鼓励其将自己的作品画下来，用图像方式记录作品。这种由幼儿自绘的"结构图纸"成为同伴间交流的有利工具，供其他幼儿通过"阅读"结构图来建构作品。这种"阅读"的过程也是彼此欣赏、评价，获得积极情感体验的过程。

案例三

　　在关于家的主题活动中，幼儿围绕"什么是家"的问题展开讨论，并画出自己家的基本结构，他们有的住在电梯高楼，有的住在有花园的房子里，还有的认为有房子、有家具、有玩具的地方就是家。在成人帮助下，他们把自己的观点写下来，或直接用图夹文的方式与同伴进行交流，逐步体会到"房子、玩具都不重要，有亲人才有家"。这一阅读过程既是智力因素和非智力因素共同参与的过程，也是幼儿借助自己画的"家"这具有特殊意义的阅读材料了解他人思想情感，进行自我表达的过程。

案例四

　　在阅读《白雪公主和七个小矮人》后，幼儿都表达很喜欢白雪公主，觉得她很美丽。但也有幼儿提出"皇后也很漂亮啊，为什么我们不喜欢她？"的问题。借助阅读材料，班级里展开了一场关于什么是"美"的讨论，教师将幼儿的讨论内容梳理并展示出来，方便幼儿彼此交流，抒发情感，提升对图画书的阅读理解。最后，幼儿得出结论，"漂亮不一定就是美，美还包括善良，有爱心，愿意帮助别人……"

图6-2　幼儿关于"美"的讨论展示

3.活动性和创造实践

　　幼儿早期阅读活动实际上就是幼儿与人、物、事之间的交际活动，这种交际的过程具有很强的活动性。同时，通过阅读活动可帮助和促使幼儿感知、感受其周围世界，当各种感知感受被理解并赋予自己的情感后，再通过阅读活动向他人及周围世界表达出来。表面看来，幼儿阅读的是符号材料，实际上得到的是社会信息，这是幼儿交流的一类素材，因此，幼儿阅读活动可在不同的环境中发生，如家庭、幼儿园、社会、大自然等。在与环境的相互作用过程中，通过"人—人""人—物""人—事"多维互动，幼儿在其中获得有益的经验，实践空间得以拓展，由此获得更多的信息，延展创造的天地。

　　经由阅读获取人类已有的知识，了解最新发展信息，是人类自身发展和社会进步所必需的一种基本能力。学者朱作仁认为："阅读活动是从看到的言语向说出的言语的过渡。"这可以理解为幼儿阅读行为的特性之一——不能停留于表面单纯的"看"，要强调活动形式的多样以及活动过程中幼儿的创造与实践。

案例一

　　幼儿以自己的方式"涂鸦"成一封"信"，然后"读"给其他幼儿听（我们常常会看到幼儿拿着这种"信"，大段大段地、煞有介事地"读"）。

案例二

　　幼儿将其所看到的有关蔬菜的文字和图片材料收集装订成为自己编的"书"。

案例三

角色游戏中，幼儿想开"超市"。他们中的几个人首先用图夹文的方式画好"超市计划书"，然后在后面的游戏中，参与游戏的每个人按照计划分步骤完成了超市的创建。

案例四

在进行主题活动"各行各业的人"时，幼儿把他们在生活中观察到的，如建筑工人、服装店老板、卖菜的农民、街边的小贩、环卫工人、警察等，用图片、照片、图画等形式收集起来，注上文字说明，制作成图书《可爱的人》，或将有关自己父母工作的资料制作成图书《了不起的爸爸妈妈们》，并标上作者姓名、价格等信息。

案例五

在歌唱活动中，幼儿理解和记忆歌词遇到困难，便运用图示、符号的形式理解、创制歌词内容，再结合自制歌谱形式进行演唱。

视频：自制
符号歌单[1]

⭐ 二、早期阅读活动的目标

周兢老师指出，在3～8岁的早期阅读阶段，儿童有一个重要的任务，就是要习得成为流畅阅读者所需的策略预备能力，这是从学前阶段进入学龄初阶段儿童必须掌握的阅读能力。而早期阅读活动所获得的核心经验是与幼儿的认知发展相辅相成的，良好的早期阅读行为和习惯都是影响幼儿终身阅读的关键因素。同时，帮助幼儿初步认识书面语言和口头语言的对应关系，形成对阅读内容的理解和阅读策略，既符合幼儿认知发展特点，也是必然需求。

所以，开展早期阅读教育活动的目的之一是为以后高级的阅读活动做准备。一般而言，早期阅读教育的总目标是首先从情感和态度上培养阅读兴趣，从能力和技能上培养阅读理解能力，并使幼儿对口头语言和书面语言的对应与转换关系有所认识，懂得书面语言学习的重要性。

综上所述，阅读教育的整体目标应是以"阅读能力目标"为核心的多项目标的综合体现，它可以有多种构成形式。本章拟从认知、技能、情感、态度四个方面作早期阅读教育目标体系确立阐述。

（一）早期阅读教育认知目标

支持幼儿获得较丰富的语言知识、社会科学知识和自然科学知识，提高幼儿的语言水平和文化素养，开展早期阅读教育起到了启蒙的作用。虽然幼儿早期阅读教育并不以知识的传授为主，但凡是有效的阅读教育，知识的传递必然贯穿于全过程。当然，幼儿早期阅读教育中的认知教学目标是有重点的，它强调的是与幼儿的生活紧密结合的知识。例如，在交通标志的学习过程中，幼儿感知的是交通标志，掌握的是生活安全常识；在幼儿收集认读各种服装标签的过程中，获得的是洗涤、保存衣物的生活常识。

目标举例如下：

- 通过封面认识不同的图书。
- 读出一些书的书名或作者的名字。
- 聆听故事时能够将故事里的人和事与自己的真实生活经验联系起来。
- 理解红色绘本类阅读材料的主旨要义。
- 领会阅读材料的情节与简单寓意。

---

[1] 视频由绵阳市花园实验幼儿园提供，执教：何晓丽，指导：李敏

- 熟悉一些不同的文体，听完一个故事后，能正确回答有关的问题。
- 分辨书面语言和口语的不同表达方式。
- 发现简单句的句式表达错误。
- 根据故事的插图或部分情节预期故事的发展或结局。
- 复述或表演完整的或部分的故事情节。
- 用适当的词汇，正确表达图书（阅读材料）的内容。
- 掌握在图书馆等地方借阅图书的方法。
- 知道书店、阅览室分类藏着许多书。
- 用日常生活中的简单符号标记解决简单的问题。
- 感觉到书写与规范书写的差别。
- 根据图画书中的人物特征、行为进行评价，并说出自己的理由。

（二）早期阅读教育技能目标

幼儿早期阅读教育的最基本目标就是使幼儿掌握阅读的方法，具备阅读能力，关键不在对具体字词的识记。只有懂得了方法，才能形成独立阅读能力，才能为其终身学习打下基础。因此，幼儿早期阅读教育应着重培养幼儿观察事物和认识事物（生活）的能力。除此之外，幼儿早期阅读教育中还应当支持和培养幼儿的记忆力、思维能力发展，尤其是形象思维能力。

幼儿的阅读技能是在掌握阅读方法的基础上形成的。而在幼儿早期阅读教育中应让幼儿掌握的阅读方法有很多，如拿书、翻书、指读、浏览查阅资料、使用工具书，及阅读时的思考、分析、归纳、总结等。这些方法转换为能力，即是认读能力、理解能力、评价能力、创造能力、记忆能力等等。

目标举例如下：

- 一页一页地翻书，说出一本书的组成部分及其不同功能。
- 有顺序地观察图书，逐一指认书本上的物体。
- 尝试"读出"熟悉的书面语言内容，能辨认周围环境中的一些印刷文字。
- 仔细观察画面细微的变化，能描述出作品的主要内容，并对书中的角色做一些评论。
- 懂得不同形式的印刷品可以用来表现不同功能的书面语言信息。
- 讲述听过的故事、诗歌、散文，能描述日常生活的情景，理解一些图案、文字、标志等符号的意义。
- 从封面图文了解该书的内容，通过目录较快地查找自己需要的内容、书页。
- 分辨常见图示、标记等符号代表的意思，并在实际生活中运用。
- 初步具有收集资料、捕捉信息和新闻、制作图书的能力。
- 理解图书上的文字是和画面对应的，是用来表达画面意义的。

（三）早期阅读教育情感目标

幼儿早期阅读教育中还有一个不容忽视的目标，那就是培养幼儿高尚的道德情操。一方面，因为幼儿所接触的阅读材料不是文字等符号的简单堆砌，而是人们立场观点、思想认识、审美情操的反映。这需要长期熏陶浸染、潜移默化。另一方面，幼儿在集体阅读时间、亲子阅读时间与同伴、教师、亲人分享与交流自己阅读的作品，也是一种非常重要的情感沟通。

目标举例如下：

- 注意倾听老师给全班幼儿念的故事。
- 喜欢阅读浅显的童话（寓言、故事），向往童话中美好的情境。
- 喜欢诵读儿歌（童谣和浅显的古诗），获得初步的情感体验，感受儿歌中语言的优美。
- 与同伴分享自己制作的阅读材料，从中获得成功的愉悦。
- 运用阅读知识主动与同伴交往。
- 用文字符号表现出自己所感知的生活经验、愿望。
- 想象阅读材料中没有表现的情节、对话与内心活动。

（四）早期阅读教育态度目标

浓厚的阅读兴趣、良好的阅读习惯和自主的阅读态度是幼儿早期阅读教育的重点目标。兴趣、习惯、态度在幼儿早期阅读教育中属于非智力因素，但却是影响幼儿早期阅读教育成败的重要因素。

幼儿早期阅读教育应当激发起幼儿广泛而持久的阅读兴趣，使幼儿产生通过书面语言获得信息的强烈的求知欲。但是，具有阅读的兴趣只是求知的开始，养成良好的阅读习惯才是幼儿早期阅读教育的最终目标。自主的阅读态度则是幼儿主体意识发展的具体表现，是幼儿以自己的感性和理性认识为依据形成自己判断的基础。

幼儿学习书面语言的兴趣培养，着重在帮助幼儿形成两种基本的阅读态度，一是热爱书籍，建立自觉阅读图书和其他阅读材料的良好习惯；二是乐意观察各种符号，对文字有好奇感和探索愿望。

目标举例如下：

- 主动要求成人讲故事读图书，感受阅读的乐趣。
- 专注地看图书，对图书中的文字符号感兴趣。
- 爱护图书，不乱撕乱扔图书，知道看一本书取一本书，看完后能将书放回原处。
- 喜欢与他人谈论图书和故事的有关内容。
- 喜欢观察周围生活中各类事物、现象，对情境中的标识、文字符号感兴趣，并知道一定的意义。
- 喜欢跟诵韵律感强的儿歌和童谣，感受语言节奏的快乐和语言游戏的滑稽等。
- 喜欢用自己的方式关注常用词的声母或韵母。
- 愿意将听过的故事讲述出来。
- 乐意将涂涂写写当成一种有趣的活动。
- 能集中注意力看阅读材料。

上述四类目标构成了幼儿阅读教育的整体目标。这些目标之间是紧密相关、相辅相成，而不是各自独立、截然划分的。它们都统一在幼儿阅读教育的活动过程中，根据儿童发展需要和活动特点来整合（见表6-1）。

表6-1　幼儿阅读教育的目标（参考）

项目	小　班	中　班	大　班
阅读技能目标	1. 知道书有封面、封底、名称 2. 知道书有图、有字 3. 会看单页单幅的图画，并能自言自语地讲述 4. 会按顺序一页一页地看书 5. 喜欢在成人帮助下自制图书 6. 能观察画面的主要内容	1. 知道图画书的书名，能熟练地按照阅读规则翻阅图画书 2. 假装阅读文字时，表现出从左到右、从上到下的阅读方式 3. 开始能根据成人的朗读点指所看到的文字 4. 开始能找到不同汉字中的一些相同部件，能发现象形字中的形象特征 5. 通过观察画面验证文字所传递的信息或自己的猜想 6. 能较为连贯地使用图面书中的语句叙述图画书中的主要情节	1. 能从封面图文了解该书的内容 2. 能通过目录较快地查找自己需要的内容、书页 3. 知道常见图示、标记等符号代表的意思，并能在实际生活中运用 4. 初步具有收集资料，捕捉信息、新闻，制作字典、词典的技能 5. 主动联系图文，并能找出自己认识的文字 6. 能根据图文提示完成某件事件

项目	小　班	中　班	大　班
认知教学目标	1. 知道简单的图示，标记、符号的意思 2. 能听懂别人的讲话和简单的指令。能理解阅读的大意 3. 运用简单句讲出阅读物的主要内容 4. 能理解常用词（主要是名词、动词、人称代词和形容词等） 5. 知道书店、阅览室是收藏阅读物和阅读的地方 6. 能记住简短的儿歌、诗歌、标志，如国旗、党徽	1. 掌握运用更多的名词、动词、形容词、数量词、代词，会使用副词和连接词 2. 知道说的话可以写成文字，写的字可以读成话 3. 能主动学认常见的文字 4. 能按顺序翻阅阅读物，独立地细看熟悉的感兴趣的图书 5. 能用完整的语句比较连贯地讲述阅读物的内容 6. 知道书店、阅览室分类藏着许多书 7. 能用日常生活中的简单符号标记解决简单的问题 8. 能看懂每幅图的具体内容，看出情节的发展	1. 掌握丰富的词汇，会用描述事物不同程度的形容词、常用的虚词 2. 知道书面语言和口语的不同表达方式 3. 清楚、完整、连贯讲述阅读内容 4. 会按规范的笔顺书写自己的名字 5. 知道借书、阅读图书的方法 6. 能理解阅读物的主题 7. 能想象阅读物中没有表现的情节、对话与内心活动 8. 能领会阅读物的情节与简单寓意 9. 能用文字符号表现出自己所感知的生活经验、愿望 10. 通过阅读材料了解我国多民族和世界其他国家
心理品质目标 阅读态度	1. 喜欢翻看图书 2. 对文字符号感兴趣 3. 知道不在光线暗的地方看书 4. 知道看一本书取一本书，看完后能将书放回原处 5. 不撕书、不卷书、不乱扔书 6. 喜欢听成人讲述和朗读阅读物的内容 7. 喜欢阅读材料中感兴趣的人或事，并试图去模仿 8. 感知文化的多样性和差异性，萌发民族自豪感	1. 愿意到图书角、阅览室 2. 对某本（类）图书表现出特别的兴趣 3. 懂得要在光线充足的地方看书 4. 懂得看书要保持正确的姿势和一定的距离 5. 爱护图书，能按一定的规则整理、叠放图书 6. 在成人指导下学习修补图书 7. 对阅读物的文字感兴趣 8. 能有意识地模仿阅读材料中角色的良好言行 9. 喜欢描画简单的图形，能有顺序地书写图案符号 10. 喜欢到书店、阅览室寻找读物。能集中注意倾听成人讲述和朗读阅读内容，理解书面语言	1. 经常主动要求到图书角、阅览室，喜欢借阅图书，购买图书 2. 喜欢发现生活中各种文字符号，并能主动地阅读 3. 对阅读文字感兴趣，喜欢用手指描字型 4. 知道不在直射的阳光下和光线昏暗的地方看书 5. 能自觉地保持正确姿势 6. 能用阅读材料中角色良好的言行规范自己的行为 7. 会独立分类，整理图书 8. 能主动修补标记、图书等阅读材料 9. 经常在不同的场合对阅读材料感兴趣。能观察到画面细微的变化 10. 能集中注意力看阅读物 11. 有观察周围生活中各类事物、现象的兴趣
社会性情感教育目标	1. 愿意向身边的人介绍阅读内容 2. 能用简短的语言表达自己的请求和愿望 3. 愿意向身边的人讲述喜欢的读物内容 4. 在成人的帮助下愿意与他人分享由阅读物带来的愉悦 5. 知道书是好朋友 6. 爱家庭、父母、亲人、老师 7. 能分辨明显的对与错 8. 喜欢学好的榜样 9. 对新鲜事物感兴趣 10. 喜欢与同伴一起玩 11. 能比较自己与他人的不同	1. 积极向别人介绍阅读内容 2. 能用完整的句子较连贯地讲述自己经历的事及阅读的内容 3. 愿意与同伴分享、共享阅读材料 4. 知道书的制作是很不容易的，应珍惜他人的劳动成果 5. 同情别人的悲伤与痛苦 6. 热爱周围的劳动者 7. 会简单评价与调整自己的行为 8. 爱提问，喜欢参加学习活动 9. 相信自己的能力，愿意去探索 10. 知道自己是中国人	1. 能主动热情地向别人介绍阅读内容 2. 能主动讲述阅读内容，并使用适当的词句、语调 3. 能用多种方法与同伴、成人交流阅读物 4. 能与同伴分享制作的阅读材料，从中获得成功的愉悦 5. 能运用阅读知识主动与同伴交往 6. 会给别人讲道理，简单评价行为与后果动机 7. 能理解别人的情感、关心他人 8. 有自信心和竞争意识 9. 爱讨论，尝试自己从书中寻找答案

三、早期阅读活动的源泉和内容

幼儿是用自己的感官和思想去认识社会中的成员和事物的，这些就构成了幼儿的认知经验和社会经验。当前早期阅读教育不仅仅局限于阅读图书和识字为目的，也不仅仅局限于成人发起的阅读识字活动，还应当包括幼儿发起的对周围的人、事、物的观察阅读行为，幼儿和成人共同发起共同参与的多种交流的早期阅读活动。

"全语言观"倡导从幼儿的身心发展特点和生活经验出发，以游戏的形式开展幼儿早期阅读活动，赋予幼儿自主操作、主动建构的机会，有助于幼儿更好地理解绘本内容，发展多元智能。从"吸引阅读兴趣"进而"引发主动学习"，让幼儿体会阅读的兴趣，在涂涂、画画、玩玩中，潜移默化增强表达能力、抒发情绪

因此，早期阅读的内容应当包括一切与书面语言学习有关的内容。而早期阅读内容来源于两个方面。

（一）来源于幼儿周围世界的内容

- 游戏中阅读

在游戏活动中，幼儿为顺利开展游戏，自己绘制图加文的游戏规则和流程图，并仔细阅读理解其意义的活动，如"幼儿园里的冬运会"中的开幕式流程图、运动项目简介。

- 生活中阅读

是指幼儿在生活中经常出现的并被他们观察发现的各种有趣的自然现象、社会现象等。如：种植、养殖、绿化活动中的发现；城市建设发展变化图片、展览、影像、雕塑等；城市建设与文化传承、环境保护中的故事传说、传统文化宣传、红色经典……都可以成为幼儿阅读的丰富内容。

- 环境中阅读

幼儿在拥有文字、图案、标识、影像等符号的环境中观察、认识并理解的活动。

（二）来源于相关的阅读材料的内容

- 专门的儿童图画书阅读

是指幼儿独自或与成人一起，依据图画书的内容进行的听读和讲述等系列活动。包括欣赏和讲述童话故事，跟诵和朗诵儿歌诗歌，阅读和理解科学知识、欣赏儿童散文，绘制图画书等活动。

- 儿童生活中常见的多维符号阅读

是指生活中代表各种实际意义的各种图案、文字、数字、标识等多种形式的符号类阅读材料。比如：男女卫生间标识；楼牌编号；熟悉的商品品牌图案，等等。

四、幼儿早期阅读的关键经验

幼儿的阅读经验包含三个方面，即前图书阅读经验、前识字经验、前书写经验。这些经验与幼儿将来要进行的系统学习是有根本的区别的。

（一）向幼儿提供前图书阅读经验

这里提到"前图书阅读经验"并不意味着只是利用给幼儿提供图书的方式来培养其阅读能力，而是要帮助幼儿学习积累若干具体的行为经验。包括"幼儿良好的阅读习惯的养成，阅读行为的获得，图画书等阅读材料概念的获得"。教师利用幼儿感兴趣的丰富多彩的图书来帮助幼儿学习阅读图书、培养阅读能力，同时一定要挖掘任何可供幼儿阅读的材料，如广告纸、说明书、菜单等生活中随手可得的东西，这些与生活紧密结合的材料同样能丰富幼儿的前图书阅读经验。

案例　幼儿要学习若干具体的行为经验

翻阅图书的经验：掌握一般的翻阅图书的规则和方法。

读懂图书内容的经验：会看画面，能从中发现人物表情、动作、背景，将之串联起来

理解故事情节。

　　理解图书画面、文字与口语有对应关系的经验：会用口语讲出画面内容。或听老师念图书，知道是在讲故事的内容。

　　图书制作的经验：知道图书上所说的故事是作家用文字写出来的，画家又用图画表现出来，最后印刷装订成书。幼儿也可以自己尝试做小作家、小画家，把自己想说的事画成一页一页的故事，再订成一本图书。

（二）向幼儿提供前识字经验

　　集中、大量、快速识字是幼儿进入小学阶段的学习任务，而不是学前儿童早期阅读的内容。但是在学前阶段，应在生活情境和阅读活动中引导幼儿自然而然地产生对文字的兴趣，通过有计划、有目的的早期阅读活动，可以帮助幼儿学习获得前识字经验，提高幼儿对文字的敏感程度。用机械记忆和强化训练的方式让幼儿过早识字，不符合其学习特点和接受能力。

　　早期阅读活动向幼儿提供的前识字经验主要有以下六方面的内容。

　　第一，知道文字有具体的意义，可以念出声来，可以把文字、口语与概念对应起来。如看到"花"字，知道读"花"并知道什么是花。

　　第二，理解文字功能作用的经验。如知道想说的话可以写成文字，写成信，可以寄到别人的手中，再转化成口头语言，别人会明白写信人的具体意思。

　　第三，粗晓文字来源的经验。初步了解文字是怎样产生的，又是如何演变成今天的样子的。

　　第四，知道文字是一种符号，并与其他符号系统可以转化的经验。如认识各种交通图形标志，知道各种标志代表一定的意思，可以用语言文字表现出来。

　　第五，知道文字和语言的多样性经验。知道世界上有各种各样的语言和文字，同样一句话可以用不同的语言和文字表达，不同的语言和文字又可以互译。

　　第六，了解识字规律的经验。在前识字学习中让幼儿明白文字有一定的构成规律，掌握这些规律就可以更好地识字。如汉字"木"字旁边的字大多与木有关，如森林、树木等。把握这种内在规则，会增加幼儿识字兴趣，有利于幼儿自己探索认识一些常见的字。

案例一

　　中、大班幼儿的按偏旁部首归类识字游戏。教师有意识地选择常见的有意义的偏旁：草字头、足字旁、三点水等，做成卡片贴在纸上或墙上，然后请幼儿将他们在报纸上、杂志上、广告纸上找到的带这些偏旁部首的字剪下来贴在相应的位置。

案例二

　　大班幼儿的成语识字。老师有意识地利用孩子对动物的兴趣，引导孩子去寻找带动物名字的成语，以此帮助幼儿获得关于文字符号的相关经验。例如，当幼儿找到狐假虎威、调虎离山等成语后，老师通过引导幼儿画出成语故事、讲成语故事、表演成语故事等方式，获得整合的识字经验。

案例三

　　在幼儿园公共地带或班级环境中用标记或图夹文的方式

图6-3　窗户上的画

图6-4　幼儿画"乘风破浪"

图6-5　幼儿画"草船借箭"

提醒儿童注意行为规范。

（三）向幼儿提供前书写经验

"前书写的核心经验不是孤立的，单一存在的，而应与实际的教育情景，儿童真实的学习兴趣，已有的生活经验，丰富的课程（活动）设计，以及丰富的教育环境为依据。"[1]尽管学前阶段不要求幼儿学习写字，但是通过游戏化的前书写活动帮助幼儿获得一些有关汉字书写的信息仍然必要，这有助于为幼儿进入小学以后正式学习书写做好准备。

例如：在日常生活中，鼓励幼儿将自己感兴趣的事情或故事画下来并讲给别人听，让幼儿体会写写画画的方式可以表达自己的想法和情感。在写写画画的过程中体验文字符号的功能，培养书写兴趣。

把幼儿讲过的事情用文字记录下来，并念给他听，使幼儿知道说的话可以用文字记录下来，从中体会文字的用途。

前书写经验学习内容的早期阅读活动为幼儿提供了解积累有关汉语文字构成和书写的学习机会。其主要内容有：

（1）认识汉字的独特书写风格；

（2）了解书写的最初步规则；

（3）知道汉字的基本间架结构，如汉字可以分为上下结构、左右结构等；

（4）知道书写汉字的工具，知道使用铅笔、钢笔、圆珠笔、毛笔的不同要求；

（5）学会用正确的姿势书写，包括坐姿、握笔的姿势等等。

案例一

幼儿在玩餐厅、小剧场等创游活动时，教师可帮助儿童设计用来订餐、订节目和节目价格、订表演服装等的订单，让儿童尝试用订单（田字格）填写相关内容，积累前书写经验。

案例二

在阅读区投放小本子和铅笔、钢笔、圆珠笔等不同的写字工具，鼓励儿童在阅读时尝试用笔和本子"记录"自己的问题和想法。

⭐ 五、早期阅读活动的形式

早期阅读教育活动有多种形式，教师在组织阅读活动时应根据幼儿的具体情况选择合适的内容

---

① 周兢.学前儿童语言学习与发展核心经验［M］.南京：南京师范大学出版社，2019

和形式。常见的阅读活动形式如下。

1.幼儿园阅读教育活动

幼儿园阅读教育活动是指在幼儿园内，教师通过观察孩子兴趣和能力，有目的、有计划地引导幼儿通过有趣的、图文并茂的阅读材料进行的阅读活动。比如：班级图书角阅读活动；教师组织的专门的阅读活动；一日生活中渗透阅读因素的活动；图书漂流活动；利用社会、自然环境的阅读活动；阅览中心的阅读活动；幼儿自发性的阅读活动。又如：班级在开展"汽车叭叭叭"的活动，根据幼儿的知识经验和阅读水平，在班级图书角投放了《各式各样的汽车》《汽车我知道》《有趣的轮子》等图片书，幼儿可在游戏和自由活动时，根据自己的需要，选择喜欢的内容阅读。

2.家庭阅读教育活动

在家庭中，成人根据幼儿的意愿，利用各类有趣的、图文并茂的阅读材料进行的阅读活动。比如：亲子阅读活动；邻里间交往性阅读活动；家庭外出的郊游、参观性阅读活动。

3.利用社会教育资源的阅读活动

在生活中成人带领幼儿利用图书馆、阅览室、道路两边、视听器械等开展的多样化的阅读活动。比如：社区阅读活动；图书馆阅读活动；随机性阅读活动（商标、广告、标志、新闻、报刊）；视听阅读活动。

第二节　早期阅读活动的设计与组织

一、充分利用教育资源，创设良好的阅读环境

幼儿今后的发展都与其早期语言和阅读学习能力、环境、条件有很密切的关联，幼儿在早期阅读中获得的经验是幼儿整体经验的一个有机组成部分。为幼儿提供一个宽松、舒适、全方位的良好阅读空间，有利于幼儿良好阅读品质的形成。

（一）早期阅读教育资源的利用

1.幼儿园内的资源

（1）班级提供的阅读材料，包括图书、画报、报纸、杂志等。

（2）班与班之间可相互交流的阅读材料。

（3）幼儿自制的阅读材料，包括幼儿自制图书、漫画、创编的故事、合作的班报以及其他自制的可供阅读的作品。

（4）园内可供幼儿阅读的自然、人工环境。

（5）园级的阅览中心（图书馆）、博物馆等。

2.家庭阅读资源

（1）家庭中的阅读材料。除了图书、画报、报纸、杂志外，还包括收藏品，如火花、邮票、古董、字画、门票等。

（2）家庭与家庭之间（邻里之间）可相互交流的阅读资料。

（3）在电脑、电视等多媒体活动中的阅读。

3.社区（会）阅读资源

（1）社区中的阅览室、橱窗提供的阅读材料。

（2）社区各单位团体中可利用的阅读环境和阅读材料，如社区小学的阅览室、中小学的实验室、单位团体的陈列室。

（3）商场、邮局、理发店、医院等的标记、标志、商标广告等。

（4）社区中的自然、人工环境（包括雕塑、警示牌、温馨提示等）。

（5）政府或个人修建的展览馆、博物馆、图书馆、标志性建筑等。

以上这些都可以成为幼儿阅读的对象，关键在于我们怎样去利用它们，挖掘它们的阅读价值。

（二）早期阅读环境的创设

教师在创设早期阅读环境的时候一定要注意提供丰富的阅读材料，而不仅仅是"书"。因此，这些丰富的阅读材料不仅仅出现在图书区，而且应当根据儿童发展的需要出现在儿童活动的各个区域。

教师在选择阅读材料应注意以下基本标准。

1. 内容方面

（1）是否是幼儿生活中的。

（2）是否是幼儿感兴趣的。

（3）是否对幼儿有启示作用。

（4）是否属于优秀的文化。

（5）是否涵盖认读教育、历史教育、文学阅读教育、自然常识教育、道德伦理教育等。

2. 种类方面

（1）动用多种感官的视听资料：磁带、幻灯片等。

（2）来源于周围生活的社会性资料：广告、符号、标志等。

（3）便于操作的活动性资料：文字拼图、图文接龙卡等。

（4）展示自我的幼儿自制资料：各类图书、自录录音带、标志、工具书、幼儿自己创编的故事等。

（5）生动有趣的象形资料（异形图书）：体现长颈鹿特征的"长形书"、教你怎样煎鸡蛋的"蛋形书"、描绘蚕的生长过程的"桑叶形书"等。

（6）起参考作用的工具资料：各种图文并茂的动物知识图典、交通工具知识图典、花卉知识图典、用具知识图典等。

（7）亲子活动资料等。

3. 形式方面

（1）材料的外观形式，是否色彩丰富、形状各异等。

（2）材料的操作形式，是否具有方便性、灵活性、可变性，是否刺激幼儿的多种感官，是否利于师生、生生、亲子共同活动等。

（3）构图画面美观，便于幼儿观察、想象。

4. 功能方面

（1）能提供大量的运用阅读基本技能的机会。

（2）能帮助幼儿理解阅读在现实生活中的价值。

（3）能激发幼儿与人交往。

（4）对幼儿今后的发展有潜在的积极影响。

资料

阅览中心的创设与活动开展

阅读氛围的营造

要吸引幼儿主动参与阅读活动，教师应努力为幼儿创设能引起幼儿兴趣，幼儿喜爱的阅读环境，营造良好的阅读氛围。

1. 选择明亮的采光好的环境，根据幼儿的喜好，布置成温馨舒适的、可地上坐、桌旁坐、可集体阅读、又可单独阅读的环境。如花园式图书角、海底世界图书区……让幼儿在此自由惬意地享受阅读的快乐。

2. 制定必要的规则。如安静阅读不影响他人，按标记取放图书，不争抢图书，爱护图书，正确使用借书卡的规则等，养成幼儿良好的阅读习惯。

3. 鼓励幼儿相互交流，记录问题，引导幼儿喜爱阅读图书，愿意到图书中去查找资料寻求解决问题的答案。

4. 设置新书广告栏，幼儿自制图书栏，不断吸引幼儿关注阅读活动。

幼儿阅读材料的投放

除了遵循选择幼儿阅读材料的一般性原则，即主题正确、内容健康、数量充足、安全卫生外，为了满足幼儿多方面的需要，还应注重以下三方面的问题。

1. 选择阅览资料时，注重内容与幼儿生活经验有关，一般是情节文字简单、图文并茂，并且让幼儿有发挥创造力和想象力的机会。

2. 将资料按大中小不同年龄班幼儿的需要相对分开摆放。每一区中又根据不同资料种类摆放。例如，图书类、自制图书类、其他资料类等，而每一类中又可视其具体内容再分放。例如，图书类中又可分童话、儿歌等。不同年龄班的资料区用形象生动有趣的标志表示出来，以便幼儿很快查找到。

3. 按不同年龄班幼儿身高特点布置资料区，使每个幼儿取放资料既安全又方便。

4. 0～3岁儿童的阅读材料应注意选择容易消毒（日晒、消毒液清洗、搓洗等）的布书、卡片、或画面局部可感知触摸的阅读物。

二、不同类型早期阅读教育活动的设计与指导

幼儿阅读行为的形成，起点是对语言符号（文字）的识记和积累，而阅读能力的提高则要靠丰富的阅读实践和掌握一定的阅读技巧。因此，要发展幼儿的阅读水平，提高早期阅读教育活动设计组织与指导质量是关键。在这一过程中，既要遵循幼儿阅读的特点，又要把握住早期阅读活动的类型。关键是教师必须树立正确的早期阅读教育观，根据幼儿发展的需要，以四类目标为引导设计组织相应的活动。

我们认为，在早期阅读活动的指导过程中教师必备的观念是：幼儿园的每个教师都是"阅读指导者"；幼儿园的许多教育和生活活动都蕴含着阅读教育；早期阅读教育要将听、说、读、写（画）能力结合起来；阅读活动类型多种多样，不同的阅读活动具有各自不同的目的。因此，要让教师有效地指导早期阅读活动，必须明确早期阅读活动的类型。

（一）早期阅读活动的类型

根据阅读训练的目的不同可分为认知性阅读、理解性阅读、鉴赏性阅读、批判性阅读、浏览性阅读、查阅性阅读、参考性阅读。

根据阅读在幼儿园一日活动中的不同渗透可分为生活活动中的阅读、语言活动中的阅读、艺术活动中的阅读、社会活动中的阅读、亲子活动中的阅读、数学活动中的阅读、科学活动中的阅读、游戏活动中的阅读、体育活动中的阅读等等。

根据早期阅读活动所处的空间不同可分为幼儿园阅读教育活动、户外阅读教育活动、家庭阅读教育活动。

（二）早期阅读活动的设计与组织

如前所述，早期阅读活动是有计划、有目的的教育活动，在实施早期阅读教育活动时，怎样促使幼儿生动活泼地参与早期阅读学习，这是早期阅读教育的一个重点。从狭义的阅读来讲，一般来说，幼儿园早期阅读活动可按以下五个步骤进行设计和组织。

幼儿自己阅读。在阅读活动开始时教师首先创设让幼儿自己阅读的机会，让幼儿自由地"接近"阅读活动的内容，观察认识阅读对象，获得有关的信息。让幼儿自己阅读并不意味着教师可以撒手不闻不问，而是要更巧妙地起到引导作用。可以说，幼儿是在教师的具体指导下开始观察认识活动的，教师可以用提问的方式，用问题引导幼儿的思路，提出观察的要求，提示他们观察认识的途径，或以操作演示等方式引导幼儿完整地、安静地阅读。

教师与幼儿一起阅读。在幼儿自己阅读之后，教师可视具体情况选择小组或集体的形式，带领幼儿一起阅读。其目的是在幼儿自己观察认识接触到的书面语言信息的基础上带领幼儿进一步学习理解这些书面语言信息。在这一环节中，教师可按照自己的理解和设想，将要求幼儿掌握的书面语言知识信息贯穿到阅读的过程中去。教师的作用在于帮助幼儿明确此次阅读的内容，并正确地掌握书面语言的信息。

围绕阅读重点开展活动。每次阅读活动均有一定的重点，事先教师应做到心中有数。在师幼共同阅读后，教师可以多种形式组织幼儿围绕阅读重点开展活动，如讨论、表演、游戏、再创造等，着重帮助幼儿深入地掌握学习内容和正确的学习方式，加深对所学内容的印象。

归纳阅读内容。归纳阅读内容是总结性的活动环节，它的主要作用在于帮助幼儿巩固消化所学的内容，是整个活动中不可缺少的组成部分。归纳阅读内容方式有多种，如游戏式、对话式、竞赛式、展示欣赏式等。教师在归纳总结时还应注意激发幼儿主动参与的积极性，对幼儿未能掌握的问题，以巧妙的方式引导幼儿发现它们，并继续思考学习。

阅读活动的延伸。延伸活动的目的是保持幼儿的学习兴趣，帮助幼儿在生活中应用。延伸活动可以在区角中进行，也可以在日常生活活动或其他教育活动中开展，还可以在家庭亲子活动中实施。

（三）早期阅读教育活动的指导要点

1. 幼儿园阅读活动的指导

作为早期阅读教育的指导既要合乎幼儿学习的基本规律，又不能对不同的幼儿、不同的活动用同一个模式、同一种方法。应该在注重实践活动和活动中的师生互动、亲子互动、生生互动的阅读教育活动指导大前提下，重视以下早期阅读教育活动的指导要点。

（1）尊重差异——为每个孩子提供合适阅读的环境。

环境可以是教师为本次教育活动特意创设的，也可以是利用班级环境的游戏活动区、幼儿园内的活动环境等。

根据不同幼儿的需要及阅读特点，教师可采用自然阅读等指导方法，让幼儿在丰富多彩的阅读情景中，通过自己的感官，产生阅读兴趣和求知欲，主动地去阅读。例如，班级图书角、各活动区材料、阅览中心、书城、提问问题箱、供应图片、卡片、拼图等，让幼儿按照自己的意愿和方法去阅读、去探索。

（2）激发兴趣——让每个孩子尝到阅读带来的快乐，对阅读产生浓厚的兴趣。

兴趣是最好的老师，激发兴趣是最重要、最有效的指导之一。应当常常利用不同的情景来激发幼儿的阅读兴趣，如问题情景、材料情景、故事情景、场地情景（书店、图书馆）等。因此，教师可采用情景教学法，根据教育目标和内容，设置或选择一定的情景，通过情景感染提出问题，引导幼儿对问题进行思考，激发学习兴趣，掌握知识，达到目标。

还可采用图文对照法，在活动中采用文字与图意对应，依字配图，有图就有字，图文并茂，图词搭配，依图组句，适合幼儿形象思维的特点，诱发幼儿学习兴趣，发展幼儿观察力和想象力。

另外，还可采用竞赛法、演示法等提高幼儿兴趣。教师在组织教学活动中，将幼儿分成几组，采用竞赛的方法，提高幼儿参与活动的积极性。比如，分组竞赛找标记、抢答等；教师利用图片、图画、挂图、视听和范品进行演示，让幼儿从范品中对事、人、物获得感性认识。

（3）促进交流——使每位教师、家长和幼儿自己投入到阅读活动的指导过程中。

阅读能力的提高是在不断的交流和交往活动中完成的。这样的活动包括教师引读、师幼共读、幼儿自读、亲子阅读、幼幼同读等。

在师幼共读、教师引读活动中，教师可采用讨论等方法，幼儿根据教师提出的问题，在集体中相互交流个人的看法，相互启发，相互学习。使幼儿能积极参加教育活动，以小组为宜，让每个幼儿都有表现的机会。

在幼幼同读中，可采用"本班交流""跨班级交流"的形式，即在实施早期阅读教育的过程中，不仅本班幼儿可以相互交流，还可引导大班幼儿将自己制作的阅读材料（如结构图、自制图书等）带到中、小班去，既可以由大的孩子带领小孩子阅读，也可以让小孩子自己阅读这些材料。这种跨班级的阅读活动加强了幼儿之间的交流。

（4）鼓励应用——与幼儿的生活紧密联系，在幼儿的生活中去运用。

幼儿的阅读过程实际上是一个积累过渡的过程，它积累的是生活经验，运用的是阅读综合技能，发展的是终身学习的能力。因此，教师可采用自然阅读法等。如带幼儿去春游、野炊时，可引导幼儿根据自己的观察理解，给农作物挂上自己设计、制作的爱护植物的提示或环保标志。这实际上也是一种阅读活动。

让幼儿在活动中自己选择阅读材料、阅读的方式、阅读的伙伴，因此幼儿能主动思考和运用，充分发挥他们的主体性。

活动设计一　阅读活动：我爸爸（大班）

活动目标：
1. 仔细观察图片，理解图书内容，感知爸爸的特点，体验作品的幽默、有趣。
2. 尝试用"像……一样……"的句式描述自己的爸爸。

活动准备：
PPT、自制幼儿用书15本、字卡（快乐、强壮、高大、柔软）

活动过程：
一、引出阅读主题、共同阅读图书第一页
1. 教师放PPT，出示图书的封面。

提问：这是这本书的什么地方？（封面）你怎么知道的？

封面上除了有书名、作者以外，还有什么？（故事的角色、与内容有关的图）

对，这就是《我爸爸》这本书的封面。这本书的作者是一位英国人，叫安东尼·布朗。我们可以亲切地称他为"布朗先生"。布朗先生的爸爸是一个什么样的爸爸呢？我们一起来看图书的第一页。

2. 共同阅读第一页。

提问：这就是爸爸，他长得怎么样？（引导幼儿从外貌、穿着、动作进行描述）

你觉得他会是一个什么样的爸爸？（胖乎乎的、有力气的……）

我们一起来听一听布朗先生是怎么说的？（这是我爸爸，他真的很棒！）

猜一猜，爸爸在哪些地方很棒呢？

二、幼儿独立阅读、大致了解图书内容

幼儿自己阅读小书。阅读后发表自己的看法：书中哪一些画面给你留下了非常深刻的印象。说出是在第几页看到的。

三、师生共同阅读，进一步理解图书内容
1. 看PPT（五幅图），了解爸爸的性格特点。
2. 看PPT（三幅图），理解爸爸和动物的联系。学说："爸爸像……一样……"
3. 看PPT（各两幅图），学习汉字并运用词语：强壮、快乐、高大、柔软；尝试说"像……一样……，也像……一样……"

4.看PPT（图书所有图）：完整理解故事内容，并共同进行阅读。

5.看PPT（最后一幅图）：爸爸在做什么？布朗先生说："我爱他，而且你知道吗？他也爱我，永远爱我……"什么叫"永远"？爸爸为什么会永远爱孩子呢？

四、师生完整阅读图书

完整讲述图画书，进一步理解故事内容。

五、延伸活动

你也来像布朗先生一样，说说你的爸爸。（尝试用像……一样……的句式表达）

活动评析：

活动选材分析：《我爸爸》是一本关于父爱的最具感染力的图画书，图书中简短的文字、温暖的画面，不仅能让孩子被故事中的爸爸所吸引，在引导孩子阅读、理解的过程中，发现自己爸爸的特点，加深对爸爸的了解，从而进一步激发出对爸爸的情感。这个绘本很适合大班孩子阅读。

但是，图画书本身的内容较多，在一节活动中不可能全部阅读完，教师结合班级幼儿的现状对素材进行了适当的修改，选择了故事中一些贴近幼儿生活、易于理解的内容。同时，教师有意识地在画面中增加了一些符号，如音符、箭头等，让幼儿了解一些标记和符号所表达的意思，并尝试在生活中运用。

活动过程设计分析：活动中教师和孩子一起从初步阅读（激发兴趣）——泛读（了解故事大意）——精读（有重点地阅读，对典型画面的阅读、分析），一步步地引领孩子理解故事人物角色特征和作者想表达的情感，很好地遵循了早期阅读活动的特点。同时，在阅读过程中将不同类型的阅读结合起来（阅读符号、阅读文字等）和听、说、读、写，给了孩子多方面的阅读信息。

（此案例由成都金苹果新蒙特梭利幼儿园提供。点评：谢乔；执教：向晓燕）

活动设计二　阅读活动：糊涂熊队划不快（大班）

活动目标：

1.认真观察画面，猜测故事情节，大胆分析，敢于表达自己的想法。

2.在阅读绘本和参与游戏的过程中，理解奥运团结精神，体验齐心协力的重要性。

活动准备：

物质准备：教学PPT；自制幼儿用书、画笔、白纸；黑板。

经验准备：幼儿有分组讨论和分工记录的经验。

活动过程：

一、观察画面，引出故事情节

1.引出话题，了解背景。

师：今天是森林里一年一度的赛船大会，你们知道"赛船大会"是干什么的吗？

小结：这样的比赛一年只有一次，所以所有的参赛选手都希望能赢得比赛，捧起奖杯。

2.猜测结局，说说理由。

师：看看今天都有谁来参加赛船大会。

分别出示熊队和老鼠队，引导幼儿对比观察两个队伍之间的不同。

师：你觉得熊队和老鼠队谁有可能获胜？为什么？

提示幼儿用完整的句子表达：我觉得××队会赢，因为……。

小结：你们都有自己的猜测，有自己的理由，我们来看看到底哪支队伍赢了赛船比赛。

二、自主阅读，初步理解故事

1. 出示图片，激发兴趣。

出示老鼠队获胜的图片，引发幼儿兴趣。

师：你们猜对了吗？瘦瘦小小的老鼠队怎么会赢呢？

2. 幼儿自主阅读，寻找答案。

师：请小朋友们认真阅读故事内容，寻找老鼠队赢的原因和熊队输的原因。

三、小组交流，自主表达观点

1. 分组交流，梳理原因。

师：你们找到老鼠队赢的原因和熊队输的原因了吗？

师：请你们分组分享你发现的老鼠队赢的原因和熊队输的原因。

2. 每组的发言人到前面分享讨论的结果。

四、师幼共读，深入理解故事

教师带领幼儿共同观察画面，看熊队和老鼠队划船的过程细节，理解老鼠队获胜的原因在于齐心协力。

1. 看看熊队是怎么划船的。

提示幼儿用"一会儿……一会儿……"的句式表述自己的发现。

2. 看看老鼠队是怎么划船的。

师：五只老鼠是怎么划船？有几只老鼠在划船？观察船桨的方向。了解1号老鼠在队伍中的重要作用。

3. 看结局。

老鼠队获胜捧起了奖杯。老鼠队是怎么赢的？为什么？让幼儿感受到团队齐心协力的重要性。

五、完整欣赏，感受故事的乐趣

1. 教师介绍故事名称"糊涂熊队划不快"，播放PPT完整讲述故事。

2. 链接经验，为游戏比赛做准备。

师：这样的熊队，下次比赛有可能获胜吗？如果是你们参加赛船比赛，怎样才有可能获得胜利呢？

六、延伸活动：游戏体验，理解主题思想

1. 幼儿五人一组。

2. 讨论：怎样才能获胜？

3. 划船练习和比赛游戏。通过游戏理解团队齐心协力的重要性。

活动评析：

选材分析：绘本《糊涂熊队划不快》通过鲜明的形象对比、清晰的情节发展、夸张的角色对白，给孩子们呈现了一个有趣又有教育意义的故事。熊队有强壮的身体、有力的手臂、结实的船桨、牢固的小船，可是他们却被身材瘦小的老鼠队打败了。故事里透露出熊队的懒惰和不团结，老鼠队团结且分工明确。老鼠队在团队的合作下赢得了比赛，说明团队齐心协力和分工合作的重要性。

大班是培养幼儿分工与合作的重要阶段，幼儿可以在本次阅读活动中了解分工合作的重要性，初步习得分工合作的技能。同时，为了让阅读活动变得更有趣，教师调整了绘本内容的顺序，提前让幼儿知道出乎意料的结果，埋下能激发幼儿阅读兴趣的种子，让幼儿带着兴趣去阅读。

活动过程分析：教师通过埋伏笔、自主阅读、小组交流等方式，给幼儿创设有趣、自主的阅读环境，让幼儿在轻松、愉快的氛围中学习阅读；通过给予幼儿对绘本自主观察与评判的空间，让幼儿有机会大胆思考和表达自己想法的机会，让幼儿在创造中学习阅读；通过将图画书中的情境内容转化为幼儿游戏场景，让幼儿更好地理解阅读内容，在游戏中学习阅读。

（此案例由四川省成都市新津区五津幼儿园提供。执教：沈瑶）

活动设计三　　阅读活动：是谁嗯嗯在我头上（中班）

活动目标：
1. 仔细观察画面，尝试大胆猜测故事情节，理解故事内容。
2. 感受故事的趣味性，体验阅读的乐趣。

活动过程：

一、封面导入，引起阅读兴趣

师：今天我给大家带来一本书，瞧，这是这本书的封面，封面上有谁？（一只小鼹鼠，今天它就是我们故事的主角）小鼹鼠头上有什么？（小鼹鼠给便便取了个好听的名字叫嗯嗯）小鼹鼠心情怎样？

过渡句：到底谁嗯嗯在小鼹鼠的头上呢？发生了什么事呢？让我们一起来看看小鼹鼠带来的这个故事《是谁嗯嗯在我的头上》。

二、集体阅读，铺垫经验

1. 集体阅读1～2页（逐页出示），了解故事起因。

师：有一天，小鼹鼠开心地从地上伸出头来，突然从天上掉下来一个东西，是什么、像什么？

小结：原来一根长长的像××似的嗯嗯从天上掉下来，恰好掉在小鼹鼠的头上。

师：小鼹鼠刚才还很开心，这会儿心情怎样？他又会说什么呢？（请幼儿学一学小鼹鼠）

过渡句：这会儿小鼹鼠很生气，它会怎么做呢？

2. 逐页阅读第3～4页，初步尝试描述画面信息，教师贯穿书中书面语言。

师：它遇到了谁呢？它会对鸽子说什么呢？

师：那是不是鸽子嗯嗯在小鼹鼠的头上呢？为什么？（请两位幼儿回答）

小结：鸽子的嗯嗯是又湿又黏的白色嗯嗯，和小鼹鼠头上的嗯嗯不一样，所以不是鸽子嗯嗯在小鼹鼠的头上。

三、自主阅读，初步了解故事内容

提出关键问题，引导幼儿自主阅读，教师巡回指导。

师：那到底是谁嗯嗯在小鼹鼠的头上呢？小鼹鼠又会发生哪些有趣的事情呢？接下来就让我们带着这个问题一起看看这本书。（强调阅读习惯与规则）

四、分享交流，借助线索图，进一步理解故事内容

1. 幼儿分享故事内容，引导幼儿解读画面关键信息。

师：你觉得哪页最有趣？为什么？它还碰到了谁？谁来分享不一样的画面。

小结：小鼹鼠找了这么多的小动物，都没有找到是谁嗯嗯在它的头上。

过渡句：你们有没有什么好办法帮帮小鼹鼠？

2.出示结尾部分，幼儿讨论，理解难点画面。

（1）幼儿讨论：是谁嗯嗯在小鼹鼠的头上呢？它是怎样发现的呢？

（2）互动交流，教师小结：原来是苍蝇帮助小鼹鼠找到了答案：是狗嗯嗯在它的头上！

过渡句：那小鼹鼠找到大狗，它会做什么呢？

3.出示狗的图片，突出故事的有趣。

师：睁大眼睛，你们看到了什么？小鼹鼠是怎么做的呢？

小结：原来小鼹鼠也跑到大狗的头上拉了一个小小的、黑黑的嗯嗯。

师：你们觉得这个故事怎么样？这真是一个有趣的故事，现在就让我们戴着这些头饰到外面去演一演这个有趣的故事吧！

活动评析：

一、选材分析

此绘本故事以疑问"是谁嗯嗯在我的头上"作为书名，既符合故事线索又能调动阅读者的兴趣，书名中的"嗯嗯"更是一个点睛之笔，易引发幼儿猜测，提升故事的趣味性。同时故事围绕幼儿眼中有趣的内容"嗯嗯"展开，首尾相连，以小鼹鼠去找寻不同动物为线索，很好地将幼儿带进了故事情节中，且画面细节与整体设计等符合幼儿的阅读视角。故事主角小鼹鼠在追查是谁"嗯嗯"在他头上的过程中，了解了不同动物的粪便，画面中的小鼹鼠的动作、表情等画面细节与故事情节有着紧密的联系；同时故事中重复句式与"像什么"等书面语言，具有一定的教育价值。

二、活动过程设计分析

本次活动设计分为五个环节，第一个环节观察封面，引起阅读兴趣；第二环节，集体阅读，理解故事起因，铺垫经验；第三环节，自主阅读，初步了解故事内容；第四环节，交流分享，进一步理解故事内容，解读难点画面，理清故事线索。整个活动过程始于封面的"激趣"，到之后铺垫经验，再运用新经验，层层递进；整个活动过程中采取了师幼共读、自主阅读、幼幼共读的阅读形式，满足了幼儿阅读的兴趣，初步培养了幼儿的阅读理解能力与阅读策略；其次采取思维导图的方式，帮助幼儿理清了故事情节，加深了幼儿对故事的理解。

（此活动案例由四川省成都市新津区五津幼儿园　沈瑶、张苗设计）

2.对家庭亲子阅读活动的指导

（1）直接指导。直接指导有以下四种方式。

定期培训：用家长座谈会、家长在学校的时间，使家长全面了解早期阅读教育的目标、途径、内容与方法，使家长明确幼儿早期阅读对其发展的重要性。

小组指导：这主要针对亲子阅读中普遍存在的问题利用接送孩子的时间进行小组辅导。

材料展示：阶段展示孩子的阅读材料，让家长了解幼儿在园的阅读情况，拓宽家长对孩子进行阅读教育的思路。

经验交流：组织家长进行家庭阅读经验交流，丰富家长教育孩子的方法。

（2）间接指导。利用家园联系栏、家长信箱或家长开放日、印发阅读资料等方法帮助家长了解和学习家庭教育经验。

（3）个别指导。由于幼儿的阅读兴趣、习惯、态度和能力各有差异，为收到最佳的教育效果，使每个幼儿都能有所发展，可针对不同的家长作具体的个别辅导。如教给家长观察自己孩子的方法，以便其针对自己孩子的情况采取相应的方法；根据亲子阅读中不同的阅读情况由教师写留言或评语；指导家长共做亲子活动材料，如制作不同主题的"我们自己的书"等等。

第三节　早期阅读教育活动的评价

早期阅读教育活动评价是以早期阅读教育活动为对象，对其效益给予价值上的判断，从而改进活动本身。评价活动的过程中必然要涉及早期阅读教育活动的目标的达成度，活动过程中幼儿的表现，教师的组织、指导以及阅读环境的创设等（见表6-2）。

要全面、科学、有效地评价早期阅读活动，还应注意以下三方面问题。

1. 评价目的的发展性

即强调阅读活动对幼儿发展的价值，评价重视的是阅读活动过程中幼儿的情感体验和经验积累，以动态的眼光看待幼儿阅读能力的发展和变化。

2. 评价方法的参与性

即重视幼儿、家长的参与和意见，不要过分强调测定的数据而应重视对收集的资料进行分析，将评价与指导家长和幼儿相结合。重视幼儿家长的参与意见，对结果做科学解释，慎重处理。不以简单的数据下结论，注意评价结果处理的慎重性。

3. 评价内容的综合性

重视从早期阅读教育的各个方面立体评价和层次评价。对不同的幼儿，我们提出了最基本的三层次评价标准：

A. 运用特定知识解决已知问题的能力——基础性能力——养成阅读的习惯

B. 运用特定知识解决新问题的能力——适应性能力——学会阅读与学习

C. 自行选择某种技能和方法解决新问题的能力——创造性能力——通过阅读学会发展

表6-2　大班幼儿自主阅读观察量表（参考）

观察指标	观　察　要　点	
自主阅读习惯	1. 熟悉图书结构，会关注封面、封底、环衬、扉页的画面，会一页一页地翻阅图书 2. 喜欢倾听别人讲述和朗读故事内容 3. 能积极主动地翻阅图书，愿意与别人分享图书 4. 喜欢阅读活动，每天坚持5～10分钟的阅读，阅读时非常专注	
自主阅读能力	1. 感知图画和文字，能将口头语言与书面语言对应	（1）看到书面文字的时候能够根据字数和字形把他听到的口语字词对应起来 （2）能用书面语言清晰、连贯地叙述图画书内容 （3）较为完整、清晰地使用图画书中的词语、语句叙述图画书的内容
	2. 对书面语言的视觉感知辨别的能力	（1）了解文字功能和符号的意义，知道文字符号能够表达一定的意义，知道文字有记录作用，理解文字与符号、口头语言之间的一一对应的关系 （2）知道文字与图画和其他视觉符号是有区别的；文字是有一定的结构，是方块形，并能分辨符号、图像和文字 （3）知道从左到右阅读文字；能够根据字数和字形结合图画进行猜想，并能关注文字字形的差别，猜测文字的字音 （4）能够运用符号或者简单的汉字进行有间隔的记录和表达
自主阅读策略	1. 能够准确地解释图画书主角出现的行为、状态的原因 2. 会在阅读后模仿图画书中的主角或主要人物相似的行为 3. 会结合自己的生活经验和兴趣、想象，采用讲述、图画或图文结合、自创符号的方式表达自己的想法，或者续编、创编故事情节 4. 会表达自己对图画书的喜好，能找出图画书中有趣、有意思或比较奇怪的地方，并能记住页码 5. 能对图画书的主角或主要人物特征进行自己的评价，并能说出自己的理由 6. 能够运用自己的读图经验进行合理的联想和推测、表达	

　　阅读教育是一个文化传承过程，它必然涉及对优良传统教育的继承和发扬。我们倡导在现代信息化的社会中，让幼儿在丰富的阅读内容（材料）中体验多元文化、古今文明；让教师在活动的组织过程中培养幼儿的阅读兴趣，帮助幼儿掌握正确的阅读技能、阅读方法，养成良好的阅读习惯，为幼儿进入小学学习奠定良好的基础。

思考与练习

1. 请逐一分析本章节所提供的案例体现了阅读活动的哪些特点。
2. 请根据早期阅读四类目标的基本要求各设计2～3条阅读目标。通过小组交流和讨论后筛选出若干范例目标。
3. 请设计一个能丰富幼儿前阅读经验的教育活动，并说明设计的理由与意图。
4. 举例说明你是怎样理解与实施幼儿阅读能力评价的。
5. 请为不同年龄班幼儿的阅读活动设计过程评价表。
6. 结合教材和你收集的相关资料，列表综述各种"早期阅读"活动，体现差异和价值。
7. 查阅教育部《幼儿图画书推荐书目》，分别选择2～3本传统文化、红色经典类图画书，对照早期阅读四类目标，设计适宜的阅读活动。

学前儿童语言教学游戏

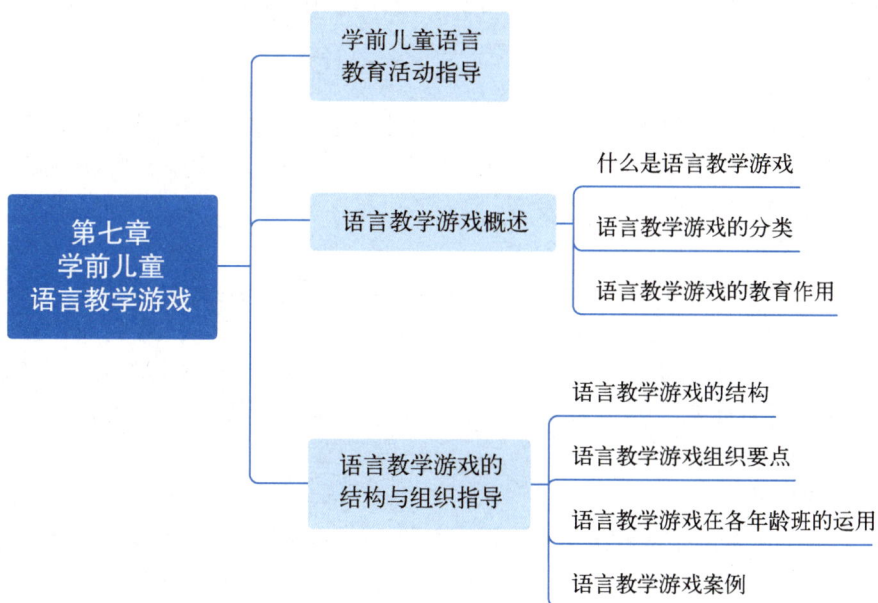

```
                          ┌─────────────────┐
                          │ 学前儿童语言      │
                          │ 教育活动指导      │
                          └─────────────────┘

                                              ┌──────────────────┐
                                              │ 什么是语言教学游戏 │
                                              └──────────────────┘
  ┌──────────┐          ┌─────────────────┐  ┌──────────────────┐
  │ 第七章    │          │ 语言教学游戏概述 │  │ 语言教学游戏的分类 │
  │ 学前儿童  │          └─────────────────┘  └──────────────────┘
  │ 语言教学游戏│                              ┌──────────────────┐
  └──────────┘                               │ 语言教学游戏的教育作用│
                                              └──────────────────┘

                                              ┌──────────────────┐
                                              │ 语言教学游戏的结构 │
                                              └──────────────────┘
                          ┌─────────────────┐  ┌──────────────────┐
                          │ 语言教学游戏的   │  │ 语言教学游戏组织要点│
                          │ 结构与组织指导   │  └──────────────────┘
                          └─────────────────┘  ┌────────────────────┐
                                              │ 语言教学游戏在各年龄班的运用│
                                              └────────────────────┘
                                              ┌──────────────────┐
                                              │ 语言教学游戏案例   │
                                              └──────────────────┘
```

学习要点

● 语言教学游戏的特点、作用、分类。
● 语言教学游戏的组织与指导。

第一节 语言教学游戏概述

一、什么是语言教学游戏

1. 语言教学游戏的含义

有规则游戏也叫教学游戏，包括智力游戏、音乐游戏、体育游戏。

语言教学游戏是智力游戏的一种，是在教师组织指导下以发展语言为主要目的的一种有规则游戏。

将游戏的形式与发展语言的任务相结合，可以提高学前儿童学习语言兴趣，真正达到"游戏教学化，教学游戏化"的目的。

2. 语言教学游戏的特点

因为语言教学游戏属于智力游戏，而智力游戏是有规则游戏的一种，所以语言教学游戏具有其属概念的一切特点。

（1）有明确的语言教育任务。

每一个语言教学游戏都包含着对语言学习的具体要求，是教师为了实现语言教育的目标选择（设计）组织的游戏活动。例如，小班幼儿"g""k""h"不分，教师选择"买图片"的语言教学游戏，就是为了帮助小班幼儿学习正确的发音。

（2）有一定的规则。

游戏的规则是对游戏中被允许的和被禁止的某些特定活动的规定。规则是为实现语言的教学任务而定的，是游戏者在游戏中必须遵守的。游戏的规则可以提高游戏的趣味性，促使游戏者在游戏中付出一定的努力。例如，在小班"买图片"游戏中规定，幼儿必须正确说出自己要买的图片名称，才能得到图片，如发音不正确，则要请其他小朋友帮助，重新发音正确后，再得到图片。

（3）有一定的结果。

理想的语言教学游戏的结果就是达到该语言教学游戏的目的。成功的游戏结果，既是语言提高的标志，又可以激发幼儿继续游戏的积极性，是教师在组织游戏中应该追求的。

二、语言教学游戏的分类

语言教学游戏是以培养幼儿倾听和口语表达能力为主要目标的教育活动，称之为"听说游戏"，一种是以"听"为主的游戏，另一种是以"说"为主的游戏。但是，在儿童学习语言时，"听"和"说"是相互依存、共同发展的，只是在一个具体的游戏中发展的侧重点不同。按照语言教学游戏对儿童语言发展作用的主要方面，可以将语言教学游戏分为以下不同类型。

1. 语音游戏

《纲要》中语言教育目标第五条明确指出：幼儿应达到"能听懂和会说普通话"。在幼儿初期，大多数幼儿的发音存在着一些发展中的问题，而学前期又是语音习得的关键期，所以对学前儿童进行语音教育既有必要又是可能的。

语音游戏是以练习正确的发音和提高辨音能力为目的的游戏。形式和结构比较简单，在游戏中可以练习各种基本发音，也可以重点辨别和练习某一年龄段或某一地区难发的或容易出现错误的语音，以便使儿童在没有太大压力的游戏中学会辨音和发音。语音游戏又可细分为听音、辨音游戏和发音游戏。

（1）听音、辨音游戏。

准确地区分语音的微小差别，尤其是区分相似、相近的语音，发展儿童的言语听觉，是儿童正确发音的前提，利用游戏发展学前儿童的言语听觉是一个行之有效的方法，游戏可以帮助学前儿童听懂普通话，辨音、辨调、理解指令要求。

参考游戏

帮妈妈买东西（小班）

【游戏目的】能分辨"j""q""x"相似的字音；听清指令，并按指令做事；发展幼儿的注意力和记忆力。

【游戏准备】游戏前将活动室的一角布置成娃娃家，一角布置成自选商场；商场内放有小鸡、小旗、小溪等带有"j""q""x"声母的卡片若干张。

【游戏玩法】教师扮演妈妈，幼儿扮演孩子。妈妈说："孩子，妈妈请你帮忙去商场买几样东西。听好了：去买三张小旗卡片、一张小鸡卡片，记住了吗？"孩子根据指令去自选商场购物。购物完毕回到妈妈身边，妈妈检查是否完成任务。如拿错，妈妈可以再重复一次指令，让孩子重新买一次。

【游戏规则】必须按妈妈的要求买东西；指令只说一次，如买错也只有一次改正机会；旁观幼儿不可提醒。

备注：该游戏可以根据儿童的个体差异布置不同难度的指令；也可以将听音与发音练习相结合，当孩子购物回来，要告诉妈妈他买了些什么物品。

（2）练习发音的游戏。

清楚、正确的发音是运用口语进行交际的必要条件，发音准确是语音学习的最基本要求，学前儿童发音不准主要有两个原因：一是发音系统发育尚未完成或发音系统有缺陷，二是受当地方言的影响。教师有必要掌握本地区语音与普通话语音的区别，再结合幼儿本身的发音特点找出本地区儿童普遍感到困难和容易发错的音，确定语音游戏的内容，进行针对性的练习和指导。

参考游戏

顶锅盖（中班）①

【游戏目的】能发准"盖、怪、菜"等容易混淆的音；学习集中注意力倾听。

【游戏准备】幼儿对菜肴名有一定的积累。

【游戏玩法和规则】

1.教师带领幼儿一起学念儿歌，注意帮助幼儿发准"盖、怪、菜"等容易混淆的音。

2.向幼儿讲解游戏玩法和规则。

（1）两人合作玩游戏：教师用手掌做锅盖，请另一人食指顶着手掌锅盖。

（2）儿歌念完后，手掌锅盖马上去抓顶着锅盖的食指，同时食指也要赶紧缩回，不让锅盖抓住。

（3）若被抓住，就问："烧的什么菜？"被抓住者必须说出一道菜名，双方才能交换角色，继续游戏。

---

① 来源：孙向阳主编，《高素质幼儿教师新思维》第4册：《放飞天性——学前儿童游戏新编》.北京出版集团公司、北京少年儿童出版社，2011

3. 请3～5名幼儿做顶锅盖的人与教师玩游戏。进一步讲清游戏规则。

4. 幼儿自由结伴进行游戏,鼓励幼儿流畅地讲出各种菜肴名称,迅速敏捷地做出反应。

附儿歌:

《顶锅盖》

顶锅盖,油炒菜,辣椒辣了不要怪。

噗!一口风。噗!二口风。噗!三口风。

2. 词汇游戏

词汇游戏是以丰富词汇和正确运用词汇为目的的游戏。词是言语中最小的意义单位,正确地理解词的含义是理解他人语言的前提。词汇游戏不仅可以教给学前儿童一些新词,也可以帮助他们进一步理解已学过的词的意义,学会正确地使用词汇,从而使消极词汇变成积极词汇。

在丰富词汇的游戏中,对不同年龄的儿童应有侧重。如3岁前应以丰富名词、动词为主,小班应重视动词的丰富和运用,中大班在丰富各种词汇的同时,应注重提高词汇的运用能力。

参 考 游 戏

谁来了（中班）

【游戏目的】 正确运用动词"跳、游、跑、飞、爬"等;提高思维的敏捷性。

【游戏准备】 卡片若干张,画有小兔、小虫、小鸟、小鱼、小马等动物。

【游戏玩法】 教师拿出一叠卡片,请一个幼儿上来,任意抽取一张。如抽到小鸟,就说"小鸟飞飞",全体幼儿就一起学说"飞飞",并做小鸟飞的动作。每名幼儿可以连续抽三张卡片,然后请其他幼儿继续游戏。如果抽卡片后,用错了动词,就不能再继续抽卡片了。

教师口述"小鸟飞飞",幼儿边说"飞飞"边做飞的动作。如果教师口述"小鸟游游",幼儿听到教师用错了动词,不能跟说和做动作,否则算输。该游戏可以采取竞赛的方式进行。

【游戏规则】 动作须与说出的动词一致;当一名幼儿回答问题时,其他幼儿不可进行动作和言语提示。

备注:游戏开始时,教师可以出示一幅公园的背景图,说:"有许多小动物要来公园玩,看看谁来了,它是怎样来的?"

3. 句子游戏

句子游戏是以训练按语法规则正确组词成句,并运用各种句式、句型为目的的游戏。教师在选择句子游戏时,应了解儿童的句子发展已有水平,是处于双词句、简单句还是复杂句阶段,游戏的要求要在最近发展区内,不宜过高过低,以便让儿童在游戏中体验到成功和快乐。

参 考 游 戏

它少了什么（大班）

【游戏目的】 运用句式"没有……就……"连贯地说出一句话来。

【游戏准备】 残缺的动物和事物卡片若干张（如无翅膀的小鸟、无轮子的汽车、无水的鱼缸、无灯的房间等),布袋或纸箱一个。

【游戏玩法】请一名幼儿上前从布袋中取出一张卡片（如无翅膀的小鸟），全班幼儿数："一、二、三"此幼儿亮出卡片，迅速进行观察，用"没有……就……"的句式说明卡片的内容，如"小鸟没有翅膀就不能飞翔"。全体幼儿进行评判："对对对，××没有××就……"或"错错错，××没有××也能……"。说对的幼儿有权指定另一名幼儿继续游戏。

【游戏规则】必须使用句式"没有……就……"表达图片内容。

备注：教师可以逐步增加卡片的观察和表达难度；在幼儿熟练地掌握了句式"没有……就……"后，可以让幼儿进一步表达为什么"没有……就……"。

4. 描述性游戏

描述性游戏主要是以训练用简单、生动、形象的语言描述事物的特征，发展连贯性语言为目的的游戏。这类游戏一般在儿童具有了一定的语音、词汇、句子的基础上进行，要求儿童的语言完整、连贯，有一定的描述能力，是一种比较综合的、较高级的语言训练游戏，宜在中大班进行，可以有效地提高儿童的口语表达能力。

参 考 游 戏

猜猜他是谁（大班）

【游戏目的】通过描述同伴的特征，发展幼儿的观察力、记忆力和连贯语言表达力；培养幼儿良好的倾听习惯。

【游戏准备】儿童围成圆圈在小椅子上坐好。

【游戏玩法】游戏开始时，每名幼儿都选定一名观察对象，记住他的性别、高矮、发型、衣着特征。然后面向全体幼儿描述该幼儿的特征。其他幼儿根据该幼儿的描述找出其描述对象。第一个猜对者，可以接着做游戏。

【游戏规则】不允许边看边描述；不允许说出该幼儿的姓名。

备注：为了增强游戏的趣味性，保证游戏规则的执行，可以将起来做描述的幼儿的眼睛蒙起来。

5. 故事表演游戏

故事表演游戏主要是教师组织的，以帮助儿童理解、使用文学语言、发展儿童在人面前自然、大方说话为主要目的的游戏。它不同于创造性游戏中的表演游戏，不是儿童自发、自娱的，而是教师创编的，有着明确的教育意图的活动。故事表演游戏将知识的传授与娱乐、游戏相结合，引导幼儿主动探索，获得有关经验，使幼儿真正地成为活动的主人，有利于激发幼儿学习的主动性、积极性，使幼儿在教育活动中始终处于主动学习状态。

参 考 游 戏

大刀将军（大班）

【游戏目的】根据不同角色特点，用适宜的声音说台词；配合音乐，有创意地设计动作；主动参与表演，体验表演的乐趣。

【游戏准备】物质准备：可粘贴的挂图，小白菜、小蜜蜂、小蜻蜓、小青蛙、大刀将军的头饰，以及所需要的道具和菜园的小场景；知识准备：幼儿已基本能讲述故事，并能够了解几种角色的基本特征。

【游戏玩法】

一是介绍游戏。"声音化妆"游戏，即在复习故事的基础上，结合故事情境，老师引导小朋友们展开想象，模仿不同的小动物的声音。例如：扮演小蜜蜂的时候声音会变得细细的轻轻的；扮演青蛙的时候声音是清脆的；扮演螳螂的时候声音是上扬的。

二是将故事和表演结合在一起。加入音乐，教师启发幼儿大胆为角色设计动作，展示动作，跟随音乐一起做，体验表演游戏的快乐。

三是分组进行故事表演游戏。戴上头饰以及道具，在教师协助下，幼儿自主选择角色，并组成多个表演组，分组表演。

（案例改编自：《幼儿园优质课例精选》，中国科学文化音像出版社有限公司发行，2012年5月）

⭐ 三、语言教学游戏的教育作用

1. 激发儿童学习语言的兴趣

游戏是幼儿的主导活动，是幼儿园的基本活动和主要形式活动。寓教于乐是实现幼儿园的教育目标的重要途径。语言教学游戏就是寓语言训练的任务于游戏之中，在这样的语言教学活动中，教师留给幼儿更多的游戏空间，更好地贴近幼儿的学习特点，使儿童在轻松愉快的气氛中进行学习，以激发幼儿学习语言的兴趣，增强学习语言的主动性和积极性，从而提高学习语言的效率。

2. 促进学前儿童智力发展

从语言与智力的关系来看，语言是思维的工具，儿童早期的语言能力是他们智力发展的重要标志。从游戏的分类来看，语言教学游戏属于智力游戏的一种，是发展儿童智力的重要手段。

在游戏中，儿童要按照老师的要求，理解游戏的玩法和规则，学习正确的发音，掌握、运用更多的词汇，练习完整、连贯地表达自己的思想，这些都需要有感知、记忆、想象、思维等活动的参与。一个好的语言教学游戏，可以使儿童在愉快的情绪伴随下，锻炼思维的敏捷性和灵活性，养成乐于动脑、动手、动口的学习习惯，促进儿童注意力、观察力、记忆力、思维力、想象力、言语表达能力等智力因素的全面发展。

3. 有效地提高学前儿童语言能力

《纲要》在语言教育指导要点中指出："语言能力是在运用的过程中发展起来的，发展幼儿语言的关键是创设一个能使他们想说、敢说、喜欢说、有机会说并能得到积极应答的环境。"游戏的环境则是一种无压力的、轻松愉快的环境，而语言教学游戏又为儿童提供了语言实践的机会，所以可以说语言教学游戏是实现语言教育目标的重要途径。

从语言教学游戏的分类来看，语言教学游戏确实能对儿童的语言产生全方位的影响。语音游戏可以发展儿童的听音、辨音、发音能力，词汇游戏可以帮助儿童正确地理解词汇、运用词汇、丰富词汇量，句子游戏可以帮助儿童了解和应用各种句型和句式，描述性游戏可以发展儿童在观察的基础上连贯表达思想的能力，故事表演游戏可以发展儿童的文学语言和语言的表现能力。所有这些游戏都可以从不同方面促进儿童语言的倾听和表达水平的提高。

视频：你说我猜

第二节　语言教学游戏的结构与组织指导

一、语言教学游戏的结构

随着幼儿教师的专业水平的提高和课程建设的需要，在实际的工作中，教师既可以依据语言教育的目标和不同年龄儿童语言发展的一般特点，选择现成的语言教学游戏作为教学内容，又可以根据本地区和本班儿童语言的实际水平自编语言教学游戏，使语言教育更具有针对性。这就需要我们初步了解语言教学游戏结构方面的知识，以便根据教学需要进行创编。

一个完整的语言教学游戏一般包括游戏目标、游戏准备、游戏玩法、游戏规则四个部分，趣味性一般体现在游戏玩法中。一个完整的语言教学游戏首先要有明确的语言教育要求，即儿童通过游戏所要实现的语言教学目的，游戏的目的可以是单一的（如只练习听音），也可以是综合的（如既要听音，又要发音等）；其次，游戏的内容、规则、玩法要明确，使儿童能在游戏中按照游戏的规则、步骤完成游戏内容，顺利地实现语言教学游戏的目标；再次，要注意游戏的趣味性，因为只有做到有趣，儿童才能乐玩、爱玩，在玩中受益；最后，教师要根据游戏内容的需要，准备好教具，使游戏形象、生动，具有吸引力。

参 考 游 戏

会变的脸（小班）

【游戏目的】能合理地拼贴人的五官，学习辨别、讲述各种丰富的表情；能用简单句讲述拼贴内容。

【游戏准备】没有五官的脸几张、各种表情形态的五官数种。

【游戏玩法】游戏时，幼儿先取娃娃脸放在桌子上，然后在盒子中任意选择象征不同表情的眼睛、嘴巴、鼻子，放在合理的位置；仔细观察娃娃的表情，学习用语言表达出来。如拼出的是笑脸，便说娃娃笑了。

【游戏规则】拼贴时，要把五官摆放在相应位置；摆放完要正确说出娃娃的表情。

备注：游戏前可以引导幼儿观察不同表情时五官的形态变化。

对语言能力强的幼儿，教师可以引导他讲"娃娃为什么笑了"等，以提高幼儿的语言表达能力和想象力。

总之，一个好的语言教学游戏应是：语言任务明确，玩法新颖，内容多变并逐步复杂化，能激发幼儿的智力活动，规则简单易行，使幼儿能达到取胜的效果。

二、语言教学游戏组织要点

语言教学游戏可以作为教育活动的一个环节，也可以作为一个完整的教育活动，又可以在幼儿掌握游戏的玩法和规则之后在活动区自发进行。当我们把它作为一个新授的、完整的教育活动来组织时，其过程一般包括五个环节。

1.教师创设游戏情境

创设游戏情境的主要目的，在于使幼儿在宽松愉快的氛围中受到感染，调动其参与语言教学游戏的积极性，以便产生良好的语言教育效果。创设游戏情景的方法很多，归纳起来主要有以下三种。

（1）利用相关实物创设游戏情境。

教师在导入游戏时，运用一些与活动有关的、形象直观的实物创设游戏的环境和气氛，会迅速

137

地将幼儿带入游戏的气氛之中。例如"买图片"游戏开始时，教师可以手持卡片说："老师手里有很多漂亮的卡片，你们想不想知道上面画了些什么？"这样很容易激起幼儿的好奇心，使之急切地想知道图片的内容和游戏的玩法。

（2）利用动作创设游戏情境。

教师也可以通过自己的形象的动作表演，在幼儿想象的作用下，产生游戏的气氛，将幼儿带入游戏的情景之中。例如"谁来了"游戏开始时，教师可以学做小兔跳或小鸟飞的动作让幼儿猜猜谁来了，然后再教幼儿玩这个游戏。

（3）运用生动的语言创设游戏情境。

在游戏开始，教师通过自己生动、有趣、直观的语言，感染幼儿，营造游戏的气氛，引导幼儿进入角色。这是教师最经常运用的一种创设游戏情景的方法。

一般来说，游戏开始时，教师不会仅仅使用单一的实物、动作、语言来创设游戏的情境，需要将几种方式综合起来加以使用，这样，形象的实物、逼真的动作，再配以生动的语言，幼儿的游戏积极性便会充分调动起来，为游戏的顺利进行打下了良好的基础。

2. 教师介绍游戏玩法和规则

在创设游戏情境之后，教师则要向幼儿介绍游戏的玩法和规则，只有掌握了游戏的玩法和规则，游戏才能顺利进行，游戏的教育目的才能实现。

（1）介绍游戏玩法。

游戏的玩法即游戏的开展步骤。教师介绍游戏的玩法应做到：语言简单明了；讲清游戏开展的顺序；介绍游戏的玩法时，一般采用讲解和示范相结合的方法。

（2）讲清楚游戏规则。

游戏规则即游戏中被禁止的或允许的某些特定的活动。在幼儿游戏之前教师必须讲清楚游戏的规则，这样才能保证游戏目的的实现。

（3）示范玩法。

正确的示范是学会语言教学游戏的主要途径。教师可以通过语言的解释或语言、动作示范相结合的方式，使幼儿掌握游戏的玩法，避免游戏中可能发生的问题。

在教游戏的玩法时，教师基本上采用示范与讲解同步的方法，尤其对低龄幼儿更是如此。

3. 教师引导幼儿游戏

在3岁前幼儿和小班的游戏中教师可以直接参加游戏，担任主要角色。游戏开始时，教师可请部分能力强的幼儿和教师一起游戏，给其他幼儿起到示范作用，并进一步熟悉游戏的玩法和规则，然后逐步过渡到全体幼儿参加游戏。

在中大班，教师讲清楚玩法和规则后，也可以先请部分能力强的幼儿试做游戏，既可以起示范作用，又可以检查幼儿是否明确了游戏的玩法和规则，如发现有错，教师应及时纠正。当全体儿童都明确玩法和规则后，就可以正式开始儿童自主游戏。

4. 幼儿自主游戏

这是语言教学游戏的一个重要环节。在这个环节中，教师要使全体儿童都能积极地参与游戏，基本实现游戏的教育目的。在这个环节中教师的角色是活动的观察者，而不是"放羊人"，教师以间接控制为主要策略。所以，这个环节的时间一定要充分，教师的间接指导的质量一定要保证。为此教师需要做好以下两个方面的工作。

（1）观察游戏，随时提供帮助。

促进全体幼儿语言的发展是语言教学游戏的活动目的。在游戏中，老师应该认识到游戏的主体是幼儿，教师应创造条件使每一个幼儿充分地动脑、动口，发挥幼儿的主体性。在自主游戏阶段，教师的角色应是游戏的观察者，观察的目的有两个：一是了解幼儿对游戏玩法、规则的掌握和游戏目标的完成情况，督促幼儿遵守游戏的规则；二是及时发现问题，提供适时帮助和教育。作为观察者，教师不要过多地限制和束缚幼儿，一般宜用间接控制策略。教师要相信幼儿，让幼儿在语言教学游戏过程中，在与同伴的互动中产生成功和失败的体验，从而更加主动地吸收加工语言信息，更加准确地运用语言。

（2）关注个体，及时指导。

在游戏中，教师还要针对幼儿的个体游戏水平和个性特点，采取相应的指导方式，因材施教，使每一个幼儿都能通过游戏，在原有水平上得到尽可能的发展。

教师应有计划地观察幼儿的游戏行为和语言运用情况，分析每个孩子的特点，明确需要加强的方面，提出有针对性的、可行的措施。例如，对某些胆小、内向的幼儿，教师要鼓励他们，提高他们的自信心；对那些情绪浮躁、易受外界干扰、注意力不稳定的幼儿，要关注他们，引导他们专心游戏，遵守游戏规则；对交往能力较弱、兴趣单一的幼儿，教师可通过与他一起游戏或引导小伙伴带着他玩，激发他对游戏活动的兴趣。

5. 组织评议、总结，提升游戏水平

当语言教学游戏结束时，孩子们往往还在兴致勃勃地谈论着玩过的游戏。这时教师组织幼儿评议和总结游戏，不仅能满足幼儿的欲望，还可以使游戏更好地发挥教育作用，提高幼儿的分辨能力，促进游戏水平的提高，同时游戏的评价本身也能促进幼儿语言能力的发展。

对游戏的评价一般在教师的主持下，由教师和幼儿共同参加，也可以分组进行现场评价。对年龄较小的孩子，可以用游戏的口吻进行讲评；对较大的孩子，教师可以提一些合理的建议或让幼儿进行自我评价。及时的评价可以强化游戏的正确玩法，进一步明确游戏的规则，纠正游戏中出现的问题，为日后更好地开展自主游戏奠定基础。

评价工作虽是游戏指导的重要环节，但不是每次游戏的必需环节。每次评价不必面面俱到，而要做到有目的、有重点。即使评价，时间也不可过长，更不应因评价而缩短孩子游戏的时间。

三、语言教学游戏在各年龄班的运用

一个人从出生到基本上掌握日常生活母语，大约需要五六年时间。在适当的时期接受适宜的语言刺激，是促进语言能力形成和发展的关键。由于幼儿的年龄不同，语言教育的要求也有所不同，所以各年龄班的语言教学游戏也各有自己的侧重点。

（一）小班语言游戏指导要点

1. 小班幼儿语言特点

3～4岁幼儿词汇量缺乏，概念不清，表达上受限制；对词语、语句记忆的范围小，影响对语义的接受效果。小班幼儿正处于语言发展的关键期，在这个阶段中，他们对语言的理解和接受能力较强。这一时期，幼儿词汇量增长很快，其中名词、动词等易掌握的词占多数，并且开始掌握一些日常生活中经常出现的、表示物体具体形状和品质的形容词，如大、小、软、硬、长、短、高、矮等，其他简单的副词（不、又、都），代词（你、我），介词（在、到），助词（的、吗、呢）等已开始使用，并懂得一定数量的反义词。但总的来说，小班幼儿的言语活动不能脱离眼前具体的情境和自身的动作，而且语言的连贯性差，往往会将句子颠倒，或说一些不完整的句子。

2. 语言游戏指导要点

3～4岁幼儿的语言教学以发音、正音和丰富词汇为主，因此该年龄的语言教学游戏应以发音游戏和词汇游戏为主。在游戏中，教师可以直接参加，担任游戏的重要角色。这样，既可以为幼儿示范、提供模仿榜样，又可以调控游戏，实现游戏的目的。

3. 小班语言游戏案例

活动设计　买图片（小班）

活动目标：

1. 发准声母 g、k、h 的字音；

2. 听懂并理解简单的游戏规则；

3. 在集体游戏中大胆说话。

活动准备：

多于幼儿人数的小图片若干张（哥哥、裤子、黑板、蝌蚪、老虎、鸽子、卡车等），教师布置好的图片柜一个。

活动过程：

1. 教师扮演卖图片的阿姨，创设游戏情景，引起幼儿的兴趣。

教师在图片柜前扮演卖图片的阿姨，以生动的语言开门见山地说："今天老师要教你们一个新的游戏——买图片。平常妈妈是用钱为你们买东西，但是今天我们买图片不用钱，那怎样才能得到卡片呢？"

2. 教师边讲解边示范，向幼儿介绍游戏的规则及玩法。

买图片的幼儿要有礼貌地说："阿姨，我要买图片。"阿姨问："你要买哪张图片？"幼儿要正确讲出自己要买的图片的名称，如"我要买裤子的图片"。说清楚了，阿姨就把图片卖给他。如发音不正确，就得不到图片，阿姨再请别的小朋友帮助他，然后重新发音，如果发音正确，就可以得到图片。买到图片的幼儿要说："谢谢阿姨，再见！"然后再请另一名幼儿来买图片。

教师强调游戏的规则和要求：买图片的幼儿必须有礼貌、按照要求进行对话，并且发音要正确、声音要洪亮，要不然阿姨听不清楚；没有上来买图片的幼儿要安静听，注意小伙伴说得是否清楚、声音是否洪亮，当个文明的小裁判。

3. 教师领导幼儿游戏。

教师继续当售货员领导幼儿玩这个游戏三四次。边玩游戏边观察幼儿对游戏规则和玩法的掌握情况，并及时地提醒幼儿遵守游戏规则、纠正幼儿的错误发音；同时注意个别教育，鼓励胆小、内向的幼儿上来买图片，促进每个幼儿发音水平的提高。

4. 幼儿自主游戏。

幼儿熟悉游戏的玩法后，售货员的角色可由发音、辨音能力较好的幼儿担任。也可以分组游戏，由老师和能力较强的幼儿担任售货员的角色。

活动评析：

这个活动的目标主要包括三个方面：发音、倾听和大胆说话。目标较全面，也较具体，且目标的难度适中，较符合小班幼儿的年龄特点。

活动开始，教师以售货员的形象开门见山地介绍游戏的名称，更能吸引小班幼儿的注意力，激发幼儿对游戏活动的兴趣。

教师边示范边讲解游戏的规则和玩法，使幼儿容易学会。

语言教学游戏规则，保证了语言活动目标的实现，对于小班幼儿教师制定的规则一定要简单，语言也一定要简洁明了，这样便于幼儿理解、遵守游戏的规则，学会游戏的玩法。

在幼儿基本了解游戏玩法、规则的前提下，教师担任主角指导游戏，并注意到个别教育，这一环节不可缺少，特别是对小班幼儿。使幼儿进一步掌握游戏规则、熟悉游戏的玩法，从而为幼儿自主游戏做好充分的准备。

采用幼儿集体或分组的形式进行游戏活动，为每位幼儿都提供了参与游戏充分练习的机会。在此过程中，教师从主角地位退出，放手让幼儿自主游戏，教师则巡回观察幼儿的活动，了解幼儿的游戏情况，并及时给予帮助和纠正。

（二）中班语言游戏指导要点

1. 中班儿童语言特点

4～5岁幼儿发音器官已发育完善，能正确清楚地发音，口齿流利。这时期幼儿词汇增长速度更快，在已掌握的词类中，仍以名词、动词、形容词为主，对词义的理解较小班幼儿深刻、全面。对于一些抽象的名词如"昨天""明天"等还易混淆，对量词和数词的掌握仍有一定的困难，但能按基本的语法来组织句子表述自己的见闻，且语言的连贯性有了初步发展，但仍只能断断续续地叙述一些事物的片段。

2. 语言游戏指导要点

4～5岁幼儿的语言教学目的是以丰富词汇、会说完整的句子和提高表达能力为主，语言教学游戏也应以词汇游戏、句子游戏和描述性游戏为主。在幼儿掌握了游戏的玩法和规则后，教师一般作为观察者和环境、材料的提供者进行间接的指导和调控。

3. 中班语言游戏案例

活动设计　小猴连锁店（中班）①

活动目标：

1. 熟悉故事"小猴卖圆"中的情节和内容；

2. 能够运用完整句，描述物体的特征和用途；

3. 牢记并遵守游戏规则。

活动准备：

各种各样圆形的物品：游泳圈、圆镜、足球、饼干、帽子、碗、碟、圆表、呼啦圈、VCD碟、圆蛋糕、脸盆等，小猴及各种小动物头饰（与幼儿人数相等）。

活动过程：

1. 教师扮演小猴开店，创设游戏情景，激发幼儿的兴趣。

老师戴小猴头饰，扮演一只开了一家专卖圆圆东西的商店的小猴子，然后请5位幼儿扮演顾客进行游戏。

2. 教师向幼儿介绍游戏的规则及玩法。

老师要求幼儿把买的圆圆的物品（游泳圈、镜子、足球、饼干等）分别描述出来，不能直接讲名称，然后教师猜。

3. 教师带领幼儿游戏，鼓励幼儿说出其他圆形物品的特征。

首先，教师提供故事中没有提及的圆圆物品，让幼儿观察描述。

然后，老师扮演小猴角色说："我又进了不少新货，你们看，这是什么？它的样子是怎么样的？"继续让幼儿扮演各种小动物，去购买圆圆的东西。

最后，教师再次强调游戏规则：幼儿在购买的时候，不要直接告诉小猴你想买什么，而是告诉想买物品的特征，让小猴猜猜。

4. 小结游戏活动，并为下次活动提出要求。

师：今天，小动物们都在小猴连锁店购买各种各样圆圆的东西，"六一"儿童节就要来到了，我们请小猴再进一些其他形状的新货，我们下次一起去买节日礼物好吗？

活动评析：

这个教学游戏设计中，幼儿通过扮演小动物进行交往，通过想象和生活经验表达来理解和发展故事情节，把生活中的各种事物联系起来进行语言练习，对幼儿的创造性思维和口语表达能力有较好的帮助。

---

① 案例改编自：黄维德，《中班语言活动设计：小猴卖"圆"》，教育导刊·幼儿教育，2000.4

附故事：

《小猴卖"圆"》

今天一大早，小猴连锁店就开门了，小猴正忙着收拾物品。小鸭子来了，小鸭子说："小猴你早，我想买一个圆圆的、可以用来学游泳的东西。"小猴说："哦，你想买游泳圈，对吗？"小鸭说："对。"它高兴地抱着游泳圈去学游泳了。小猫来了，小猫说："小猴你早，我想买圆圆的、可以用来照着洗脸的东西。"小猴说："哦，你想买镜子，对吗？"小猫说："对。"它高兴地拿着镜子回家去了。小狗来了，小狗说："我想买圆圆的、可以用脚踢的玩具。"小猴说："哦，你想买足球，对吗？"小狗说："对。"它高兴地带着足球上公园去了。小兔来了，小兔说："我想买圆圆的、可以用来吃的东西。"小猴说："哦，你想买饼干，对吗？"小兔说："对。"它高兴地买了饼干回家去了。小猴真聪明，帮助小动物们买到了自己喜欢的东西，它的心里真高兴。

（三）大班语言游戏指导要点

1. 大班儿童语言特点

5～6岁幼儿不仅能正确发音，而且能按语言意思来调节自己的音调。他们所掌握的词汇不仅在数量和种类上有所增加，而且对词义的理解也较为深入，开始能够掌握一些抽象、概括的词，并能运用一些连词、副词来表达事物的因果、假设、并列、递进、转折、条件等逻辑关系。他们还能用简单的复合句来表达自己的意思，例如比较系统地叙述自己的见闻，并开始从叙述静态的事物过渡到叙述事物的变化过程，语言的连贯性有了较好的体现。

2. 语言游戏指导要点

5～6岁幼儿的词汇相对比较丰富，可以说完整的句子，语言表达能力逐渐提高。因此，在游戏时，要求儿童能自觉遵守游戏规则，教育目的以语言的运用能力为主。为此，教师要创设能激发幼儿语言表达的环境，可以通过鼓励、建议、澄清等方式让幼儿在游戏中大胆地想象和创编，从而发展其应用语言能力。

3. 大班语言游戏案例

活动设计　**看谁说得好（大班）**

活动目标：

1. 学习运用已掌握的形容词来描述图片，并编成一句完整的话，注意用词恰当；

2. 认真倾听别人描述，积极参与游戏，掌握游戏规则，培养语言的创造性。

活动准备：

各种形态的大树、老奶奶、猴子、小弟弟等图片若干套。

活动过程：

1. 出示图片，创设游戏情境。

教师用生动活泼的语言告诉幼儿："小朋友，今天老师带来了许多好看的图片，你们想不想得到它们呀？""现在我们一起玩一个游戏，游戏的名字叫'看谁说得好'，谁说得好，做完游戏后，我就把图片奖给谁。"

2. 介绍游戏规则及玩法。

教师出示一张图片（例如小弟弟）问："这是谁？"幼儿回答后再问："这是一个什么样的小弟弟？"要求幼儿用学过的形容词来描述图片内容。例如："小弟弟"可用胖乎乎的、聪明的、可爱的、淘气的、活泼的等词来形容。而后再问："这个可爱的小弟弟在做什么？"

要求幼儿根据图片内容说一句完整的话，例如："可爱的小弟弟在跑步"或"可爱的小弟弟在锻炼身体"等。

做摸卡片的游戏：让幼儿任意摸一张图片，并根据图片编成一句话。如摸到"小猴子"，可说："聪明的小猴子想出了一个好办法"，或说："调皮的小猴子摔了个大跟斗"等等。

教师在示范讲解游戏的玩法时注意强调游戏的规则：图片只能任意抽拿，不可挑选；说出的句子必须完整，不可以与其他幼儿重复。

3. 教师以游戏参与者的身份与全体幼儿进行游戏，帮助幼儿进一步理解和掌握游戏的玩法和规则。

教师引导幼儿游戏，可以让幼儿任意抽一张图片（例如猴子），说："这是一只顽皮的小猴子"，"这只顽皮的小猴子在爬树"。教师引导的同时，应注意观察、提醒幼儿遵守游戏的规则、注意倾听别人的回答，不重复别人的说法。

4. 幼儿自主游戏。

请几名能力较强的幼儿当提问者，幼儿分组开展游戏活动。教师巡回观察、指导。

5. 教师组织幼儿进行讲评，将部分图片奖励给描述恰当具有创造性的幼儿。

（注意：在幼儿掌握了游戏玩法和规则之后，可以将游戏材料放在区角中，使幼儿能够经常练习。）

活动评析：

1. 这个语言教学游戏的目标主要是发展幼儿表达能力，同时也要求幼儿认真倾听、创造性地表述，这些目标具体、明确、全面，难度适合大班幼儿年龄特点。

2. 各种形态的图片内容为幼儿的创造性描述提供了前提。

3. 活动开始时，采用语言讲述和实物展示相结合的方法，创设游戏情境，吸引了幼儿的注意，激发了幼儿对游戏的兴趣。

4. 语言教学游戏都负有一定的语言学习的任务，并通过游戏的玩法和规则实现。该游戏要求幼儿用不同的词来描述图片并说一句完整的话，这种规则不仅提高了游戏的趣味性，而且促使幼儿在游戏中付出一定的努力，体现了语言训练的要求。

5. 教师以和幼儿平等的身份参与游戏活动，请一名理解力较强的幼儿先玩一次游戏，起到了再次示范的作用，也可以发现幼儿游戏中存在的问题，为幼儿自主游戏做好充分的准备。

6. 采用分组游戏的方式，让每一位幼儿都能积极、主动、充分地参与游戏，使每一个幼儿都能有锻炼的机会，并在游戏中学会积极倾听别人的谈话，体会与人交往的快乐，培养与人合作的能力。

思考与练习

1. 什么是语言教学游戏？语言教学游戏有什么教育作用？

2. 简述语言教学游戏的分类，并收集每种游戏各两个。

3. 以"夸夸我家乡""中国城市接龙""好玩的汉语发音"等为内容，设计一个语言教学游戏，并进行模拟教学，掌握语言教学游戏的组织环节，同时，使幼儿体验到祖国丰富和独特的语言文化。

学前儿童日常生活中的语言教育

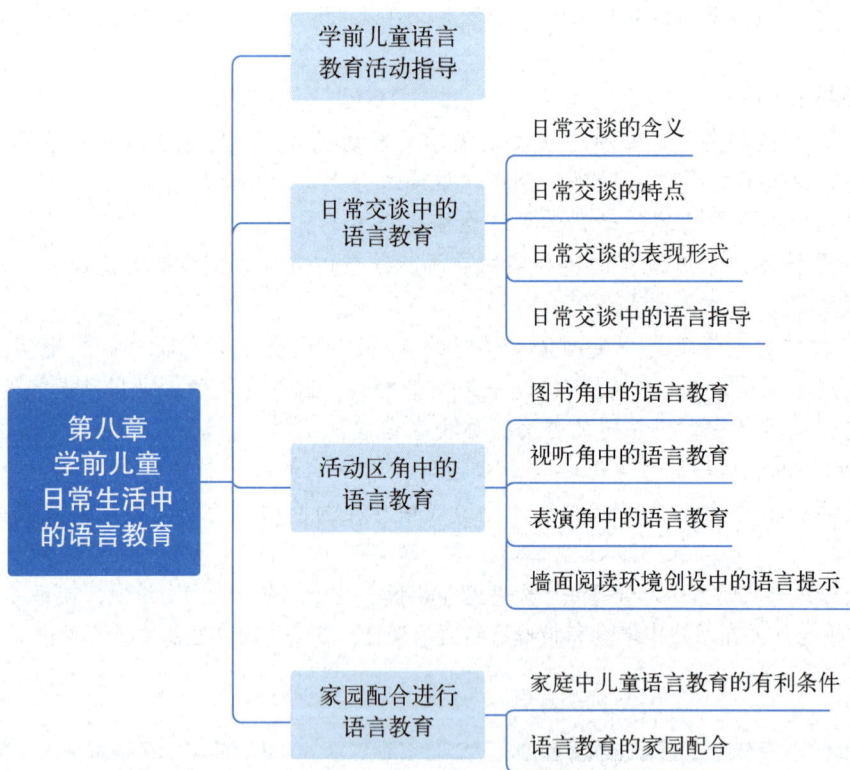

```
                          ┌─ 学前儿童语言
                          │   教育活动指导
                          │
                          │                   ┌─ 日常交谈的含义
                          │                   │
                          │   ┌─ 日常交谈中的  ├─ 日常交谈的特点
                          │   │   语言教育     │
                          │   │               ├─ 日常交谈的表现形式
                          │   │               │
                          │   │               └─ 日常交谈中的语言指导
   第八章                 │   │
   学前儿童 ──────────────┤   │               ┌─ 图书角中的语言教育
   日常生活中             │   │               │
   的语言教育             │   ┌─ 活动区角中的  ├─ 视听角中的语言教育
                          │   │   语言教育     │
                          │   │               ├─ 表演角中的语言教育
                          │   │               │
                          │   │               └─ 墙面阅读环境创设中的语言提示
                          │   │
                          │   └─ 家园配合进行  ┌─ 家庭中儿童语言教育的有利条件
                              │   语言教育     │
                              │               └─ 语言教育的家园配合
```

学习要点

- 日常交谈的含义、特点及指导要点。
- 语言区角的环境创设及指导要点。
- 家园配合开展语言教育活动的重要性。

在日常生活中，幼儿总是有意无意地与教师、同伴及家长进行着语言交往。这种自然的交往情境，为幼儿提供了大量的言语交往机会，使幼儿能够通过实践，练习和发展运用语言的能力，同时也为家长、教师对幼儿进行语言教育提供了良好的机会。

日常生活中的语言教育就是教师（家长）充分地利用学前儿童的一日生活环节，全方位、多角度地为他们提供丰富而宽松的语言交际环境，鼓励幼儿主动进行相互间的交流，以形成积极的语言交往态度和良好的语言交流习惯。日常生活中的语言教育还为幼儿提供了有关各种事物和人际交往的丰富经验，是专门性语言教育活动的必要补充和延伸。

第一节　日常交谈中的语言教育

★ 一、日常交谈的含义

日常交谈是学前儿童在日常生活中以问答或对话的方式与他人进行的一种口语交际的活动。儿童一方面在教师为其创设的口语交际情境中，围绕一定的话题，倾听他人意见，表达自己的思想；另一方面又主动、积极地与教师和同伴进行随机性的语言交往。这种交往对促进学前儿童运用口头语言与他人交往能力的发展具有重要的意义。

★ 二、日常交谈的特点

日常交谈是在日常生活情境下的口语交流，与独白体口语表达相比，日常生活中的交谈具有以下四个特点。

1.语言的情境性

日常交谈是一种交际性口语，交际性口语的重要特点就是具有特定的情境性，这种情境包括了交际对象、时间、空间和具体的场景。在日常交谈中，儿童所处的场景会有所不同，角色也会不断地发生变化，这就要求儿童针对不同的对象和场景，针对自己承担的角色不断地调节自己的语音、语调、说话的内容和方式等。

2.时间的不确定性

日常交谈具有很强的突发性和随机性，它往往是由毫无准备的双方自然而然地发生口语交际。如两个孩子偶尔在某处相遇，便兴致勃勃地攀谈起来；某一事物同时吸引好几名孩子共同探究，从而引发了他们的随机交谈。有的是一方毫无准备、由教师确定某个话题后向孩子提出问题，让孩子进行应答。

3.信息的多向性

日常交谈是一种多方位的语言交流。成人和众多孩子的参与，不仅带来了个体间丰富多彩的生活经验与感受，使每个孩子获取的语言信息量增大，内容更丰富，而且孩子表述这些经验和内容的语言形式也丰富多样。同时，教师（家长）与孩子，孩子与教师（家长），孩子与孩子之间的交谈，还大大丰富了语言交流的方式。

4.交谈氛围宽松自由

交谈氛围的宽松自由主要体现在两个方面：一是交谈中不要求孩子统一答案和有一致的思路，孩子可以根据自己的感受自由地发表见解，围绕话题说自己想说的话；二是不特别要求孩子使用规范化的语言，成人在交谈活动中鼓励孩子积极说话，充分表达个人想法，不一定要求孩子使用准确无误的句式和完整连贯的语段。实际上，日常交谈重在给孩子提供说的机会，让孩子在一种自然、轻松的语言交流过程中操练语言，提高对语言的敏感程度，从而使孩子的思维更积极，表述内容更丰富，语言表达更流畅。

三、日常交谈的表现形式

（一）教师（家长）与儿童交谈

成人与儿童交谈是长幼之间的一种有效的言语沟通与交流的方式，包括集体交谈和个别交谈两种方式。

集体交谈主要是指教师与全班或小组儿童围绕某个或某些话题而展开的语言交流。

个别交谈是教师（家长）与个别儿童进行的一种有针对性或随机性的语言交流。

例1：教室里，孩子们在自由游戏活动中

孩子：老师，我告诉你一个秘密。

教师：哦？什么秘密呢？

孩子：我会滑轮滑了！

教师：怎么个会滑呢？

孩子：我可以朝前滑，可以朝后滑，还可以左滑滑，右滑滑呢！

教师：哦，真能干呢！

例2：家里就餐

孩子（一边吃鱼一边问）：爸爸，鱼每天在水里游，看着很高兴，其实他们很不舒服吧？

爸爸：嗯？为什么呢？

孩子：因为我上回吃鱼被鱼刺卡住，好难受哦！鱼的身体里有那么多的刺，天天都被卡着的，一定也很不舒服呀！

爸爸：呵呵，它的刺好比是你身上的骨头，现在骨头也在你身体里，你有没有觉得不舒服呢？

（二）儿童与儿童交谈

儿童与儿童交谈是同伴之间围绕感兴趣的话题进行的一种语言沟通与交流。

例：两个孩子正分享着自己从家里带的玩具

波波：你的是什么呀？

果果：战斗机啊！它很厉害的。你的玩具叫什么名字？

波波：我的是奥特曼战斗机，比你的更厉害，你看，比你大！

果果：那我就是变形金刚战斗机，它比你的会变，更聪明……

四、日常交谈中的语言指导

日常交谈具有自发性、随机性和较强的针对性的特点，要想发挥这种交谈在学前儿童语言发展过程中的独特优势，成人教师应该运用以下指导策略。

（一）把握随机性谈话的契机

1. 日常交往中的语言指导

在各类生活活动中，孩子总会自然地同教师、同伴进行语言交往。教师应不失时机地利用这些发生在每日生活中的自然的交往情境，对儿童进行语言指导。

如在晨间活动时，引导孩子相互说说路上看到的事情，讲讲前一天晚上看过的电视节目或图画书，或观察班上喂养的小动物，启发孩子讲述观察到的现象；洗手时，老师让孩子边洗边念儿歌："挽起袖子来洗手，轻轻拧开水龙头，淋湿小手抹肥皂，两手对在一起搓，搓手心，搓手背，手上肥皂清水冲……"；进餐时，向孩子介绍食物的名称，吃完后，让孩子说说菜的味道；游戏中让孩子说出玩具和游戏动作的名称，有礼貌地征询玩伴的意见，并鼓励孩子用自己的语言调节角色间的关系等。

教师还要随时发现日常生活中的教育契机，并善于挖掘儿童感兴趣的热门话题：如请外出归来的孩子讲讲自己的见闻；请大家说一说今天谁缺席，并猜测原因；还可议一议周日的趣事；若遇天气异常，就让孩子描述天气的变化或说说雨景、雪景等。

正是这些司空见惯的日常生活活动和有意挖掘的机会，给孩子提供了活生生的语言情境，久而久之，孩子的语言能力便在这些情境中不断地得到训练和提高。

2. 创造执行语言指令的机会，提高理解能力

日常生活的组织离不开生活常规的建立。教师应在帮助孩子建立生活常规的过程中，提高孩子理解语言并按言语指令行动的能力。如孩子入园后要求孩子自己将小椅子抬到餐桌前，并先如厕、洗手，再进餐；进餐时要求孩子不讲话、不撒饭、不挑食；游戏之后，要求孩子收拾整理玩具和材料等。常规建立的开始阶段，孩子不一定能理解这些指令，这时，教师就应该把这些指令与相应的行为训练结合起来，比如教师发出"请小朋友们依次把手中的皮球放到筐子里"的指令后，就让孩子排成队一个跟着一个往筐子里放球，以帮助孩子明白"依次"的含义。

（二）创造多向互动的情境，营造语言交谈的氛围

人际交往必然伴随着一定的情境和交际双方的互动。教师要因时、因人制宜，努力创设教师与儿童、儿童与儿童、儿童与群体之间互动的情境，以激发儿童交谈的欲望。

1. 师幼互动

教师与学前儿童之间一种相互交流与沟通的方式。日常生活中教师与孩子之间各种形式的活动如游戏、学习、劳动等，为孩子语言的学习提供了具体、生动的情境及交际的机会。然而，在现实的教育实践中，教师与儿童之间的言语交流质量并不高。教师常习惯于自己讲孩子听，很少顾及孩子的想法和感受，很少理会孩子表达的见闻及体验，缺乏与孩子沟通和交流的技能。因此，要促进教师与儿童之间的有效言语，需要特别注意以下四点。

第一，在平等的基础上与儿童进行交谈。教师与儿童的交谈一定要建立在民主平等的基础之上，让儿童感到是在随意、自然地与老师聊天，不能形成"教师总是说，孩子总是听"的局面。语言交际是相互的，听和说、理解和表达构成了交际的两个方面，彼此密不可分。谈话双方，不能只是担任其中的一方，而要时时变换角色，有听有说。只有这样，孩子的思维方式才不会是教师思维方式的迁移，孩子才能真正地自主思维，有了自主思维才能有自主的言语活动。这种交谈可以是一种随机性交谈，也可以是由教师发起的有意识的交谈。

第二，为学前儿童提供有效的语言示范。教师是一日活动的组织者，教师言谈中的用语、语言习惯以至体态语都是孩子模仿学习的对象。因而，教师应充分利用师生间的交谈，有意识地为孩子提供良好的语言样板。教师一方面要加强自身的语言修养，提高自身语言表达的质量，做到语音正确、语法规范、用词恰当，表达清楚、连贯、完整，生动形象、富有感染力，从而诱发孩子主动学习语言，并在潜移默化的过程中提高孩子的说话技巧。另一方面，要结合孩子在日常生活中所接触的各种物品如餐具、玩具、家具、食物和床上用品等，及时介绍其颜色、形状、大小、结构和用途等相关知识，并向孩子展示相关的词汇和句式。此外，教师还要通过交谈来调整孩子的语言表达方式，帮助孩子在交往中积累表达的经验，培养口语表达的良好习惯。要注意把握示范的时机和力度，对于新的和孩子不易掌握的学习内容，教师要反复地重点示范，让孩子有意识地进行模仿学习。

第三，耐心倾听儿童谈话，及时给予鼓励和纠正。教师与孩子的交谈应是一种温馨的、亲子式交谈。教师要以母亲般的爱心、耐心和细心倾听孩子说话，尤其是当孩子主动发起谈话时，教师更应倾注极大的热情倾听孩子的谈话，切不可以冷漠的态度对待孩子，破坏孩子的说话愿望。交谈中，教师要关注孩子的语言表现，适时地给予积极的回应与适当的指导。如随时鼓励孩子积极的说话态度、正确的语言行为和习惯，而在孩子表达中出现了词不达意或语句欠准确的情况时，又不要急于或刻意加以纠正，而是巧妙地加以引导，从而使孩子的口语日趋成熟，说出更完整、更动听的

话语来。

第四，努力提高与孩子言语沟通的技能。教师要掌握关注孩子的兴趣并巧妙引入谈话、形成交谈热点的技能；掌握运用提供信息、提问、评议等方式引导孩子持续谈话热情的技能；掌握适时地结束或转移话题，给孩子留下谈话余兴或引出新的谈话热点的技能。

例：教师和孩子在户外

> 佳佳（指着三叶草）：老师你看，这个草的叶子真好看！
>
> 教师：为什么觉得它好看呢？
>
> （其他孩子都围上了来）
>
> 乐乐（仔细看了看叶子，还数了数）：因为它有三瓣叶子！
>
> 佳佳：它的叶子平平的，小小的，所以我觉得好看！
>
> 波波：好像一把小伞呢！
>
> 阳阳：嘻嘻……那就拿给小蚂蚁打吧！
>
> 教师：哟，孩子们想得真好，那我们看看这儿还有什么样的叶子，可以给哪些小动物当伞，好不好？

接下来，孩子们和老师发现了很多种有趣的树叶，并热烈讨论可以给谁当伞。

在这个情景中，老师很自然地用提问的方式引发孩子谈话的热情，同时保护了孩子们对周围事物关注的兴趣。

2. 生生互动

这是幼儿与幼儿之间相互交流与沟通的方式。由于孩子之间年龄相仿，认知水平相近，他们交往起来更加投入。事实表明，孩子邻座之间、玩伴之间、组内同伴之间用说、问、评、议等方法进行相互作用与交流，有利于幼儿主动地创造和调整自己的语言，促进语言的共同提高。而在现实的教育实践中，要促进孩子之间的有效语言交流，教师需要特别注意以下三点。

第一，给幼儿尝试用语言解决问题的机会。

幼儿在交往的过程中产生矛盾和争执是很正常的，这时，教师不必因担心或紧张而一语定案，应该给幼儿尝试运用一定的语言技巧来协调解决实际问题的机会，帮助幼儿在主动的协调中成为语言的建构者。如两个孩子在游戏中为争同一块积木发生了矛盾，一方想从对方手中要回属于自己的积木，另一方则千方百计地要保住积木不被拿走。相互作用的过程中，他俩使用威胁、警告、协商、诱惑、说明原因、提出条件、转移注意等多种语言表达方式，不断地调整自己的语言，并利用这种调整去调节对方的行为，以达到自己的目的。

第二，不要随意打断儿童之间的谈话。

要使幼儿说话文明、有礼貌，教师就要力求使自己说话规范、内容健康；在对待幼儿说话的态度上要善于及时反馈，不随意打断幼儿的说话，特别是在个别幼儿说话不清楚，东一句西一句，断断续续不连贯时，不要表现出不耐烦和不想听的态度，甚至打断他的说话，这种消极、生硬的态度很有可能被幼儿所模仿而形成一种不礼貌的交际行为。因此，教师不仅不能随意打断幼儿之间的谈话，而且要善于引导幼儿养成不打断他人说话和不插嘴的良好习惯。教师还要善于利用幼儿的同伴交往来发展幼儿语言，让幼儿在讨论中学会听和说；在争执中学习围绕话题使用辩论性语言；在聊天中学会使用问候性语言、叙述性语言和描述性语言；在交往中学习表示请求、感谢和歉意等礼貌用语，使幼儿在与同伴的不断相互作用中修正和完善自己的语言。

第三，不要一味强调活动室的安静来阻挠幼儿交谈。如早晨陆续来园或午睡起床以后，幼儿常常会叽叽喳喳说个不停，有的招呼同伴，有的小声交谈，有的在唱儿歌、讲故事，有的在请求老师帮助，教师应提倡幼儿积极说话的态度，以促进同伴间的自发模仿和相互交谈而不是给幼儿过多的限制。同时还要充分利用一日活动的过渡环节，鼓励幼儿三五成群，自由结伴，天南地北，海阔天空地"聊"，或引导幼儿就某一话题展开争论，大胆发表自己的见解，敢于质疑，充分感受交谈的乐趣。

3. 促进群体之间互动

群体之间互动是指两个或多个儿童之间积极、主动地交流与沟通。这是一种层次更高的互动，因而对儿童的要求也更高，因为每个人都是群体中的一分子，在群体中可以增强儿童的集体观念，培养儿童相互关心、相互帮助的态度，提高参与意识、竞争意识和交往能力。

布鲁纳等人经过研究发现："当儿童在3人或4人的小组中，无论有或没有成人的情况下，谈话最容易出现，在周围情景中出现某些有趣的事的时候，儿童可加入到谈话中。"教师应积极利用小群体的形式，为幼儿提供交谈的机会。

日常生活中，教师可以采取小组与小组互动的方式，组织幼儿进行讨论、打擂台或辩论等。如教师可组织幼儿欣赏大学生唇枪舌剑、针锋相对的辩论场面，感受辩论场的激烈气氛，懂得辩论不仅要善辩、巧辩，更要以理服人。在此基础上，寻找一些诸如"男孩好还是女孩好""胆大好还是胆小好""喜欢冬天还是夏天""小孩子和老年人的相同点和不同点"等儿童喜欢并能发挥的题目，让幼儿辩论。这时，为了小组群体的荣誉，幼儿就会集中注意力地倾听对方发言，快速讨论和组织反驳材料，及时应答，并依靠大家的智慧和行动去赢得胜利。

这种幼儿群体之间的互动会对幼儿提出更多的挑战，也会使幼儿在交往语言建构中更多地受益。

（三）观察分析，顺应和推动儿童语言发展

儿童语言学习和发展的过程是一个极具个性特征的过程。不同的幼儿在语言学习的速度、效果以及运用语言进行交际的积极性等方面都表现出不同的特点和较为明显的个体差异。为此，学前儿童语言教育必须在顾及同龄群体需要的同时，还要照顾个别幼儿独特发展的特征。

日常交往的自然情景中，幼儿往往能真实地表现自己的言语交际水平以及言语表达的态度和行为习惯。有的幼儿善于与人交谈，能清楚地表达自己的意思；有的不爱说话或说不清自己的意思；有的幼儿在集体活动中表现得少言寡语，但在自由交谈时却侃侃而谈；有的幼儿在朗诵或表演中能说出非常准确的普通话，但在个别交谈中却常常发音不准，方言土语甚多……如果教师能留心观察，就能动态地了解每个幼儿的言语交往能力和交往态度，并根据不同情况，因材施教，做好个别指导。

对于语言表达能力较强的幼儿，教师要向他们提出略高于他们现有水平的要求，使之能在语言发展上"更上一层楼"。如请他们给大家讲述故事和见闻，朗诵或表演儿歌；委托他们转达老师的意见和要求。对于他们用词不当或说话不符合语法规范时，应纠正，以便不断提高他们的口语水平。

对于不爱说话、语言表达能力较差的幼儿，教师要主动亲近他们，有意识地与他们交谈，解除他们说话的顾虑，鼓励他们大胆说话，以增强他们谈话的兴趣和信心。

对那些语言发展中出现各种问题甚至产生语言障碍的幼儿，教师既不可操之过急也不能听之任之，而是要更加细心地去观察和了解他们语言发展中的实际情况，找出问题，分析原因，并为他们制订合适的语言辅导计划和方案，从而耐心地、有针对性地进行个别指导，以免错过关键期后造成儿童语言发展的终身问题。

资料

0～3岁儿童语言发展特点及日常生活中的语言活动

年龄	语言发展特点	日常生活中的语言教育建议
1～2个月	会发出咕咕音（与人或玩具交谈时，嘴里咕咕作响）； 会读"a"一类的元音	录下孩子周围经常听到的声音，如门铃声、自来水声、吸尘器声等，并用比较小的音量播放给孩子听； 给孩子换尿布、洗澡时，用儿歌与孩子进行愉快交流，如"前拍拍，后拍拍，娃娃洗澡不怕挨！"

续　表

年龄	语言发展特点	日常生活中的语言教育建议
3～5个月	嘴中开始喃喃作响，不停发出元音和辅音（d m n b）； 已能区分男女的不同嗓音； 开始将声音和图像联系起来，试图找声音的来源； 期待看护者做出反应	在婴儿床周围系些铃铛等发出响声的东西，引导孩子观察他的动作与响声之间的关系； 模仿不同人的声音或动物的叫声逗孩子
6～8个月	可以发"ba ma ba"一类的元音和辅音了； 会用自己的语音来表达不同的情绪； 发音越来越像真正的语言； 开始懂得一些词语的意义	在可能的情况下，让孩子看你做各种活动，如你择菜时，让孩子坐在旁边，并递给孩子一根菜，一边择告诉孩子这是什么菜，你正在干什么； 玩钉马掌的游戏：让孩子背靠着你，抓住他的两只脚踝，一边轻轻拍打两脚一边念"小马驹，钉马掌，啪嗒啪嗒，又啪嗒，这儿一下，那儿一下，钉不上，光脚丫，疼啊疼，疼啊疼，疼啊疼！"念到"疼啊疼"时，轻挠孩子的脚掌
9～12个月	不同的连续音节明显增加，近似词的发音增多； 开始真正理解成人的语言（话语反应判定法）； 能自创一些词语来代替事物，如用"汪汪"来代替小狗等； 开口说话，出现第一个有意义的单词	读一本动物的书，并带孩子去动物园，和孩子交流所看到的动物的名称； 和孩子一起画画，并向孩子一一指出你画的东西：这是大皮球，这是汽车……
1～1.5岁	单词句阶段，理解语言的能力迅速发展； 会给常见的物体命名； 词义泛化、词义窄化、词义特化； 继续讲"小儿语"，常用省略音、替代音和重叠音	随时告诉孩子你们看到的事物，如"汽车开过来了""小鸟在叽叽喳喳地叫"； 不教孩子诸如"吃饭饭""喝水水"一类的"小儿语"，用正确的说法与孩子说话
1.5～2岁	以词代句的现象减少，能够用简单句同大人进行语言交流，也会用语言表达自己的需求。如"出去玩""我要吃"等； 喜欢提问，语言上出现"反抗行为"； 掌握新词的速度突飞猛进，处于"词语爆炸"阶段； 处于双词句阶段，双词句增长速度加快	逐渐引导孩子学说主谓宾句式的话，如"宝宝喝水""爸爸回家了""妈妈切水果""小狗跑了"等； 教孩子回答疑问句：将孩子喜欢的玩具，如小皮球、小汽车等，放在他看得见但拿不到的地方或藏起来，问孩子："小皮球在哪里？"一边鼓励他去寻找，一边引导他说出"在这里"或"不知道""没看见""找不到"等话。在户外也可以抱着孩子边走边问："树在哪里？""滑滑梯在什么地方？"等等，让孩子回答。 大人用对话有意延长孩子说话的句子，如，孩子指着积木说"给我"，大人说"把什么给我"，孩子说"把积木给我"，大人又问"把什么样的积木给你"，孩子说"把红的积木给我"
2～2.5岁	基本上能理解成人所用的句子； 语言逐渐稳定和规范，发不出的语音逐渐减少； 能运用多种简单句句型，复合句也初步发展； 疑问句逐渐增多； 语言常常使用接尾策略；	和孩子一起说说各种物品的特性，如"大大的碗，小小的勺""红红的苹果，黄黄的苹果""高高的大象，矮矮的小狗"等等； 经常为孩子提供和同伴交往的机会，让他们之间经常打打招呼，说说话，并对孩子们的行为给予鼓励

续　表

年龄	语言发展特点	日常生活中的语言教育建议
2.5～3岁	词汇量迅速增加，对新词感兴趣； 能抽象句子规则，能表现出系统整合的语言； 能说出完整的句子，出现了多词句和复合句； 说话不流畅，表达常有"破句现象"； 言语功能呈现出越来越丰富、准确的趋势	给孩子讲有趣的事情（或生动短小的故事），但不讲出结尾，问他：结果怎么了呢？鼓励孩子编出结尾；鼓励孩子说一说他正在做的事情 借助孩子喜欢的故事，和孩子各自带上手偶"演戏"……

第二节　活动区角中的语言教育

促进儿童语言发展，除需要组织专门的语言教育活动外，还应该将语言教育渗透在一日生活的各个环节，有目的、有计划地为儿童"创造一个自由、宽松的语言环境，支持、鼓励、吸引儿童与教师、同伴或其他人交谈，体验语言交流的乐趣，学习使用适当的、礼貌的语言交往"。幼儿园语言活动区角的设置与利用，"为孩子们创设了一个能使他们想说、敢说、喜欢说、有机会说并能得到积极应答的环境"。幼儿园语言教育可以创设图书角、视听角、表演角、构图说话角、电话亭、悄悄话角等等。

⭐ 一、图书角中的语言教育

（一）图书角的创设

图书角是以阅读活动为中心而构思设计的活动天地。通过对这个区域的空间和环境材料的创设，创设温馨的阅读环境，吸引幼儿积极主动参加阅读活动，愉悦情感，开阔视野，对阅读产生浓厚的兴趣；根据婴幼儿的心理特点选择阅读书目，满足他们自主阅读的需求；通过阅读区的师幼共读，培养婴幼儿主动阅读的习惯和能力，获得阅读的经验和体验，提高阅读的效益和乐趣；习得阅读的技巧和方法，培养其良好的阅读习惯。

图书角设计要依据幼儿园实际和班级特点，体现风格的多样化。可以创设园级的大型的图书馆；可以在班级创设小小的图书馆，还可以创设像家居一样温馨的小书吧。首先，要注意光线充足、空气清新、环境安静。其次，墙面和窗帘的色彩以淡蓝、淡绿为佳。墙面上可以张贴有关阅读的图夹文规则要求等。再次，可以铺上地毯，投放一些软垫、软积木、小凳子、小桌子等。

图书角要根据年龄特点为幼儿提供多种多样的图书资料；制作图书和修补图书的材料。如内容多种多样的连环画、图卡、工具书等；形式多种多样的立体图书、墙面书（用比较结实的材料，如无纺布、硬纸板等等，做成书，并粘贴在墙面。还可以在书的封面上搭配雌雄搭扣、纽扣、揿钮等各种操作材料。在制作和打开时，既锻炼了幼儿的小肌肉动作，又满足了不同兴趣、不同个性幼儿的需要）、地面书（设计地面阅读材料，如跳房子，有序地找到画面、文字，说出图片上的人事物或编讲故事）、异形书；能师幼共读的大书；制作材料多种多样的自制的布书、纸盒书等。注意小班幼儿图书色彩鲜艳、画面大、情节简单并贴近儿童生活，注意书的纸质比较结实，相同的图书要多。中、大班幼儿可以考虑故事的人物情节复杂一些，书的种类要多，注意投放儿童自制的图书。

阅读材料要分类投放，分类的标志可以由儿童设计。

图书的投放要以儿童为本。可以用图书架、图书柜、图书布袋等多种形式。还可以就地取材，利用墙壁、柜子的背后等直接装订松紧带放书。或者利用树木剪枝的大树枝经安全卫生处理后做成书树挂书。要做到高度适合幼儿自由取放。

（二）指导要点

1. 阅读材料

（1）从生活中寻找阅读素材，婴幼儿的早期阅读是从符号开始的，哪怕是一个最不起眼的符号都可能成为他们阅读学习的一个新的开端。所以我们收集生活中大量的符号阅读素材：各种罐头开启以及食品、玩具的说明书；服装上的标牌、广告、交通安全标志牌等等。这些素材放在阅读区让他们一一阅读、观察，并在老师的帮助下讲述。慢慢地，通过他们不断的积累，迁移而后内化。因此，从他们周围的生活中汲取阅读材料是婴幼儿童最佳的"阅读开端"，能使其终身受益。

（2）根据不同年龄层次婴幼儿语言发展的需要。选择画面生动、色彩鲜艳，语言简单、准确，内容短小、有趣、贴近婴幼儿生活的图书，投放在阅读区内。注意婴幼儿的动作仍比较笨拙，尽量提供一些不易撕破的图书。

（3）根据婴幼儿语言发展的差异性选择多种多样的阅读材料，通过不同的阅读材料满足不同儿童的阅读需求。

（4）利用阅读区的师幼共读，养成婴幼儿主动阅读的习惯，提高阅读的效益和乐趣。对于幼儿来说，阅读时伴随着观察、想象、思维等一系列心理活动，由于幼儿心理特征不同，兴趣不同，他们的阅读方式也不完全一样。只要能激发幼儿的阅读兴趣，"主动阅读"习惯就能形成，阅读的幸福就能伴随幼儿一生。

2. 建立必要的阅读规则

阅读是一个人必须具备的能力，但是阅读能力不是天生具备，需要从小进行有意识的培养。阅读角这种非正式的阅读活动，对于婴幼儿早期阅读习惯的养成非常重要，图书角阅读规则的建立有利于幼儿良好的阅读习惯的养成，有助于幼儿阅读活动的顺利开展。图书角的规则主要包括以下内容。

（1）根据图书角范围的大小调控人数的规则。如投放"入区卡""阅读卡"等多种方式调控人数，让幼儿能根据进入图书角的人数，自动地转到其他区角。

（2）图书角要走路轻、说话轻、轻拿轻放图书，保持阅读安静。

（3）两人同时选择同一本书时，由两人协商解决，学习轮换阅读和分享阅读。

（4）图书阅读后要放回原处。

建立图书角规则的关键，是教师要引导幼儿理解规则、遵守规则。图书阅览规则可以用图夹文的方式张贴在图书角，并且介绍给幼儿。

3. 及时更换和介绍新图书

（1）教师要及时观察分析幼儿阅读情况，分析幼儿阅读行为。根据幼儿实际，引导幼儿去发现图书的趣味，或更换新的图书，提高图书角对幼儿的吸引力。

（2）更换新的图书：除了适当购买以外，可以由幼儿定期从家里带图书到幼儿园放到图书角供大家分享；可以与其他班交换图书；还可以由幼儿、家长、教师自制图书等。为幼儿提供丰富多彩的阅读材料。

（3）新添的图书，投放的位置要醒目，易吸引幼儿主动阅读；利用图书室（角）的主题墙饰，将新书的内容、特点展示出来，及时介绍，引起幼儿注意，激发幼儿阅读的兴趣。

4. 养成良好的阅读习惯

（1）教师注意创造条件，引导幼儿热爱阅读活动，养成每天定时阅读的好习惯。

（2）引导幼儿掌握阅读图书的基本方法。

早期阅读对于婴幼儿身心发展非常重要，因此我们需要从小培养他们的阅读技能。要培养婴幼儿的阅读技能，就必须了解他们是如何进行阅读的。婴幼儿的阅读是通过一系列的行为来实现的。

所谓婴幼儿阅读行为，是指置于婴幼儿和阅读对象之间一切中介的总和，是指婴幼儿按一定的阅读要求，对阅读对象进行的一种活动。因此，需要学习一定的阅读技能。

最基本的方法：首先，要端端正正把书放在桌上（正置书）；其次，一页一页有序看书，避免无序翻看；第三，两指捻翻书页，避免五指一把抓书页。第四，阅读画面时要从左到右、从上到下（有的自制图书和少量的特殊的图书翻页的方式不同，中、大班可以让儿童自己去探索研究怎么翻页）。

（3）养成爱护图书，轻拿轻放，阅读后放回原处的好习惯。

5. 引导儿童表达和表现图书内容

（1）通过多种方式引导幼儿表达图书内容。如引导幼儿讲述故事；通过提问让幼儿理解和表达图书内容；运用讨论的方法引导幼儿体验图书中人物情感，理解人与人的关系等。

（2）给幼儿提供表现图书内容的条件。如提供头饰、面具、偶人、服装等，支持幼儿表演图书内容；提供可以自制服装道具的材料，幼儿可以自制服装道具表演图书内容。

（3）提供纸张、彩笔等多种材料，鼓励幼儿制作图书。

6. 开展有趣的图书角活动

（1）分享阅读。幼儿与幼儿、幼儿与教师、幼儿与家长共同阅读。

（2）故事大王。开展故事会和故事比赛活动，让婴幼儿主动阅读。

（3）图书制作。引导幼儿自己画图书；用收集的各种人物、动物、景物等材料来粘贴图书；亲子制作，由家长与幼儿共同构思设计，一起动手制作。

（4）图书展览会。可以由幼儿、教师、家长等收集多种多样的书。比如，材料不同的纸张印刷的书、布书、塑料书、竹板书等；形状不同的异形书、苹果书、蝴蝶书、叶子书等等；不同的人阅读的书和内容不同，小朋友阅读的图书、哥哥姐姐阅读的书、可以查阅问题答案的工具书等等，以及长长的折叠式的书、画面能变成立体的图书、文字竖排的书、会唱歌的书、有洞洞的书等。开办一个"图书展览会"，幼儿可以向其他小朋友介绍图书，还可以向家长讲解，激发幼儿阅读兴趣和扩大儿童眼界。

（5）"问题树"墙饰。教师收集幼儿感兴趣的问题，也可直接让幼儿提问题，请幼儿与家长将问题用图夹文的方式写或画出来，引导和支持幼儿自己去查阅图书。也可以由幼儿与家长去图书馆、网上查找资料，寻找答案。然后教师与幼儿共同设计一棵大树，可以准备一些剪好的树叶、花朵、果实等，幼儿将问题写画到树叶上，将查到的答案写画到花朵或果实上供大家分享。

（三）实践练习——多种多样的自制图书

（1）材料和工具：多种多样的纸张（可以是废旧的）；废旧的纸袋（制作图书封面）；单个的花草树木、人物、动物图样；多种彩笔；糨糊（胶水、双面胶）等等。

（2）制作方法创意。

长长的书：将纸裁剪成长条形，根据年龄班确定页数，用折扇子的方式来回折叠成书，拉开变成长长的书。

折叠书：将8开的纸放在桌上，先宽对宽对折，再宽对宽对折，第三次宽对宽对折；然后打开一次，再打开一次，再用剪刀从纸的合口处剪到折痕的中点，翻折成书。

异形书：根据书的内容剪成需要的形状即成。

（四）多功能布书的设计（见图8-1）

（1）材料和工具：无纺布、热熔胶、毛根、活动眼睛、剪刀、针、线等。

（2）制作方法。

①构思和设计布书的大小尺寸、页码、页面上画面的安排。

②根据构思设计裁剪好每一页，注意封面的布料要预留书脊的宽度（根据书的页码预留）。

③用热熔胶粘贴，注意每一页对整齐，只在书页的中间粘贴几个点就行了；页面上的背景布置粘贴好。

④用针线将每一页缝在一起。

⑤ 根据幼儿的兴趣，利用无纺布、毛根、活动眼睛设计制作多种多样的人物角色及花草树木等单个的图样。

（3）使用方法：幼儿可以自由选择人物角色和背景摆放到布书的每一页，创编和讲述自己的故事。

图8-1　布书设计

二、视听角中的语言教育

（一）视听角的创设

信息技术的发展，收录机、电视、电脑等大众传媒的普及，为儿童语言的发展提供了重要的工具，为幼儿园语言教育开辟了新的途径。

视听角是利用各种现代技术为儿童创设视听结合的发展儿童语言的活动区角。

视听角的设施设备的投放应因地制宜。

（1）有条件的幼儿园可以在视听角里安置电视、电脑、VCD、收录机、收音机、投影仪等现代电器设备；生动形象、情节有趣、内容浅显、适合幼儿欣赏的录像带、光盘、CD及VCD碟片、磁带、幻灯片等；还可以选用一些家庭录制的磁带和光盘。

（2）可以投放一些幼儿喜欢的图书，并用与幼儿翻阅图书相配的速度将图书的内容录音，幼儿可以自己边听边翻阅图书；还可以投放一些空白的磁带，幼儿可以为自己讲述的故事录音。

（3）可以在地上铺上地毯，安放一些软垫、小凳子、桌子等等，方便幼儿自由安排活动。

（二）指导要点

1.选择和创编视听教材

由于现代化的视听设备特别是电子媒体能给幼儿带来多种多样的语言和知识信息。视听材料的质量和内容与幼儿的成长密切相关，因此，教师应该精心筛选视听教材。

（1）提供画面优美、轻松活泼的儿童美术片、动画片。

（2）主题鲜明、短小精悍的故事、诗歌、散文磁带。

（3）欢快活泼、优美动听的音乐光盘和碟片。

（4）生动有趣、奇妙动听的自然的、社会的多种声响。

（5）教师、幼儿、家长自制的视听材料。

2.幼儿学习操作视听设备的方法

可以用图示的方式帮助幼儿自己去熟悉和掌握视听角中的各种现代化设备的操作方法。也可以用图夹文的方式，给每一种设备提供可视的操作方法，便于幼儿自由地操作和欣赏。

3.支持和引导幼儿主动积极地视听

观看和倾听材料不同于阅读图书，其画面和声音是流动的，往往一闪而过，幼儿有时会忽略一些画面和声音的信息，影响幼儿的感知和理解。因此，教师可以根据当时的情况，运用以下方法来支持幼儿的视听活动。

（1）连贯视听。连贯放映或播放整段或整部美术片、故事、诗歌散文的碟片或磁带，幼儿完整观看、倾听，获得完整印象。这种方法多用在视听活动的开始和结束，帮助幼儿获得对作品的完整印象。使用这种方法一要注意作品的篇幅不宜过长，以免幼儿疲劳；二是观看前可以提出观看要求和问题，观看过程中提醒幼儿应该注意的重点，观看后要求幼儿讨论和表达。

（2）重复视听。为了满足幼儿的愿望，也为了幼儿更好地欣赏连续变化的视听材料，加深幼儿对作品的理解，可以用完整重现和部分重现的方法。教师要注意提出视听的要求，让幼儿能抓住作品中的动作、语言、表情等，清晰地感知视听材料的内容，促进儿童语言的发展。

（3）定格观看。让电视屏幕上的某个画面暂时固定不动，幼儿可以仔细观察画面，理解内容。

4. 开展生动有趣的视听角活动

（1）复述和朗诵。复述是指在幼儿反复倾听故事的基础上，幼儿尝试基本照原文自然地讲述故事的活动，复述故事可以全文复述，也可以分段复述。朗诵是指幼儿在反复欣赏或学习了诗歌散文后，尝试自己朗诵诗歌散文。

（2）声像配音。一种是幼儿在多次欣赏动画片等音像同时作用于幼儿感官的作品，感受片中的形象、意境、音乐的美，特别是富有特色的语言，然后关掉声音，幼儿来为画面配音。另一种是幼儿即兴给画面配音，还可以是用纸盒制作的"小小电视机"等。

（3）听音响讲故事。向幼儿播放优美的旋律或者自然和社会的声响，然后通过提问等方式引导幼儿展开想象，把自己对音乐和声响的感受编成故事讲给大家听。

（4）录音游戏。教师或者幼儿自己用录音机把幼儿讲的话录下来，放给幼儿听。

（5）新闻广告播报等专题活动。

⭐ 三、表演角中的语言教育

表演角是幼儿用动作、表情、语言表现自己对语言文学作品的理解和再现作品内容的表演活动；也可以是幼儿用自己创编的故事以及他们经历过的事件进行的表演活动。它可以包括主题角色剧、故事剧、哑剧、木偶剧、皮影戏、故事表演、分角色阅读等活动。设计和布置表演角，满足了幼儿表现文学作品内容和自己创编的故事以及表现自己经历过的事件的需要，幼儿能在表演活动中主动积极地与语言和非语言材料相互作用，提高幼儿语言表达能力。同时，表演游戏可以激发丰富的学习潜能，在以文学作品或生活经验为基础展开的以表演游戏为主线的系列活动中，幼儿不仅可以学习"语言"，幼儿学习的可能性还可以扩展到科学、数学、社会、艺术等多个课程领域。

（一）表演角的创设

根据幼儿园和本班实际，教师可以设计固定式的表演角、小舞台，也可以根据活动室的门厅、过道、走廊等设计活动的表演角、可移动的小舞台。投放服装道具、头饰、面具、偶人等表演材料，幼儿可以自由地进行表演活动。

（二）指导要点

1. 提供丰富的材料，营造表演的氛围

支持幼儿积极参与表演角环境的设计和布置，和幼儿一起搭建小舞台，布置墙饰和背景；根据语言文学作品活动和视听活动的内容制作道具、头饰、偶人；提供适合作品角色的服装，引导幼儿利用废旧物品制作服装道具，自制服装道具的过程本身可以给儿童带来快乐，并且是一种蕴含着丰富的学习机会的活动，多种多样的材料为幼儿的探究提供更多的机会和可能性。

2. 引导幼儿感受和理解作品，把握角色特点

理解作品是幼儿表演的前提和基础。表演作为文学作品活动的延伸和拓展，要注意与文学作品活动结合，既要引导幼儿理解故事、诗歌散文、绕口令等作品的内容，又要帮助幼儿学习运用声调、节奏、速度等表现人物角色的性格特点和有感情地朗诵。

3. 鼓励幼儿按自己的意愿表演

幼儿表演不能停留在模仿上，应该给幼儿创造空间，鼓励幼儿自己决定表演的内容，自己分配角

图8-2　丰富的表演材料

色，尊重幼儿对作品的理解和演绎。鼓励幼儿创编新的情节和人物对话，支持幼儿自己设计动作和人物对话。少一些规定，多一些自主，创造一个幼儿爱表演，并能自由表演的有积极应答的环境。

4.表演活动生成环境，环境支持活动

为了支持和鼓励幼儿的表演活动，将表演活动的构思设计过程：诸如确定文学作品——角色分配（幼儿自己讨论角色分配，并在展示的图片上用图夹文的方式写上自己要扮演的人物角色）——自制服装道具（可以是家长、教师帮助）——自主表演等活动用图画、实物、照片、录音、文字说明等记录上墙，形成了动态的活动墙饰，为师幼互动和家园互动提供媒介和活动进一步发展的依据和线索。将活动与环境创设有机地结合起来，活动生成环境，环境支持活动。

5.参与儿童的表演活动

教师除了通过提供材料引发、支持幼儿的创造性表演活动。还可以通过角色身份参与幼儿的表演活动，间接地引导幼儿运用语言、表情、动作来表现角色，创造性地再现作品内容。

6.开展丰富多彩的表演角活动

幼儿园活动室的空间有限，在利用角落和区域时，应该因地制宜；又由于语言既是幼儿学习的对象又是幼儿交流的工具，因此，注意发挥其他领域角落的语言教育功能和作用；活动区角的创设是多种多样的，还可以根据本班实际设置，如构图讲述角、悄悄话角、电话亭、图书"印刷厂"等等。

（三）活动区角环境和材料的设计制作

1.木偶表演台：可以运用本班的门窗、桌子、大型的纸盒制作。

2.偶人设计（指偶、掌偶、布袋偶人、提线偶人、撑杆偶人、皮影）。

（1）材料：纸、蚕茧、无纺布、毛根、竹子、麦草、废旧的纸盘、纸杯、手套、袜子、毛线、布块、皮影制作的纸、过塑模、线、细竹竿等等。

（2）制作方法：无定法，可以任意创造。

图8-3　偶人设计

例1：简易的提线偶人设计与制作：

可以准备袜子或布料、装填的材料（棉花、碎布……）、针线、纽扣（眼睛）等。

例2：皮影设计与制作：

材料准备：图画纸、过塑纸、毛线、竹竿（比较轻的用吸管也可以）。

制作：可以用一般的纸板画出人物角色的头、躯干、四肢，然后组装；用图画纸绘制后过塑组装；也可以用剪纸的方式（彩色纸）制作；直接用幻灯片制作等等。

四、墙面阅读环境创设中的语言提示

（一）幼儿园园级图书馆前言

培根说过：爱读书是一种十全十美的享受；别的享受都有尽头。而读书给人的享受却是长久的。谁也否认不了，每一个孩子都是"读"图画的天才。"只要故事在图画上表现出来，那么孩子的眼睛就会发现它们。"孩子们在阅读中可以单凭封面猜测出这本书讲了一个什么故事，也可以将一个人物角色创造性地讲成一个故事。他们将日常生活与幻想世界结合，创造了一个纯真的神奇世界。在我们的图书馆里，我们孩子都可以展开想象的翅膀，在无所不有的文学世界中畅游。

（二）幼儿园园级故事墙、诗歌墙前言

中国几千年来浩如烟海的古典诗词中蕴含着丰富的文史哲、科学等文化内涵，华夏民族文化中的教人修身、立志、治国、安邦的大智大睿，是中华民族现代文明的源头活水，滋养着中华民族的精神与灵魂。中国人不知李白、杜甫……同英国人不知有莎士比亚、法国人不知有巴尔扎克、俄国人不知有普希金……同样不可思议。因此，我们将依据儿童的年龄特征和认知水平，有选择地分阶段投放从古到今的诗歌和儿歌，并将教师、儿童或家长为诗歌创作的图画展示出来，在古诗词活动中融汇美术艺术形式，外化了诗词的意境，帮助儿童理解诗歌。

期望孩子们能在倾听和欣赏中感受古诗词蕴含的语言艺术，理解诗歌中的文化内涵，培养其优秀的民族个性，为孩子一生的发展奠定良好的基础，促其综合素质的全面构建。

请家长和教师为孩子们吟诵和讲解。有意识地带领幼儿去观察、去倾听、去朗诵。让幼儿在宽松和谐的氛围中快乐地观察：发现诗画之间的关系；听出诗歌中的意境；表现自己对诗歌的理解，感知中华民族语言艺术的多姿多彩。

（三）亲子阅读墙前言

在亲情中享受读书的乐趣是阅读的精髓，孩子的感觉会轻松愉快。依偎在父母的身旁，倾听着温柔的话语，孩子就像小时候在摇篮里听妈妈哼唱优美的摇篮曲一样，把视觉、听觉、触觉的信息都由大脑诠释为慈爱、安全、惬意、温情和父母深切的爱；同时，为人父母者也能感受到孩子对自己深深的依恋，两人之间弥漫着亲情的亲密气氛。在亲情中分享阅读的快乐，可为孩子日后的学习奠定健康的心理基础。

第三节　家园配合进行语言教育

一、家庭中儿童语言教育的有利条件

《纲要》强调"家庭是幼儿园的重要伙伴。应本着尊重、平等、合作的原则，争取家长的理解、支持和主动参与，积极支持、帮助家长提高教育能力"。家庭中蕴藏着丰富的教育资源，家庭教育多以非正式的、随机的、个别化的教育方式进行，对儿童的语言教育独具优势。

（一）亲情关系

父母是孩子最早的启蒙老师，从咿呀学语到出口成章，父母的影响无处不在，倾注着他们的深情和厚意。因为有亲情，孩子有安全感，没有畏惧，孩子想说什么就说什么，想怎么说就怎么说，有利于儿童对语言活动的兴趣；因为是个别教育，亲子之间容易产生双向的互动，有宽松和谐的心理氛围，有及时的应答活动，有利于儿童语言能力的全面发展。

（二）教育的个别化

幼儿年龄小，口语表达能力在不断完善的过程中，容易出现错音、错词和语病等问题，父母会及时给予帮助，有利于幼儿的模仿学习；在阅读图书的时候，父母可以与孩子进行分享式的阅读活动，与孩子一起阅读，一边看一边读，一边问一边讲。这种"一对一"的教育方式，可以及时支持和帮助幼儿，幼儿易感受亲情和体验成功。

（三）语言与语境匹配

幼儿的思维是以具体形象为主的，理解语言和表达交流都有赖于语言情境，在具体的语言情境中，能够较好地理解语言意义。父母与幼儿的语言交谈，都有一个客观的语言环境，幼儿可以自己发起和控制话题，这些话题是幼儿感兴趣的，符合幼儿的需要和语言发展水平，而且与当时的语境匹配。

（四）随机灵活的语言教育

家庭中的语言教育没有固定的大纲和教材，内容、方法和时间是随机的，可谓"遇物而诲"，"相机而教"。家庭环境中，亲子间随时随地都在交际和交流着，不受时间、地点和形式的限制，活动空间的流动使交流的内容也不断地发展和变化着，有着宽松自由的谈话氛围。孩子在与亲人的欢聚中发展口语表达能力。

⭐ 二、语言教育的家园配合

（一）家长明确儿童语言教育的意义

1. 明确婴幼儿时期是人类学习语言的关键期

大量的儿童心理研究成果和长期的教育实践证明，婴幼儿期是人的一生中掌握语言最迅速的时期，也是最关键的时期。3岁是学习语音的关键期；3～6岁则是学习词汇和语法的关键期。因此，教师应该通过多种有效的途径，将幼儿园、家庭、社区教育结合起来，帮助家长把握好儿童学习语言的关键期，使幼儿园和家庭形成一股教育的合力，家园一致地促进儿童语言发展。

2. 让家长明确儿童语言教育可以促进儿童全面发展

"语言是最广泛最公平地在人类中得到分享的一种智力。"语言智力是用于听、说、读、写的交际和交流能力。这也是个人在社会中赖以生存的一种重要能力，与儿童的全面发展息息相关。

为了开发儿童的语言智力，心理学家和教育学家们建议家长们要密切关注儿童语言智力的品质（语音、节奏、语调反应的灵敏度，听、说、读的能力））的发展。家长重视，对开发儿童的语言智能，家园一致创设有利于儿童全面发展的环境就有了保障。

3. 让家长明确家园配合共同教育的必要性

（1）儿童阶段的语言学习，大多是在模仿中习得的。语言学习的特殊性要求家庭与幼儿园必须保持高度的连续性和一致性。语言学习不可能一蹴而就，需要在活动中不停交流和反复强化。家庭与幼儿园坚持一贯性和一致性，才能实现儿童语言教育的目标。例如，幼儿园里使用普通话，家长也坚持用普通话与儿童交流，儿童就能坚持运用普通话进行交际和交流。

（2）家长的参与和支持是非常必要的。虽然幼儿园语言教育是有目的、有计划、有组织地对儿童进行有关听、说、读、写等方面的全面教育，有专门的教师，有精心设计的活动，并且包括了正式的和非正式的语言教育，甚至还包括了渗透在日常生活中的语言教育和各领域中的语言教育。但是，还须家长参与，家园一致地将语言教育渗透到家庭之中。

（3）家庭是语言教育活动延伸的重要场所。将语言教育延伸到家庭，让家长成为儿童语言学习的指导教师，语言教育自然地迁移到家庭生活中，儿童的学习得以巩固和发展。使家庭教育成为幼儿园语言教育活动中的一个反复或者"回放"，家长的支持和配合就非常重要了。

（二）家长掌握语言教育的目标

教师应该让家长知道自己孩子所在班级语言教育的目标，家庭应当与幼儿园保持统一的目标。语言教育的目标在方向上应该与《纲要》一致。最终落实到重视儿童语言运用能力的发展、重视儿童早期阅读的发展，促进每一个儿童语言智能的全面发展。

★ 三、活动案例

活动案例可供教师、家长借鉴，在幼儿园或家里与孩子一起阅读。

（一）婴班：阅读游戏

> **活动名称**：手指宝宝学看书
> **活动目标**：
> 1. 在游戏中练习一页一页翻书的方法，以及从上向下、从左向右阅读的方法。
> 2. 在阅读中享受每一页书带来的新奇乐趣。
> **活动过程**：
> 1. 教师出示"手指宝宝"，绘声绘色地朗诵"手指宝宝"儿歌，同时演示翻书和看书。
> 2. 每位儿童都贴上"手指宝宝"，在教师的带领下，玩手指宝宝"看书"的游戏。
> 3. 儿童自由取书，一边和"手指宝宝"游戏，一边和"手指宝宝"分享书中的趣事。

（二）小班：布书阅读

> **活动名称**："春夏秋冬"的故事
> **活动目标**：
> 1. 观察书中的画面，尝试说完整句"×××在×××地方×××（干什么）"练习。
> 2. 能用熟悉的动词："飞""跳""爬""找"等来较准确地描述小动物的动态。
> 3. 感受用指偶在阅读布书过程中的"游玩""游戏""触摸"的奇妙乐趣。
> **活动过程**：
> 1. 出示布书，感受布书的不同。
> 2. 教师用手指偶带领幼儿进入布书"春""游玩"，配合指偶的动作，教师示范完整句的讲述、动词的使用。
> 3. 幼儿自己选戴动物指偶，介绍自己的小动物，说说小动物喜欢怎么玩……（教师提示准确的动词的使用和完整讲述）
> 4. 幼儿的小动物指偶在布书第一页、第二页"春""夏"中一边游玩一边讲述。
> 5. 互换指偶，幼儿自由讲述第三页、第四页"秋""冬"教师指导。
> 6. 幼儿进入读书角，自选布书，戴上指偶阅读。

（三）大班：自制图书

活动名称："圈圈、方方、三角"的故事
活动目标：
1. 对不同图案进行创意绘画，并把画构成一个完整的连环故事。
2. 能完整地讲述这个连环故事，有时间、地点、人物和事件，有情节、开始、结尾。
3. 体会绘制"奇妙故事"奇妙乐趣和成就感。
活动过程：
1. 呈现每一份需要创意画的"圈圈"书、"方方"书、"三角"书。
2. 讨论：每一页可以画出什么故事？
3. 自己边画边讲，教师提示"画"出完整故事的要素，画出奇妙的故事。
4. 讲述、分享：哪个故事最奇妙。（教师在儿童画下记录儿童的讲述）
5. 协助幼儿装订，幼儿在阅读区交换阅读创意书。

（四）大班：阅读创意表演

活动名称：聪明的"白雪公主"
活动目标：
1. 改编故事情节，自由讲述。
2. 用肢体语言协作演绎故事，体会自编自演精彩故事情节的乐趣。
活动过程：
1. 回忆故事，引出对故事中受骗情节的思考。
2. 如果你是白雪公主，"你有多少种办法对付坏人"。讨论并完整讲述这一情节，比比谁的办法多，办法妙。
3. 协商合作，三人一组分角色练习，分组演出本组创意改编的"聪明的白雪公主"情节，共同分享精彩的故事。
4. 延伸活动：进入表演区角，用道具装扮自编自导"更聪明的白雪公主"。
（案例由成都幼师实验幼儿园提供，活动指导：赵江莉，活动组织：宋戬、李娜、王月秋、艾冰玉、何伟）

思考与练习

1. 举例说明日常生活中的语言教育策略。
2. 尝试做一本布书，设计和制作多种多样的偶人，并利用见习、实习机会将其运用到区角的语言教育活动中。
3. 以小组方式收集家庭中语言教育的方法，并在班级内交流。
4. 围绕家乡建设和发展热点，选择和剪辑适合投放在班级视听角的音频和视频材料，并以菜单形式呈现相关资源的整理。
5. 去幼儿园观察日常生活中的语言教育情况，并填写记录表。

"幼儿日常生活中的语言教育"观察记录表

学生姓名_____学号_____ 观察幼儿园_____完成日期_____

生活环节	语言教育价值及活动内容	利用的教育资源	指导要点	评析
地点或区域	语言教育价值及活动内容	表现形式		评析

学前儿童英语教育活动

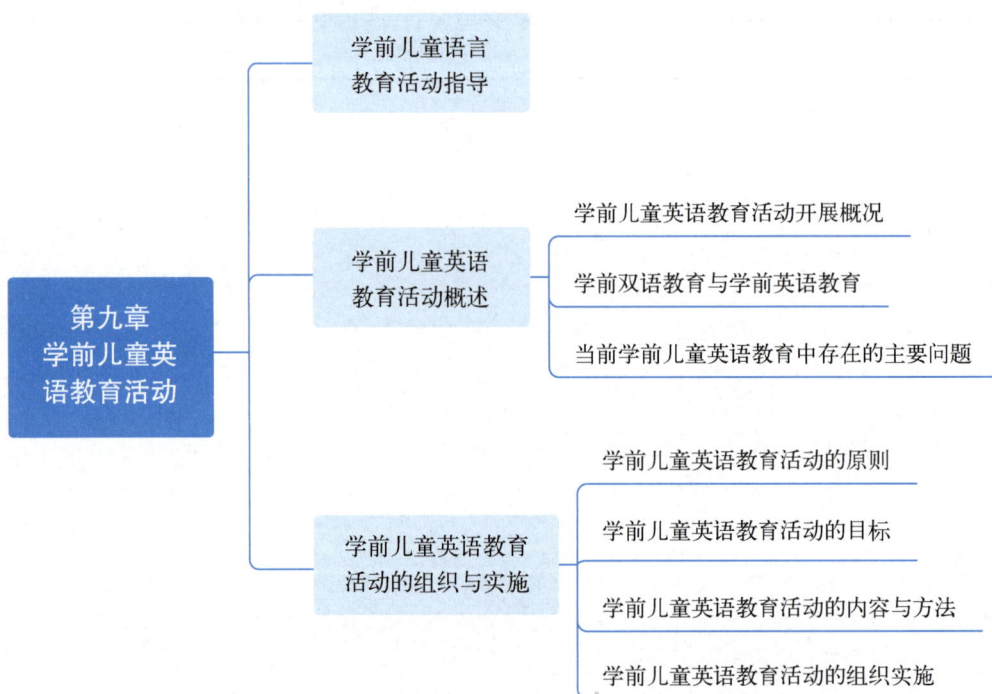

```
                          ┌─────────────────┐
                          │ 学前儿童语言     │
                          │ 教育活动指导     │
                          └─────────────────┘

                                        ┌──────────────────────────────┐
                                        │ 学前儿童英语教育活动开展概况  │
                          ┌─────────────┐└──────────────────────────────┘
                          │ 学前儿童英语 │┌──────────────────────────────┐
                          │ 教育活动概述 │├ 学前双语教育与学前英语教育    │
  ┌──────────┐            └─────────────┘└──────────────────────────────┘
  │ 第九章    │                            ┌──────────────────────────────┐
  │ 学前儿童英 │                            │ 当前学前儿童英语教育中存在的主要问题 │
  │ 语教育活动 │                            └──────────────────────────────┘
  └──────────┘
                                        ┌──────────────────────────────┐
                                        │ 学前儿童英语教育活动的原则     │
                          ┌─────────────┐└──────────────────────────────┘
                          │ 学前儿童英语教育 │┌──────────────────────────────┐
                          │ 活动的组织与实施 │├ 学前儿童英语教育活动的目标     │
                          └─────────────┘└──────────────────────────────┘
                                        ┌──────────────────────────────┐
                                        │ 学前儿童英语教育活动的内容与方法 │
                                        └──────────────────────────────┘
                                        ┌──────────────────────────────┐
                                        │ 学前儿童英语教育活动的组织实施  │
                                        └──────────────────────────────┘
```

学习要点

- 学前英语教育在我国兴起的社会背景及存在的各种问题。
- 学前英语教育的含义和特点。
- 学前英语教育的目标。
- 学前英语教育的原则。
- 学前英语教育活动的基本内容与方法。
- 学前英语教学活动的组织实施。

第一节　学前儿童英语教育活动概述

一、学前儿童英语教育活动开展概况

（一）学前儿童英语教育活动发展的背景

英语是联合国、欧洲联盟等国际组织以及近60个主权国家的官方语言之一，是世界上使用最广泛的第一语言，拥有世界第三位的母语使用者人数，仅次于汉语和西班牙语母语使用者人数。它是学习最广泛的第二语言，也是与电脑、互联网联系最密切的语言，大多数编程语言都与英语有联系，而且随着网络的发展，英语的使用更普及。

许多学者认为，幼儿期是语言发展的关键期，在这个时段有效地学习语言，事半功倍。有实验研究发现，年龄、智力和家庭社会地位基本相同的双语儿童和单语儿童，都以同样的速度发展着本族语言，而且两组儿童在实验后测试中的母语成绩几乎水平相当，这表示双语儿童在智力和能力方面没有受到消极影响。更有研究显示，双语儿童思维敏捷、灵活性高，在概念的形成、迁移等方面较单语儿童出色。这是因为双语教学增加了幼儿的语言表达机会，培养了其社交能力，因此双语儿童更为自信和活泼，社交能力也较强，对其他民族和文化更为宽容。生理学的研究也认为，掌握双语的儿童大脑两半球对于言语刺激均产生诱发电位，从而促进大脑两半球之间的协调，能够加强神经细胞之间的联系，从而促使儿童的智力向深层次发展。

经过几十年的发展，英语教育、双语教育在加拿大、美国、新西兰、卢森堡等双语国家或多语国家实施获得了成功，而且在澳大利亚、日本、俄罗斯、匈牙利、保加利亚等单语国家也获得了成功。特别是新加坡和加拿大的双语浸入式教学得到广泛推广，获得普遍认可。从国际上看，20世纪90年代以来，外语教学表现出以下特点：低龄化、与其他学科内容相互渗透、与教育科学研究相结合等。

我国的儿童英语教育多年来一直在进行改革，广大教育工作者积极探索符合我国儿童语言发展特点的教学模式，努力提升教学质量，也形成我国英语教育独有的特色。但是，英语教育存在的问题也比较突出，如学生听说能力差，交流沟通能力不强，导致学校教育所培养的人才不能满足社会发展的需要。中国的儿童究竟应该从什么时候开始学习英语？怎样学习英语？影响儿童学习英语的因素有哪些？如何创设良好的语言学习环境？这些都是值得深入研究的课题。

目前，学前英语教育虽然存有一定争议，但是可以进行试点和研究。作为一种非正式教育，双语教育、英语教育与幼儿园教育并不矛盾，随着研究的不断深入，我们对幼儿英语教育活动的本质和规律将会有更加深入的认识。

（二）幼儿园开展英语教育活动的概况

就世界范围来看，双语教育的历史源远流长，据专家研究，已经有一百多年的历史。美国是最早开始实施双语教育的国家之一，但是双语教育的发展较曲折，走过了上百年错综复杂的历程，真正意义上的恢复和发展要从20世纪60年代开始，澳大利亚的双语教育始于1985年（后期半浸入式）。综合其他许多国家的发展情况来看，双语教育虽然起步较早，但是从学前阶段开始的并不多，如加拿大，作为双语教育成功的典范，学前双语教育仅始于1969年，所以学前双语教育的发展大约就是几十年的历史。

在我国，尽管许多幼儿园开展了英语教育活动，但是对于幼儿是否应该学英语，幼儿园是否需要开展英语教育活动，尚存争议。赞同者认为，学前儿童处于语言发展的关键期，模仿力强，学习英语没有心理障碍，敢于开口，可塑性强，能打下良好的口语基础，而且英语学习能促进智力和非智力因素的发展，甚至能促进母语的学习和社会性发展。反对者认为，学英语加重了儿童的负担，不利于儿童身心健康，而且学习效率低，若幼小衔接不上，不如到小学再学。另外，理论研究不足、师资匮乏等一系列短期内无法解决的问题也无法回避。

我国学前英语教育方面早期的课题研究始于20世纪90年代，如全国教育科学"九五"规划重点课题项目《我国幼儿课程体系的研究》的子项目《幼儿园双语教育研究》；1997年在西安举行的"中加教育合作项目双语研究研讨会"上，成立了"中加教育合作英语浸入式教学实验课题组"，研究人员组织西安的八所幼儿园和五所小学，开展了英语浸入式教学的研究；2002年全国教育科学"十五"规划教育部重点课题《学前双语教育师资培训研究》正式启动，全国二十多所幼儿师范学校和二百多所幼儿园参与了该课题的研究。以上研究工作均已取得积极的成果，在一定程度上推动了我国学前英语教育的科学化、规范化发展。

（三）研究学前儿童英语教育的意义

有专家指出，当前我国教育界对英语教育的争论太多，而实证研究太少，建议大家少一些争论，多做一些研究，才能真正对教育实践起到促进作用。研究学前儿童英语教育不仅有重要的理论价值，而且还具有重要的实践价值，其意义突出体现在以下两方面。

1. 有助于揭示儿童语言学习的规律

从实施双语教育的背景看，外语教学质量低是全球性的普遍现象，越来越多的国家已经认识到，仅仅依靠开设一门外语科目，绝大多数学生只能掌握有限的外语，很难达到精通外语的程度。反思我国的英语教学，也存在同样的情况。那么，儿童第二语言的学习规律究竟是怎样的？第一语言与第二语言的关系如何？儿童第二语言发展有没有关键期？在什么年龄？怎样才能使我国儿童和青少年较好地掌握英语？开展学前儿童英语教育研究将有助于揭示这些规律和内在联系，并极大地丰富和充实儿童心理学、学前教育学和语言学等相关学科的理论。

2. 有助于学前儿童英语教育工作科学规范地发展

学前儿童英语教育在我国只能算是刚刚起步，目前还没有形成系统的教育理论体系，理论研究的滞后与教育现状的迅猛发展存在明显反差，而国外的理论大多起源于移民国家、前殖民地国家或双语国家，尽管他们经历了几十年的实践，既积累了丰富的实践经验，也形成了丰硕的成果，但是这些国家与我国作为"单语国家"的发展情况有较大差别，我们必须立足于本国的国情，研究中国学前儿童英语教育的规律，才能对当前以及今后的教育实践起到真正的指导作用，尽量减少争议，少走弯路，使学前儿童英语教育走上科学规范的发展道路。

总之，及时进行相关的实验研究和理论研究，不仅对英语教学有较大的促进作用，而且还会带动相关的其他工作，如新师资的培养、在职教师的培训、学前英语教育的管理、制度的建设、教师资格认定、教材教法的改革等等。

二、学前双语教育与学前英语教育

双语的英文是"Bilingual"，直接的意思就是"Two Languages"（两种语言）。有关双语的解释很多。"Bilingual"常常指双语并重；或一种语言为重，另一种语言为次；或用一种语言来读和写，用另一种语言来听说；有时也特指幼年时代同时学会两种语言。它的产生源于在某个国家或某个地区有两个（或两个以上）民族同时存在，并存在两种或两种以上文化历史背景条件下，可能或必须运用两种语言进行交流的情景。在这两种语言中，一种是第一语言（First Language），另一种是第二语言（Second Language）。第一语言通常是母语或本族语，是最先习得的语言；第二语言是与第一语言相对而言的，是非本族语，通常是在掌握母语之后获得的。

双语教育是由"Bilingual Education"翻译而来，在国外使用较多，目前对这一概念的界定多达几十种，广义指在同一教育机构中以两种语言为学习目标和学习媒介的教育活动，狭义指学校使用第二语言或外语教授非语言学科的教学活动[①]。双语教学这一概念在我国使用较多，一般指在学校教

---

① 王斌华.双语教育与双语教学［M］.上海：上海教育出版社，2003

学活动中除学习母语外，运用第二语言学习其他课程的活动。

在我国，由于英语环境和师资的缺乏，许多双语幼儿园开展的双语教育并不是真正意义上的双语教育，因为幼儿园并没有在非语言教育活动中使用英语来组织教学，只是把英语作为一门学科来学习，有的园仅仅是每周开设两三节英语课而已，所以只能称为"英语教育""英语教学"或称为EFL（English as Foreign Language），即把英语（教学）作为外语（教学）。在当前开展双语教育条件不具备的情况下，学前英语教育作为一种过渡形式也逐渐被大家认可，不过其内涵越来越丰富，已不是简单意义上的单科教学了。在此，学前儿童英语教育是指在发展儿童母语的基础上，对儿童进行的第二语言的启蒙教育。它不等同于在幼儿园进行的以学习英语知识为主的单科教学，而是在幼儿的一日生活中，在发展母语的基础上，为幼儿提供良好的第二语言学习环境，通过丰富多彩的教育活动，使幼儿对第二语言产生浓厚的兴趣，培养幼儿初步感受、理解和运用第二语言的能力，促进幼儿全面和谐发展的教育。

三、当前学前儿童英语教育中存在的主要问题

（一）观念方面的认识误区

在我国，学前英语教育发展时间短，大家对它的本质和规律的认识很有限，一些教师、家长的观念甚至存在严重错误，必须予以纠正。主要表现为：

（1）将英语教育等同于英语教学，或将英语教学等同于单词教学。

（2）将英语教育等同于智力开发，认为单词背得越多越好，越早学英语，将来英语成绩越好等。

（3）认为英语比母语重要，忽略母语教学，本末倒置。

（4）重结果，不重过程。关注儿童背了多少单词、说了多少句子，而不关注儿童的学习兴趣、情绪、积极性、主动性、参与性如何。

事实上，语言学习是一个长期的过程，我们应该用可持续发展的眼光看待儿童的语言学习，任何片面的、功利的、拔苗助长式的做法都是不利于儿童身心健康和谐发展的。美国哈佛大学费歇尔研究报告指出，在某种行为上的不当刺激所导致的短期变化，会对人的整个成长系统产生弥漫性的影响，接受了不适当早熟刺激的领域将会产生低下的发展水平。当成长速率过高时，可能导致系统成长的紊乱无序。

在儿童时期，母语的学习是非常重要的，而且始终是第一位的。不能因为学习英语而放弃或忽略了母语的学习，事实上，只要教师的教育方式得当，两种语言的学习不会发生干扰，反而都能得到促进。

在儿童学习英语的同时，教师和家长还应该重视对孩子的非智力因素的开发，如兴趣、情感、意志等。儿童英语教育的目的不是背了多少单词、说了多少句子，而是应注重启蒙，注重激发儿童学习英语的兴趣，提高对英语语言的敏感性，让儿童了解一些英语文化背景下的生活用语，培养儿童注意倾听、积极学说，养成大胆开口的良好学习习惯。

（二）幼儿园英语教育发展中产生的问题

1. 目标错误

目前在办班、办园目标上的错误主要有以营利为目的、功利化的价值取向、迎合家长争夺生源等，不具备双语教学条件的幼儿园也打出英语特色、双语教育的招牌吸引生源，造成双语教学市场鱼龙混杂。

2. 师资匮乏

"学前英语教育"要求教师不仅要具备学前教育的专业知识和技能，而且还要具有较高的英语水平，特别是英语口语水平。但是，目前这方面的人才仍较缺乏，无法满足教育的需求，"师资"已成为制约双语教育发展的瓶颈问题。多渠道开展双语师资的培养和培训工作已迫在眉睫。

3. 教材混乱

目前市场上的儿童英语教材可谓五花八门，名目繁多，良莠不齐，教师和家长感到无所适从。

教师因教学中使用的教材各不相同，交流起来也十分不便。

4. 教法不当

一些教师和家长不了解儿童语言学习的生理、心理特点和儿童学习外语的基本规律，常常是让孩子背单词、学短语、练语法、做作业，采取机械背诵和强化记忆的教育方式，这种小学化、成人化的教学方式，会过早地使儿童失去学习语言的兴趣。

5. 教育模式落后

大多数幼儿园只是把英语作为一门课来教，有的教师只是满足于儿童学会了几个单词、几个句子或会唱几首英文歌曲，不能将其与幼儿园活动相融合，特别是过于强调英语教育的特殊性，忽略将其放到语言教育的视野下加以开展，而且这样做在一定程度上也割裂了语言学习与其他知识技能的学习之间的关系。英语教育应与儿童的一日生活相融合，与幼儿园的其他教育活动相融合，相互之间形成紧密联系的一个有机的整体。

6. 缺乏科学评价

双语幼儿园如何评价？英语教育活动如何评价？儿童的英语学习如何评价？学前儿童第二语言发展评价体系如何确立？上述有关教育评价的一系列问题都有待于在今后的研究中解决。

（三）社会环境因素方面的问题

1. 缺乏语言环境

自然的语言获得环境是语言学习的最佳条件。我国儿童学习英语的外部语言环境并不理想，很多儿童在幼儿园或学校学了一些英语，但是在生活中几乎没有运用的机会，影响了英语学习的效果。

2. 幼小衔接不上

目前我国小学大多是从三年级开始学英语，幼儿园阶段的英语学习与小学还不能很好地衔接，所以学习的连续性受到一定影响。

3. 政策支持不够

从双语教育的政策支持看，许多国家双语教育的初始阶段都是民间的、地区的或学校的自发行为。随着双语教育规模的扩大和教学效果的显现，双语教育才逐渐得到政府的认同。因为我国学前英语教育实验刚刚开始，相关法规和政策的出台比较滞后，当前应根据英语教育的实际情况尽快研究和制订相关政策与法规，使得英语教育有法可依。

4. 理论研究乏力

从双语教育的研究发展历程看，国外双语教育已经经历了一百多年的发展过程，跨越了负面影响时期、中性影响时期和积极影响时期，建立了适合本国国情的理论体系和实践模式。我国的双语研究还处于初级阶段，在研究上还存在重双语国家的研究，轻单语国家的研究；重经验介绍，轻理论研究；重争论，轻实证研究的倾向。今后应该努力培养双语教学教研的力量，加强本土化研究，为学前英语教育的科学发展奠定科学的理论基础。

2018年7月4日教育部办公厅发布教基厅函〔2018〕57号文《关于开展幼儿园"小学化"专项治理工作的通知》，通知中指出"幼儿园严禁教授小学课程内容。对于提前教授汉语拼音、识字、计算、英语等小学课程内容的，要坚决予以禁止。对于幼儿园布置幼儿完成小学内容家庭作业、组织小学内容有关考试测验的，要坚决予以纠正。社会培训机构也不得以学前班、幼小衔接等名义提前教授小学内容。"因此，"小学化"是学前儿童英语活动中特别要注意避免的倾向，学前儿童英语教育必须依据学前儿童的身心发展特点和语言学习规律，创设"适宜的语言环境"促进儿童的语言发展。政府部门应该加强对幼儿英语教育机构的监管，保证幼儿英语教育的科学有序开展。教育研究机构要充分重视对幼儿认知能力、语言能力的研究。

作为一种启蒙教育，学前儿童英语教育应注重培养儿童学习英语的兴趣，积极创造适宜的语言环境，开展相关的实验研究、分析和论证。今后学前英语教育要深入研究的问题涉及多方面，诸如儿童进行第一语言和第二语言学习的各种内部条件和外部条件，英语教育、双语教育的内在规律，如何促进儿童汉语和英语两种语言能力的共同提高。在幼儿园，英语教学活动如何与幼儿园课程结合，如何在《纲要》《指南》《规程》精神下组织实施活动。总之，教师要始终尊重儿童的人格和权利，尊重儿童身心的发展规律和学习特点，以游戏为基本活动，保教并重，关注个别差异，促进每一个儿童健康发展。

资料

　　新加坡的托儿所和幼儿园皆实施英语华语双语教育，每班各配备一名英语教师和一名华语教师。英语教师在园内始终说英语，华语教师始终说华语。在教室里，贴有不少图片，大都是英语、华语同步的内容。每个孩子都有英语名和华语名，这些英语名、华语名分别出现在孩子的英语作业和华语作业上，由于多次的出现，两岁多的孩子就能认识自己的英语名和华语名了，到能写字时，自然就能写出来了。进入小学后，一至四年级所开设的双语课程都是一样的，《公民与道德》和《历史》使用华文教材，《数学》和《科学》等其他课程则使用英文教材。五年级后根据学生的语言水平进行分流。

　　新加坡作为一个多元民族的国家，为了便于各民族间的平等交流，新加坡国家的行政语言是英语。然而，政府尊重各民族的习俗、语言与文字，凡是主要的公共场所除英语外都备有各民族的语言与文字。电视和电台也是如此，各民族都有自己的频道和波段。在这种环境下出生、成长的孩子，他们的双语发展有着得天独厚的条件。

第二节　学前儿童英语教育活动的组织与实施

一、学前儿童英语教育的原则

（一）遵循自然习得的原则

　　儿童的语言学习有两种方式，即习得（Acquisition）和学得（Learning）。语言习得是一种无意识地、自然而然地掌握某种语言的过程，学得是指学习者通过教师有系统地讲解、有意识地练习、记忆语言现象和语法规则，最终达到对所学语言的了解和对其语法概念的掌握的过程[①]。研究表明，儿童的第二语言习得（Second Language Acquisition）与他们的母语学习有许多相似之处。语言学家认为，只有语言习得才能直接促进语言能力的发展，习得是第一位的，学得是第二位的。换句话说，通过自然、具有激励性和有意义的情景交际活动，儿童可以自然习得第二语言。

　　语言习得对环境有较高要求，尤其是学前儿童要习得第二语言，更加需要良好的语言环境。因此，开展学前儿童英语教育活动，就应该努力为儿童习得语言创造良好的英语氛围，激发儿童听英语、说英语的兴趣，给儿童提供尽可能多的开口表达、相互交流的机会。蒙台梭利认为："教育的基本任务是每个儿童的潜能在一个有准备的环境中得到自我发展的自由"，"教育体系的根本特征是对环境的强调"。可见环境在儿童发展中的重要性。教师应该创设一个与儿童学习、生活相适应的、自由的、宽松的、和谐的、愉快的、能够调动儿童多种感官共同参与活动的语言环境，使儿童轻松愉快地习得英语。如可以在儿童活动室里粘贴一些标有双语的图画，摆放一些标有双语的玩具和实物模型，让儿童时时感受到这种视觉刺激。

---

　　① 余正、张明红.学前英语教学活动方法［M］.上海：上海教育出版社，2003

（二）依据沉默期的特点适时而教

儿童开始学语言时有一个沉默期，表现为有相当一段时间是只会听不会说，或者不会完整流利地说，这是学习过程中的沉默期，儿童只有经过这个酝酿阶段以后才会说。在这个沉默期内，外界的语言输入刺激会在儿童头脑中留下印象，输入的信息逐渐积累，形成潜意识，之后逐步唤醒大脑中的语言信息，这是儿童理解和表达语言的准备阶段，当这种准备积累到一定程度，在外界交际环境的作用下，儿童才开始开口说出大量信息[①]。

沉默期的存在是正常的，它一方面表现为从听懂第一句话到会说第一句话有一个时间间隔，另一方面表现为，从听懂一句话到会说同一句话也有一个时间间隔。教师和家长在这个时期切不可过于急躁，更不能强迫孩子说英语。为使沉默期尽量缩短，教师应处理好输入和输出的关系。第一，外界输入的信息量与儿童输出的信息量成正比，教师输入的信息越多，儿童输出的信息才有可能越多。所以，教师应该尽可能多说英语，努力为儿童习得第二语言提供丰富的语言环境。第二，儿童输出信息的质量与教师输入信息的质量是一致的。教师正确的语音、语调、夸张的表情、丰富的动作、具体形象的教具等，能使儿童更清楚地理解教师所要表达的含义，更准确地输出有关信息。所以，输入是输出的前提和基础，教师必须大量地、正确地输入有关信息，才能保证儿童输出信息的数量和质量。

（三）听说领先，以发展口语为主

人的语言能力具体表现为听、说、读、写能力，对于学前儿童来说，不论是学母语还是学英语，都应遵循语言学习的听—说—读—写顺序观，从培养听觉敏感性入手，逐步提高语言能力。有专家指出，有关语言与大脑的问题非常复杂，个体差异很大，还有许多有待研究证实之处。关于"口音关键时期"，专家们有着较为一致的看法。一般认为，儿童时期对发音的接受能力最强，开始学习第二语言的年龄对未来口语的发音有决定性的影响。也就是说，学习者开始学习或接触第二语言的时间越早，越没有本族语口音。在学前英语教育活动中应把发展儿童英语口语作为重点，为儿童提供丰富多样的口语样本，创设自然的语言环境，帮助儿童开口主动说英语，自然地进行口语交往。

北京师范大学祝士媛教授认为，在英语教育中是否要求儿童学习书面语言，进行认读活动，要因地、因园、因人而异，慎重而行。因为英语字母是抽象的符号，幼儿不易理解，而且符号之间的差别有时是微小的，幼儿不易区分，容易混淆。

（四）允许失误，鼓励开口，激发兴趣

儿童学习英语的优势之一就是没有心理障碍，敢于开口，所以教师应该对主动开口、大胆表达的儿童给予充分肯定，但是儿童在学习英语的过程中常常出错，如说错物品名称、发音不正确或不准确，这些情况都是非常正常的，教师首先要有一个容错的心态，允许儿童失误，不要急于纠正他们的错误，以免打击儿童学习英语的积极性和兴趣，最好是反复多次提供准确清晰的示范，让儿童模仿。其次，教师应分析儿童出错的原因，针对不同情况采取不同的方法。如为儿童制定适宜的学习目标，选择难易适度的学习材料，避开难发的音和较长的单词，改进教学方法等。如当儿童发不好 [p][b]、[t][d]、[iː][i]、[e][æ] 等音时，教师可以用一张纸放在嘴巴前读这些音标，让儿童直接观察发音的过程，反复体验，经过一段时间的练习他们就能掌握正确的发音。

兴趣的激发和培养是学前英语教育的首要目标，儿童愿意学、喜欢学比学会多少更为重要，在教学中，教师要细心观察儿童的发展和进步，不断调动其参与活动的积极性、主动性，让儿童感受到学习英语的快乐。

⭐ 二、学前儿童英语教育活动的目标

（一）学前儿童英语教育活动目标的定位

学前儿童英语教育是一种第二语言的启蒙教育，是为培养双语能力打基础的，其着眼点应放在

---

① 余珍有.幼儿园活动指导——英语 [M] 南京：南京师范大学出版社，1999

儿童学习英语的兴趣、学习习惯和各种基础能力的培养上，而不是单纯的语言知识的掌握。为此应该从以下四个方面考虑英语教育活动的目标。

1. 培养儿童学习英语的兴趣

这是学前儿童英语教育的首要目标。兴趣是幼儿学习的内在动力，也是教育成功的关键。儿童英语启蒙教育的成败，直接影响到他们日后学习外语的积极性和语言的发展。兴趣对英语启蒙教育的成败又是至关重要的。因此，教师应运用一切手段，激发儿童对英语学习的浓厚兴趣和参与冲动，应注意从提高幼儿的兴趣入手，注重培养幼儿学习的积极性，让幼儿在玩玩乐乐的愉悦活动中习得英语，借此挖掘儿童的巨大的潜能。在儿童英语教育活动中，更要不断激发和培养儿童学习的兴趣，在英语教学内容、方法的选择及教学要求上，都应考虑儿童的兴趣与学习特点，尤其在教学方法、形式、手段上要不断变化，不断更新。教师可配合多种手段呈现给儿童，或以直观材料（实物、VCD碟片、多媒体课件、图片等），或辅之以教师的表情、动作等等，使儿童将听到的无意义的声音与实物、图像、图片、表情、动作等建立稳固的联系，使语言符号形象化，这样做既有助于儿童对英语的理解和记忆，又能使英语教育活动生动活泼，丰富多彩。

2. 培养儿童初步的英语口语交际的能力

语言是交际的工具，学会一种语言不仅要掌握其语言形式和使用规则，还要学会如何具体运用。儿童英语教育不能孤立地教授英语的词汇、句型和语法，而应教给儿童活的语言，让他们知道在什么场合用什么样的语言与别人对话，并在大量不同情景和不同语言环境中初步习得运用英语的经验。

要促进儿童英语口语交际能力的发展，英语语言环境的创设起着十分关键的作用。离开了具体的语言情景，语言学习就成为无源之水、无本之木，尤其是第二语言的学习，更要重视创设与儿童的学习、生活相适应的情景，将英语作为一种教学语言经常贯穿、渗透于各个领域活动以及日常生活之中，为儿童尽可能地创设一个模拟的英语环境。英语环境包括物质环境和人际交往环境两个方面。创设英语的物质环境是指在一定时间和范围内，活动室内的环境布置（包括区角设计、物品摆放、墙壁装饰）应与英语为母语的儿童活动环境相同或相似，可以在活动室里设置双语故事角、卡片角，适时播放英文歌曲、英语童谣，选播英语录像带、电脑软件等。英语物质环境的创设应是灵活的、可变的，要与儿童当前的英语学习内容相联系。英语人际交往环境主要指人的因素，即在一定时间内，教师在组织儿童的日常生活以及教师之间对话时，尽量使用英语，为儿童创造一个日常的英语输出环境。

3. 培养儿童对英语语言的敏感性

英语语言敏感性，指儿童在英语语言情境中，能快速接收英语语言信息并作出快速判断和反应，一般表现为对英语词汇、词组的敏感，对英语语境的敏感以及对交际对象的敏感等。当教师尽可能在一日生活各环节输出英语语言信息时，如英语礼貌用语、课堂用语、操节用语、入园离园英语、游戏英语、就餐英语等，给儿童提供更多"磨耳朵"的机会，就能提高儿童对英语语境、交际对象等因素的敏感性，从而帮助他们英语语言能力的提升。

例如英语礼貌用语：

A: Excuse me. Could you please pass me the scissors?
B: OK. Here you are.
A: Thanks!
B: You're welcome!

此案例中的对话很简单，对话者可以是幼儿园中的任何两人，或许是教师之间，或许是幼儿与教师之间，甚至是幼儿与幼儿之间，该对话涉及寻求帮助、道谢、回答等一系列场景，在我们的幼儿园一日生活各环节中随处可能发生。

4. 培养儿童良好的学习习惯和各种基础技能

（1）听的技能。

要帮助儿童学习倾听并捕捉别人讲话中的重要信息，逐步成为有技巧的倾听者，为此，要培养儿童以下方面的基本技能：

第一，辨音倾听英语的技能——听清，即听音辨音，听音辨义，区分不同语音、语调和语流的能力，逐步学会集中注意倾听，边听边比较，边听边区分，如不同语音：Show me your head./Show me your hand.前者表示"给我看你的头"，后者表示"给我看你的手"，There's a net./There's a gnat，前者表示"这里有一个网"，后者表示"这里有一只小虫子"。再如不同语调：You're hungry./You're hungry? 前者表示判断"你饿了"，后者表示疑问"你饿吗"，教师在一日生活中对儿童进行如此的语言输出刺激，有利于儿童英语语言的发展。

第二，分析倾听英语的技能——听准，即通过语言分析，正确具体地理解某些词、词组、句子或连贯话语，并作出相应反应的能力，逐步学会边听边分析，边听边做动作。如Stand up. Sit down. Come here. Go back to your seat. Turn left. Turn right.

第三，理解倾听英语的技能——听懂，即根据一定情景或上下文，根据对话者表情、动作、语气等非语言手段的观察，直接捕捉信息中心，整体把握大意和要点，而不为个别生词和难点所扰的能力，逐步学会将注意力集中到语言内容（而不是语言形式）、最关键部分（而不是每个音、每个词、每句话、每个细节）上，边听边猜测推断，边听边筛选综合。比如绘本《Farm Sounds》，讲的是Nan和Lin两个小女孩儿去农场看到了不同事物的故事：Nan and Lin go to the farm and have heard something. What are they? Let's read together! Nan and Lin hear cows. Nan and Lin hear trucks. Nan and Lin hear hens. Nan and Lin hear pigs. Nan and Lin hear horses. Nan and Lin hear goats. Nan and Lin hear bells. 当教师读到"hear"时，做出"听"的动作，当教师读到不同事物时，发出相应的声音，教师的动作、声音、表情等非语言信息可以帮助儿童进行语言信息的推测和筛选，从而帮助他们听懂关键部分"hear, cows, trucks, hens, pigs, horses, goats, bells"。

（2）说的技能。

说，是用语言表达思想的言语活动。听属于吸收、输入，而说则属于表达和输出。说的活动比听的活动更难。在指导儿童说英语的过程中，要帮助他们学会两种说的基本技能。

第一，模仿性说的能力。儿童学说主要靠模仿。大量的听是以模仿为前提，而听清听准又是说顺说准的关键。因此，在进行说的训练时，首先要引导儿童用心听、仔细辨，坚持听音领先的原则，然后引导儿童眼观（观察教师的发音动作和表情，观察实物情景和交际情景等）、心想（想象情景与语言的结合）、口动（开口模仿），调动多种感官参与模仿。如早上来园，教师用英语问："Good morning!"幼儿听上几天就学会了，并能模仿回答"Good morning!"每到洗手时，教师用"Please wash your hands!"。在吃饭时，教师介绍饭菜，告诉幼儿rice，egg，tomato等名称。诸如喝水，请拿水杯，请收玩具，上床睡觉等。幼儿不用刻意去学，天天听好几遍。这些需要在专门教学中学上很长时间的大量词汇、句子，就这样在日常生活中听熟了，记住了，并慢慢学会使用了。英语活动中应鼓励学生大胆地模仿，带表情说句子。如"I am hungry."（可以作饥饿状）"I am angry."（可以作生气的样子）。

第二，创造性说的能力，即即兴表达的能力。在重视儿童模仿练习的同时，不能忽视能动创造，要不断促成由模仿套用向创造性说的过渡，逐步形成真正的说的能力。通常采用大量重复、适当变化的方法，以训练儿童的反应，引导儿童根据实际情况作出恰当应对。比如，儿童先习得了paper/mark pen/pen/block/scissors/glue/doll等名词，square/circle/semi-circle/triangle等形状，a/the/that/this/these等高频词汇，以及one/two/three/four/five等量词，教师可以拿着一支马克笔说"This is a mark pen."然后拿着两支马克笔说"These are two mark pens."（通过名词单复数的使用体现数量的变化），或者拿出一个正方形积木说"I have a square block."并介绍它的颜色说"It is red."最后合并单句"I have a red square block."然后拿出一块紫色积木启发幼儿说出"I have a purple square block."（通过颜色名词替换体现颜色的变化）。教师通过在幼儿熟悉的情境中进行单数与复数，以及颜色、数量等形式的不断替换，这样就培养了儿童的语言迁移能力。

总之，从学前儿童语言教育的基本观点和外语学习的基本规律出发，学前儿童英语学习活动应注重口语，以听说为主，不搞认读；坚持听说结合，先听后说，以听促说，自然习得的原则，培养儿童学习英语的兴趣和对英语语言的敏感性，培养他们初步的使用英语口语进行交际的能力，同时，还应注重培养儿童良好的学习习惯和各种基础技能。

（二）学前儿童英语教育活动的目标的陈述

总目标：激发儿童学习英语的兴趣，提高对英语语言的敏感性，让他们了解一些英语文化背景下儿童的生活用语，培养儿童注意倾听、积极学说、大胆开口的良好学习习惯，培养他们初步的英语口语日常交际能力，初步形成对多元文化的理解和尊重，促进儿童语言、思维、个性、交往能力等方面发展，为他们今后进一步的英语学习奠定良好的基础。

1. 小班

（1）对英语歌曲、英语儿歌感兴趣，并愿意模仿。

（2）愿意参加幼儿园的英语活动。

（3）能听懂教师用英语发出的与日常生活有关的最简单的指令，并能够用动作做出反应。

（4）能听懂并愿意模仿身边最常见物品的英语表达。

（5）愿意了解以英语为母语的儿童的生活习惯和生活用语，见到外国人能大胆地用所学到的英语问候。

2. 中班

（1）能完成两个连续的英语指令，并试图模仿他人用英语发出简单的指令。

（2）能听懂教师经常使用的简单的生活用语或教学用语。

（3）愿意并能够用英语表达身边最常见的物品。

（4）愿意并能用1～2个英语单词配以动作、表情和手势等体态语言与他人进行简单的口语交流。

（5）能主动用英语向他人问好。

3. 大班

（1）能完成多个连续的简单英语指令。

（2）知道在什么时候用英语回答问题。

（3）能听懂并愿意模仿教师经常使用的生活用语和教学用语。

（4）能用简单的英语介绍自己、介绍身边的人。

（5）能用简单的英语表达自己的感受。

（6）能借助图片用简单的英语较连贯和完整地复述一个简短的故事。

（7）愿意并能够用简单的英语与他人进行口语对话[①]。

三、学前儿童英语教育活动的内容与方法

（一）学前儿童英语教育活动的内容

学前期是儿童语言发展和身心其他方面发展的关键期，在英语教育内容的选择上，必须根据学前儿童英语教育的目标，根据儿童语言发展的规律和他们的年龄特征、认知水平、学习特点、学习兴趣和实际需要，以语言的实际运用为中心，选择确定英语学习活动的内容。

围绕儿童已有的经验选择活动内容，是学前儿童英语教育内容中应该把握的基本原则。第二语言的学习比母语学习难，因此，更要注重选择幼儿在一日生活中能亲身经历的真实性场景以及其感兴趣、能理解、易吸收的、活的语言项目作为教学内容，本部分内容结合幼儿园的一日生活安排，将学前儿童英语教育活动的内容分为入/离园英语、生活活动中的英语、教学活动中的英语三个板块。其中，入、离园英语和生活活动中的英语主要是对幼儿英语语言学习的一种渗透教育，教学活动中的英语主要是教师组织的专门的英语语言教育活动。

1. 入/离园英语

幼儿入园和离园主要涉及问候和告别等语言内容，教师可以利用这两个环节为幼儿提供相应的

---

① 余珍有.幼儿园活动指导——英语［M］.南京：南京师范大学出版社，1999

语言环境。

问候中的师幼互动可能会涉及互道早安、问候基本状况等，如：

Hello! My little one!/Hi! My little one!（小可爱你好呀！）

Good morning!/Morning!（早上好！）

It's so nice to meet you!/Nice to meet you!（真高兴见到你！）

How do you feel today?（你今天感觉怎么样呀？）

也可能会涉及一些"闲谈"，如询问上学方式，聊天气状况等：

How did you come to the kindergarten?（你今天是怎么来幼儿园的呀？）

What a sunny day!（今天可真是阳光明媚啊！）

Oh dear!　You look sad. Is something wrong?（宝贝儿，你怎么看起来一副不开心的样子呢？）

离园中的师幼互动可能会涉及师生互相道别、教师的鼓励或总结等，如：

Good bye!/Bye!（再见！）

Thank you! We had a nice day!（我们今天相处很愉快，真的很谢谢你！）

See you!/See you tomorrow!（明天见！）

How about telling the story to your mum?（回家后把我们今天讲的故事讲给妈妈听怎么样？）

2. 生活活动中的英语

幼儿在生活环节中的活动主要有进餐、如厕、洗手、喝水、吃点心、午睡等，因此教师可以营造的英语环境包括如下几点。

（1）进餐。

三餐词汇：breakfast, lunch, dinner。

食物词汇：milk, bread, noodles, porridge, steamed bread; rice, pork, beef, chicken, soup, cabbage, white gourd, carrot ...

短句：

We have seaweed soup and braised beef with carrot this lunch.（我们今天中午吃海带汤和胡萝卜烧牛肉。）

Are you sure you've completely finished your food?（你真的吃完了吗？）

Please finish your food.（要把碗里的饭都吃完。）

Please be quiet when you are eating.（吃饭的时候要安静。）

Don't be chattering when your mouth is full of food.（嘴巴里有食物的时候不要讲话。）

You can do some reading after you finish your lunch.（已经吃完的小朋友可以去看绘本。）

（2）如厕/洗手。

OK. Now. It's time to go pee-pee./OK. Now. It's time to go to toilet.（好了，现在我们要去上厕所。）

Wash your hands please.（请洗手。）

Please wipe your hands with your own towel.（请用自己的毛巾擦手。）

Please line up.（请排队。）

（3）喝水。

Now we need to drink some water.（我们现在要去喝水了。）

Please take your own cup.（找到自己的水杯。）

Maybe you need a whole/a half cup of water.（你要喝整杯/半杯水。）

（4）吃点心。

词汇：cookies, cake; apple, pear, orange, banana, peach, grape, grapefruit ...

句子：

It is a teatime.（现在是点心时间。）

Today is a day for grapefruit./We have grapefruit today.（我们今天吃柚子。）

Be careful and don't drop it on the floor please.（请小心一点，不要把食物掉地上。）

Well done, my dear.（宝贝，你做得真好！）

（5）午睡。

It's nap time. You all are going to the bed.（我们现在要午睡了，请到你们的小床上。）

Somebody is sleepy. Let's take our nap.（我看到有些小朋友很困了。）

Please don't be talking.（请不要一直说话。）

It's time to get up.（起床喽！）

I think you can dress yourself.（你可以自己穿好衣服的。）

Please tidy up your bed.（起床后整理好自己的床铺。）

（6）区角英语。

区角名称：Housekeeping, Dramatic Play Corner, Reading and Writing, Blocks, Art, Science, Toys, Water Pool, Sand Pit, Wood working, Playhouse ...

区角材料：books, rugs, pillows, cars, flags, beads, animals, blocks, plants, papers, pens, glue, scissors, clothes, dolls, scarves, makeup ...

3. 教学活动中的英语

幼儿园专门的英语教学活动，可以结合五大领域将内容划分为如下不同的主题，需要说明的是，《指南》在语言领域对学龄前儿童提出的目标期望概括来讲主要包括倾听与理解的要求、语言表达的要求、阅读习惯的要求、初步阅读能力的要求、早期书写行为的要求等，而《指南》在开篇便明确指出："语言是交流和思维的工具……幼儿语言的发展贯穿于各个领域，也对其他领域的学习与发展有着重要影响"，可见语言教育本身贯穿于幼儿生活的全部，而本章节内容本身即从幼儿一日生活各环节阐述幼儿英语语言教育活动的开展与实施，故此处将不再阐述语言领域的参考内容。

（1）健康领域。

健康领域对幼儿提出的目标期待主要包括情绪、饮食、生活及卫生习惯、安全常识等，因此，本文将从以下几点为英语语言活动的组织提供部分内容参考。

① 关于情绪

词汇：happy, sad, angry, nervous, excited, calm, surprised ...

句子：I feel .../I am ...

② 关于身体

词汇：head, hair, eyes, eyebrow, nose, mouth, teeth, ears, neck, shoulder, chest, arms, hands, fingers (thumb, index finger, middle finger, the ring finger, little finger), legs, knees, feet, toes ...

句子：This is my eye./Where is your hand?/I can brush my teeth ...

③ 关于饮食

词汇：

饮品（drink）：water, milk, juice, tea, cola ...

水果（fruit）：cherry, strawberry, apple, orange, banana, grape, pear, pineapple, peach, watermelon, litchi, mango, pomegranate, durian ...

蔬菜（vegetables）：eggplant, green beans, tomato, potato, cucumber, carrot, cabbage ...

食品（food）：rice, noodles, egg, beef, chicken, fish, pork, mutton, soup, salad, bread, jam, cake, yogurt, ice-cream, cookie, biscuit, hamburger, French fries ...

三餐：breakfast, lunch, dinner

句子：Do you like .../I like .../It is healthy/unhealthy ...

④ 关于衣物

词汇：coat, hat, shoes, pants, socks, button, tie ...

句子：I can tie my shoes by myself./I can dress myself ...

⑤ 关于体育活动

词汇：walk, run, jump, hop, climb, crawl, kick, throw, jump rope, shuttlecock, seesaw, swing, ball ...

句子：I like playing on the seesaw./I can jump ...

（2）社会领域。

社会领域主要从人际交往和社会适应对幼儿提出了目标期待，因此，本书将从以下几点为英语语言活动的组织提供部分内容参考。

① 关于场所。

词汇：kindergarten, restaurant, zoo, supermarket, hospital, airport, train station, bank, cinema, playground, museum ...

句子：

I can buy toys in the supermarket.

I go to kindergarten by the car.

— Excuse me. Is there a bank?

— Yes, it is.

— How can I get there?

— Go straight and turn left./You can take a bus.

— Thank you!

— You are welcome!

② 关于职业。

词汇：teacher, waiter, cook, zookeeper, cashier, doctor, nurse, policeman, firefighter, driver ...

句子：I want to be a doctor when I grow up.

③ 关于日期。

星期：Monday, Tuesday, Wednesday, Thursday, Friday, Saturday, Sunday.

月份：January, February, March, April, May, June, July, August, September, October, November, December.

句子：

— What day is it today?/It's Monday.

— My birthday is on January 1st.

④ 关于季节。

词汇：spring, summer, autumn, winter

句子：We can fly the kite in the spring.

⑤ 关于天气。

词汇：sunny, cloudy, windy, rainy, snowy ...

句子：How is the weather today?/It's sunny.

⑥ 关于节日。

词汇：

Spring Festival: watch lanterns, eat dumplings, guess lantern riddles ...

Tomb-Sweeping Day: sweep the tomb, have an outing, plant, fly a kite ...

Dragon Boat Festival: eat rice dumplings, wear a sachet, hold a Dragon boat racing ...

Mid-Autumn Festival: eat moon cakes, watch the moon ...

Double-ninth Day: climb the high to pray, enjoy chrysanthemum, wear dogwood ...

句子：We usually eat dumplings at Spring Festival ...

⑦ 关于家庭。

家庭成员：father, mother, sister, brother, grandfather, grandmother, uncle, aunt, cousin ...

家具及日常用品：chair, table, cupboard, bowl, plate, spoon, chopsticks, fork, knife, closet, bed, sofa, broom, dust pan, trash bin, bucket, towel ...

家用电器：television, refrigerator, washing machine, phone, iPad, computer ...

居室房间：living room, kitchen, bathroom, bedroom, study room, balcony ...

（3）科学领域。

科学领域主要从科学探究和数学认知对学龄前儿童提出了目标要求。其中，科学探究的内容（或对象）主要包括自然及幼儿周围的事物和现象，后者已渗透在本章节各部分，故不再进行阐述；在数学认知方面，《指南》主要提出学龄前儿童需要感知生活中的数及数量，感知空间与形状。因此，以下将从动物、植物、数、方位、形状等方面为教师的英语语言活动提供内容参考。

动物：fish, dog, cat, bird, mouse, duck, goose, parrot, tiger, monkey, bear, lion, leopard, giraffe, zebra, penguin, dolphin, wheel, seal, crocodile, lizard, butterfly ...

植物：tree, flower, grass, plant ...

数：one, two, three, four, five, six, seven, eight, nine, ten, eleven, twelve, thirteen, fourteen, fifteen, sixteen, seventeen, eighteen, nineteen, twenty, thirty, forty, fifty, sixty, seventy, eighty, ninety, hundred ...

方位：on, under, next to, in front of, behind, between, around, through ...

形状：circle, semi-circle, triangle, square, rectangle, pentagon, oval, heart, star, hexagon, pie, cloud, diamond, cross, arrow, trapezium, parallelogram, crescent ...

句子：

I like cat.

There is a cat on the car.

— How many cats are there?

— Five.

I put a pot of flowers near the window.

...

（4）艺术领域。

我们在艺术领域的目标期待是培养幼儿初步感受美与创造美的能力，教师可以从色彩、线条和造型等方面对幼儿进行引导。

颜色：white, black, gray, blue, yellow, brown, red, purple, pink, green, orange ...

线条：lines, straight line, zigzag line, loop the loop line, curved line, wavy line ...

句子：I want to color the zigzag line gray ...

语言内容的编排要注意科学系统，由近及远，由易到难，随着教学的不断推进，语言材料和对话内容的深度逐步提高，同时注意所学内容的阶段性重现和复用，这样循序渐进，螺旋上升，逐步提高儿童的英语水平。

（二）学前儿童英语教学的基本方法

外语教学的方法历史悠久，种类繁多，但在我国，学前儿童英语教育刚刚开始起步，还没有形成比较完整的方法体系。就目前情况看，在我国幼儿园和幼教机构中进行英语教学主要采用的方法有以下四种。

1. 直接法

直接法又称"自然法"，是通过英语（目标语）本身进行教学的方法。它仿照儿童学习母语的自然的过程和方法，认为在自然环境中按照思维动作的先后顺序模仿练习习得。提出了直接联系，以句子为单位，以模仿为主，让儿童反复听说并尽量配合动作来加以巩固。直接法的基本特点如下：

（1）强调英语的直接学习、理解、运用，有利于儿童学到活的语言，学到自然的语音语调。

（2）排除母语，强调用实物、图画、手势、动作等直观手段直接与客观事物建立联系，培养儿童直接用英语思维和表达的能力，促进语感的养成。例如，儿歌"I love apple"：Apple round, apple red, apple juicy, apple sweet. Apple, apple, I love you. Apple sweet, I like to eat. 儿童在学习这首儿歌时，教师可以用苹果实物来教授，让儿童直观感知苹果的形状、味道、颜色等特点，从而能轻松学会歌曲。

（3）不学语法，强调以口语为基础，在大量的语言实践中练习和培养听说读写的能力，以形成自动化的习惯。教师通过完整故事情节或活动来教句子，通过完整的句子教单词，有利于儿童从整体上把握一个句子或单词的意义。比如，可以通过"Yesterday I ate an egg"，将"an egg"换成"a piece of bread"、"a bowl of rice"、"a banana"等，但名词前的不同冠词、量词不必解释，让孩子自己体会。

（4）强调句本位原则，句子是表达思想和教学的基本单位。儿童在掌握一些句子的基础上进行替换、类推，构造新句子，有利于儿童完整地理解，促进有意义的句子练习。例如，在教授句型"What do you like?" "I like pear." 在儿童掌握句型后，可让儿童根据自己的喜好来替换pear。如 "I like grape/banana/orange…" 既可练习句型又可复习单词。

直接法强调语言形式同客观事物表象之间的直接联系，强调整句学、整句用，在句子中学习词汇和语法等，对我国学前英语教育有一定的启发意义。但是，它过分强调直觉学习，不允许使用母语，排斥儿童的母语学习经验，同时，直接法的运用依赖于一个完全的英语环境，这也正是目前幼儿园和幼教机构所不具备的。

2. 交际法

交际法又叫"功能法"，这种方法重视培养儿童的语言能力，强调采用真实、地道的语言材料。交际法的使用方式多样，其基本方式是开展师幼之间、儿童与儿童之间有意义的对话，教学中经常采取两人对话、4～6人为一组的小组活动或全体儿童讨论的教学形式。英语教学情景的设计要求尽量真实，主张句型加情景来学习语言，一般都利用多媒体手段进行教学，或邀请以英语为母语的外国人与儿童交谈，鼓励儿童多多接触和使用外语。交际法的基本特点如下。

（1）重视培养儿童的交际能力，教学过程交际化，使儿童在真实的情景和英语环境中主动地、创造性地学习。有意识地营造打招呼、询问、请求、邀请、介绍、感谢、道歉等情境。例如，询问邮局的方位："Is there a post office near here?" "Yes, there is." "No, there isn't."

（2）从儿童的实际出发，确定学习目标。针对儿童不同的需要安排教学内容和选择教学方法，注重学以致用、学用结合。

（3）认为在儿童的语言交际过程中出现错误是正常的，不必有错必纠。儿童的语言错误会随着语言的不断练习自然而然得到矫正。

（4）以话语为教学基础，强调在交际的情景中运用话语的重要性。有的对话可以通过师生的表演来情景化，有的则可利用简笔画创设情景亦会收到理想的效果。例如绘本故事《Hey Presto!》：

The children went to a show. Dad and Mum took them. A conjuror was in the show. She was called Sheena. She took Dad's tie. She put it in the bag. She took Mum's ear-ring. She put it in the bag. She took Dad's watch. She put it in the bag. She took Dad on to the stage. She put the bag on Dad's head. Sheena took a big box. She put Wilma inside. Sheena took her wand. "Hey Presto!" she said. "Hey Presto!" said Wilma.

这篇绘本故事主要讲爸爸妈妈带孩子们去看魔术秀，叫Sheena的魔术师将爸爸的领带、手表，妈妈的耳环装进魔术袋里，最后魔术师将爸爸和女儿Wilma请到表演台上，她挥动着自己的魔术棒大喊一声"Hey Presto!"，在众目睽睽之下，原本放在爸爸头上的魔术袋里的物品竟然被变到了Wilma身上！多么神奇的故事！生动的情节能调动幼儿的倾听和模仿兴趣，教师可以加以组织，引导幼儿将故事情节表演出来。

3. 全身反应法（Total Physical Response，简称TPR）

TPR是模仿儿童学习母语的步骤，通过身体运动学习语言的方法。这种方法强调儿童在学习语言过程中身体动作和所学语言要相互协调，注重语言学习中的互动模式。教师在教学中发出一系列语言指令并伴之以相应的动作，要求儿童倾听指令、模仿和体验指令所要求的动作，在体验性学习活动中学习语言。此教学方法强调听的重要性以及体验活动的效果，体现了活动性原则。

全身反应法的具体操作如下：教师教学时先让一位儿童站在前面，根据指令做动作，全体儿童反复听教师的指令，看该儿童动作。等大多数儿童理解了指令的意义后，教师可自己或请个别的儿童发出相同的指令，并要求全体儿童按指令做动作。由于指令可以滋生出无数的句子，儿童就会在行动中边实践边学到很多词汇与句型。教学的基本过程包括复习—教授新指令—教授新词汇—练习。TPR的基本特点如下：

（1）以"先听后说"为基本主张。听在前，说在后，不要求儿童听后立刻说。全身反应法在入门阶段时会设置十节课只听不说阶段，让儿童听指令，只需要用全身动作进行反应。有了听的积累，理解能力提高，"说"的心理准备达到一定程度，儿童就会自然而然开口说，即通过听达到向说的能力的转化。

（2）以"听—做动作"为主要教学组织形式。这是全身反应教学模式的最明显的特征。在教学中，教师边用目标语发出指令，边由个别儿童或自己用身体做动作，如Stand up. Open the door. Touch your eyes. 待大多数儿童理解后，就让儿童听指令完成动作，以后再逐步扩大。

（3）教授的语言形式以祈使句为主，以祈使句带动其他。如：

Look — Look at the picture and find the flower — Look at the picture and find the flower and color it red.

Let — Let's play a game.

Read — Read the story loudly.

在教学中常用的动作性很强的动词有stand, sit, turn, jump, touch, point, sing, stop, smile, clap, push, draw, cut, show, open, close等。

全身反应教学法通过身体动作和其他直观手段创设语言情景，有利于促进儿童对英语的理解和掌握，同时，由于能满足儿童活泼好动的特点，能培养儿童的学习兴趣，活跃教学气氛。强调学习语言要在大量理解性听的输入基础上培养说的表达能力，符合儿童学习语言的基本规律。重视情意因素，降低儿童的学习压力，能使儿童轻松愉快地参与学习。以句子为教学的基本单位，重视培养儿童听指令、做动作和说简单句的能力，但重点以祈使句为主，而对交际活动的主要形式——对话有所忽视，不利于培养儿童实际的交际能力。

4. 沉浸法

沉浸法是一种以英语作为各领域教学语言的教学方法，英语不仅是学习的内容，而且是学习各领域知识的工具。将英语语言学习与领域知识的学习相互渗透，英语语言学习隐含在领域知识的学习中。各领域的知识以英语承载，是显性的教育内容，英语以其工具性作用成为隐性的教育内容。在具体实施中，一般应根据英语教学规律，不断创造条件，使适用范围从个别领域（如艺术）逐渐扩展到更多的领域（如健康、社会、科学）。

沉浸法可分为早期全沉浸、早期半沉浸、中期沉浸、晚期沉浸等四种类型，在幼儿园和幼教机构中多采用前两种类型。沉浸法的基本特点如下：

（1）英语既是儿童学习的内容，又是学习的工具。教师用英语组织各种活动如日常生活、游戏活动、其他领域活动，使言语与行动之间经常不断地建立密切联系，英语在活动中成为伴随。

（2）"高浓度"原则。教师在教学中要尽可能多地释放出英语信息，增加单位时间语言的输出量，并不断地变换语言表达方式。既要多重复，又要多变换。保证语言环境中英语的"浓度"。在沉浸初期，教师全部使用英语，儿童可以用母语向教师表达意见和要求，教师始终注意寻觅一些情景，以激起自然而然的口语交流，让儿童逐步地、自主地用英语表达。

沉浸法使英语教学从单纯的英语学科教学拓展到与多领域知识结合的教学模式，大大增加了儿童学习、运用英语的时间和范围。这种方法能将英语教学活动浸透到儿童的生活、学习、运动和游戏中，这对4～6岁处于语言敏感期的幼儿尤为适合。但是，使用沉浸法应该注意两个方面的问题：一是应正确处理母语与英语教学活动之间的关系，可在开展母语教学的基础上，适当使用英语进行各领域教学活动（即采用半沉浸的英语教学模式），以避免对儿童母语学习的削弱；二是开展沉浸法教学对师资的要求较高，应在充分考虑和满足师资水平和条件下实施，不能盲目推进。

除上面所述外，儿童英语教学的方法还有翻译法、听说法、视听法、任务型教学法等，而每一种方法都有合理的一面，也有其局限性。因此，在儿童英语教育和教学中，应注意吸收各种方法的有效内核：一方面，将英语作为学习的内容和对象，在一定时间内进行专门的教学和训练；另一方面，在一定时间内创设一个模拟的英语环境，让儿童在一日生活中直接接触英语，并能将他们在专门的英语教学中所学到的知识运用到实际的生活和学习中，从而有效地达到和实现儿童英语教育的目标。

★ 四、学前儿童英语教育活动的组织实施

（一）组织结构

英语教学活动的组织要根据儿童的发展需要、生活经验、年龄特点和他们的兴趣爱好，创设良好的语言环境和轻松愉快的学习氛围，设计生动活泼的教育内容和形式，让儿童在活动中学，在游戏中学，在环境中学，使英语活动成为他们愿意学、乐意学、想学的活动。

英语教学活动的组织模式可以多种多样，根据具体内容灵活处理。其基本结构一般分为四个层次。

1. 第一层次：热身、复习，激发儿童学习兴趣

在活动的开始，教师可以用英语组织儿童做手指游戏、边做动作边朗诵熟悉的英语儿歌、用英语指认、应答等小型的活动，其目的是集中儿童的注意，引起他们的学习兴趣，有选择地复习上次活动所学过的重点内容。

2. 第二层次：创设语境，教师展示新授内容

这一层次的活动设计和组织的关键是要通过情景创设，帮助儿童在特定的语境中整体感知、理解语言材料，激发强烈的交际需要和参与欲望，为下一步的模仿练习做好准备。

首先，要根据活动的中心内容进行情景创设。创设的情景包括实际生活情景、模拟交际情景、表演情景、直观教具情景、想象情景等等。可以通过绘画、实物、头饰、录音录像、布置特定场景、教师的语言和表情动作、儿童的表演等多种方式来创设情景。所创设的情景应该有利于激发儿童的学习兴趣，有助于儿童对学习内容的理解，要避免与活动内容无关或关系不大的情景设置。

其次，教师要充分利用情景，引导儿童整体感知、整体把握语言材料，要充分利用情景提供的视觉、听觉等感性材料和儿童的形象思维能力，在关键处进行诱导点拨，帮助儿童联系情景深化理解，更好地掌握语言。

如 "shorter" 和 "taller"，出现了形容词比较级的语法现象。教师可以找或画一高一矮对比明显的两名儿童创设情景，同时伴以手势，无须中文解释，儿童已能轻松掌握，并且印象深刻，不易忘记。

A: Who is he?

B: He is Peter.

A: Who is she?

B: She is Daisy.

A: Who is taller?

B: Peter is taller.

A: Who is shorter?

B: Daisy is shorter.

3. 第三层次：模仿练习，帮助儿童消化所学内容

英语教学主要是培养儿童的语言实践能力，必须经过反复的模仿练习，才能掌握语言，必须要

有大量的听说实践，才能逐步达到熟练运用。

这一层次的活动一般侧重于机械练习，主要是训练儿童的语言基本技巧，提高语言实践的熟练性。因此，组织的关键是要确保儿童有足够的语言实践量，使新知识和技能的感知及理解鲜明、完整、深刻。

在组织儿童模仿练习时应注意以下三点。

第一，快速密集。练习的次数要多，频率要高，速度要快，以使儿童高度集中注意力，形成活跃的气氛，避免拖沓涣散或冷场的局面。口语练习从一开始就要适当注意速度，注意儿童英语表达的流利性。在儿童听懂理解的基础上，对于一些基本句型和日常用语，要提取出来反复练习，逐步加快速度，形成技巧，达到脱口而出的程度。

第二，点面结合。一是指练习的内容。把以词或词组为单位的练习和以句子为单位的练习以及以话语或篇章为单位的练习有机结合，尽量做到词不离句，句不离段，新旧联系，以熟带生。如上面出现的那段对话，就是利用已学句型 What's this? What colour is it? 引出新授句型 What are these? What colour are these? 当新句型练到一定程度时，再结合练习教一些新的水果名称（如 banana, orange, mango 等），然后转入整段对话的练习。二是指练习的面要宽。要创造机会确保每个儿童都参与，特别是要鼓励那些性格内向、缺乏自信和口语能力相对较差的儿童大胆参与。此外，在练习的形式上，集体练习有利于消除紧张，人人参与；小组练习便于相互交流，取长补短；个别练习易于示范反馈，检查纠错，教师可以根据需要灵活掌握。

第三，难易相间。练习要有一定的难度。过于简单，儿童会失去兴趣；但片面求难，儿童容易紧张，甚至望而却步。因此，练习要量力而行，循序渐进，体现由易到难、以易为主、先易后难、难易相间的原则。一般来说，问难于答，个别难于集体，独白难于对话，综合练习难于单项练习。教师要根据教学需要和具体实际，不失时机地安排好由单项到综合，由句型转换到问答练习再到情景对话的交替和过渡，适时适度地加大难度，努力做到有张有弛，张弛得当。

4. 第四层次：应用扩展，引导儿童巩固发展已学知识

掌握一定数量的语言材料并不等于学会运用，因此要重视儿童语言活用能力的培养。在儿童进行了反复的模仿练习后，就要通过扩展应用形成儿童的言语技能，提高语言运用的灵活性，其目的是要让儿童初步掌握的语言知识和言语技能得到及时的应用和巩固，并在广泛联系、综合运用已学知识的过程中发展知识和技能。

这一层次的练习以有意义的练习和交际练习为主，关键是要坚持在言语实践活动中培养儿童运用语言的能力。教学中，教师应注意：一是大量重复，适当变化；二是因势利导，适度扩展，即适当拓宽加深，引进一些新的相关内容，进行活用练习。

例如，在儿童基本掌握有关家庭成员的英语称谓和相关句型后，可提供一定的场景、图片或扮演角色、创设"家庭树"，及时把儿童导入"My Family"的情景中进行对话练习。教师可以先进行示范，当儿童对基本的对话模式练熟后，可以让儿童分成小组进行练习，鼓励儿童发挥想象力和创造性，在情景对话中进行改编和创编。

儿童英语教学活动是一个感知—理解—运用—发展的认知过程。一个好的英语教学活动应符合以下标准：达到明确的教学目标，进行广泛的语言实践，具有良好的与内容相适宜的语言实践环境，儿童从活动中获得较大的乐趣。

（二）活动方案设计

根据学龄前儿童英语教育活动的组织结构，教师在活动方案的设计上也需要考虑结构性与层次性。整体来讲，英语教育活动方案在结构上可以分为活动目标、活动准备、活动过程和活动评析四部分。其中，教师对活动过程的设计需要注意内容和任务难度的层次性，做到循序渐进地引导幼儿融入英语语言的学习活动。以下提供三个英语教育活动活动设计参考。

活动设计一 我爱刷牙——I brush my teeth

活动目标：

1. 通过有趣的儿歌、游戏使幼儿在复习巩固单词brush、teeth的基础上，掌握句型 I brush my teeth，培养幼儿从小规范、准确发音的英语学习习惯。

2. 向幼儿介绍爱牙护齿的基本常识，培养幼儿每天刷牙讲卫生的好习惯。

活动准备：

兔子、大象、老虎头像的卡片，牙刷，眼罩，大鲨鱼玩具等。

活动过程：

一、热身运动

师生英语互相问好。

播放歌曲"Head and Shoulders"。

二、游戏活动（一）

教师表演哑剧《刷牙》，请幼儿猜猜教师在做什么。

1. 单词teeth

（1）教师通过儿歌"[iː]嘴角笑到耳根里，[θ]牙齿舌尖轻轻咬"，强调单词teeth的正确发音。

（2）贴牙游戏：出示兔子、大象、老虎头像卡片，幼儿认读复习"rabbit、elephant、tiger"。教师出示三种动物的牙齿，请幼儿将不同的牙齿贴到相应的动物头像中。每贴一次都要进行单词teeth的发音练习。

2. 单词brush

（1）教师通过儿歌"[ʌ]小嘴微微张，[ʃ]安静不说话"，强调单词brush的正确发音。

（2）刷牙游戏：每组派一位幼儿戴上眼罩，手拿牙刷去刷黑板上兔子、大象、老虎的牙齿，一边刷一边练习"brush the teeth"。刷准了的幼儿能为自己的小组获得奖励。

三、游戏活动（二）

教师出示大鲨鱼玩具，请幼儿一个接一个摁下大鲨鱼的牙齿，谁摁下牙齿后大鲨鱼闭上嘴巴，谁就要说出"teeth, teeth, I brush my teeth"，而后退出游戏，看看谁是最后的获胜者。

四、儿歌表演

请幼儿随着儿歌作相应的动作，可分集体、小组、男女幼儿表演。

活动评析：

本活动以幼儿日常生活中的刷牙为主要学习内容，要求幼儿掌握单词brush、teeth和句型 I brush my teeth。活动主要采用游戏化的方法，教师设计的贴牙游戏和刷牙游戏都是从幼儿的兴趣点入手，用他们喜爱的小动物做示范，既巩固了单词brush、teeth的正确发音，又能增加幼儿对小动物的喜爱之情。而具有竞争性、趣味性的大鲨鱼游戏，更强化了句型 I brush my teeth的学习，整个活动让幼儿在游戏中轻松习得英语。

附：儿歌

Brush my teeth

Brush, brush, brush,

I brush my teeth!

Brush, brush, brush,

My teeth are clean!

（活动设计：安徽省芜湖市实验幼儿园　邱静　指导教师：张敏）

活动设计二　　节奏乐——Little Star

活动目标：

1. 感受歌曲"Little Star"的节奏，会看节奏谱并能用身体和乐器来表现。

2. 练习用铃鼓和三角铁演奏节奏型××××××××–及滚奏的演奏方法。

3. 复习铃鼓和三角铁的英语名称并学习蛙鸣筒的英语名称，并练习用"It likes..."的句型描述蛙鸣筒的外形特征。

活动准备：

1. "Little Star"的节奏谱、几种不同节奏型的节奏谱；

2. 金色即时贴做的小星星若干；

3. 铃鼓、三角铁若干、蛙鸣筒一个。

活动过程：

一、教师与幼儿一起唱"DO, RE, MI"进入节奏乐室

二、出示金色的小星星

T: What can you see in this picture? (Little Star)

　　Please put the little stars on you hands.

三、请幼儿边表演边说出歌词

T: Yesterday, we learned a chant. Let's say it together.

四、请幼儿跟着钢琴的旋律演唱歌曲。

T: Listen to the music and sing this song.

五、看节奏谱，用手拍出四种不同的节奏型。

T: Look at this.

六、看"Little Star"的节奏乐谱，分别用拍手、跺脚的形式表现前两种节奏型。

七、出示铃鼓和三角铁，请幼儿说出它们的英文名称。再出示蛙鸣筒，老师示范其英语名称的读音，请幼儿逐个用敲击乐器的方法练习。请幼儿用英语说出蛙鸣筒的形状像什么？声音像什么？

T: What does it look like? What does it sound like?

八、音乐游戏：听听是谁在歌唱？在黑板后演奏不同的乐器，请幼儿辨别音色后再说出乐器的英语名称。T: Listen, who is singing?

九、看"Little Star"的节奏乐谱，教师与幼儿一起合奏。

十、收乐器后唱着歌出节奏乐室。

活动评析：

这是一个把英语教学活动和音乐活动结合起来的教学计划，是幼儿园英语学习和具体活动相结合的大胆尝试。幼儿园英语学习向实际应用发展是必然趋势，只有这样，英语学习才有生气，幼儿园的双语学习才会深入。当然，能够做到这一点的前提是教师有比较好的英语素养，能够准确地选题；幼儿经过一段时间的训练，有相当的词汇量和比较好的表达能力。本教案目标比较明确，教学过程清楚，可以达到比较满意的教学效果。教案中教师的课堂用语可以作为其他教师的教学参考。

（活动设计：天津市泰达第三幼儿园　韩婷　指导教师：李大维）

活动设计三 **Jobs in Kindergarten（大班）**

活动目标：

1. 能根据图片正确认读单词"cleaner, guard, cook"。

2. 理解"Who is he/she?"并用"He/She is our ..."句式回答。

3. 积极参与活动，体验英语的有趣和有用。

活动准备：

多媒体、课件、电脑、CD机、黑板。

活动过程：

一、Greeting（问候）& Warm up（热身运动）

T: Who are you? C: I'm ...

T: Where are you from? C: I'm from ...

T: OK, hello, hello, who are you?（带领幼儿一起进行互动演唱）

T: What do you want to be? C: I want to be a ...

T: OK, I want to be a firefighter.

幼儿活动：幼儿大胆地用英语与老师打招呼以及做口语练习。幼儿参与活动，积极与教师进行互动。

二、Review（复习）

Words: teacher, doctor, firefighter, soccerplayer, policeofficer.

T: What do you want to be? I want to be a ...

游戏：Don't be caught

T: I take out a card and ask you "what do you want to be?" You say "I want to be a ..." Then you go forward one step. But when you see the picture "big bad wolf", you sit down as quickly as you can.

三、Presentation（呈现）

（一）操作所有卡片，带领幼儿认读幼儿园职业单词"cleaner, guard, cook"。（与上一环节衔接，将新单词卡片和所复习的卡片放置在一起自然过渡）

T: What do you want to be? I want to be a ...

游戏：

1. passing card

T: After I close my eyes，you pass the card one by one. When I say stop, you hide the card under your chair or behind you and so on. I say the word and look for it.

（二）感知人称代词：he/she以及句子"He/She is ..."

游戏：

1. Stand up and sit down

T: Boys/Girls stand up/sit down.

2. Touching head

T: When I touch boy's head, you say "he". When I touch girl's head, you say "she".

3. Solitaire

T: I say "He/She is ...." .... says "He/She is ..."in five seconds. (Teacher count from one to five)

（三）引入新句型。

学习新对话："Who is he/she?" "He/She is our ..."

T: Who is she? (point to children's teacher)

C: She is ...

T: Because she is the teacher of our class, so we should say "She is our teacher." He is the cook of our kindergarten, so we should say "He is our cook."

游戏：

1. dice

T: I throw the dice, and ask you "Who is he/she?" You say "He/She is our ..." But when you see the witch you should go back to your seat as quickly as you can, or you must dance for all other kids.

2. guessing（情景：邀请幼儿园保健医生、保洁、门卫、厨师戴卡通面具到班级）

T: "Who is he/she?" "He/She is our ..."

（四）带领幼儿参观幼儿园保健医生、门卫、厨师、保洁的工作场所，描述他们为我们所做的事情，为下一次活动做铺垫，同时表达对他们的感谢。

T: Ok，Let's go to ...

Guard's office: He is our guard. He can protect the kindergarten. Thank you.

doctor's office: She is our doctor. She can help people. Thank you.

Playground: She is our cleaner. She can clean the kindergarten. Thank you.

四、延伸活动

1. 艺术活动：画自己的幼儿园及幼儿园的工作人员。

2. 角色扮演：班级游戏区内分别扮演幼儿园不同工作的角色。

活动评析：

伴随着夏季脚步的临近，大班的孩子们即将离开生活学习了三年的幼儿园，成为一名光荣的小学生。班级也将以"再见，幼儿园"为主题开展一系列的探究活动，孩子们用自己的方式感谢三年来陪伴他们成长的每一个人：老师、小伙伴们，还有幼儿园里的其他工作者。基于这一主题经验，产生了英语主题活动"幼儿园里的工作者"，本次活动是主题活动的第一个活动。

关于前期经验，通过在"我来显身手"的主题活动生成的关于"职业"的主题活动中，孩子们已经积累了常见职业以及长大后理想职业的相关英文经验。因此在活动的问候环节的口语操练部分对长大后自己的理想职业进行了复习与巩固，同时为了更好达成"Who is he/she？"这一句型的理解与回答，前期也通过歌曲的方式渗透了 Who are you? 的理解以及正确的回答。

关于具体实施。将复习环节与新内容呈现的环节进行有机的融合，孩子们在回顾已有职业经验的基础上，自然地出示本次活动的新内容，并通过传递卡片的游戏进行内化。第三人称代词的理解对于孩子们来说是一个相对的难点，将第三人称代词与男孩、女孩进行对应，通过轻轻触摸孩子们的方式自然渗透"He/She is ..."，通过教师的错误表达（将男生表述为 She is ...）加深孩子们对这一句型的理解，孩子们在理解"He/She is ..."的基础上，通过幼儿园工作者的实景图以及 TPR（肢体语言）相结合的方式感知"our"一词的意思，邀请幼儿园的保安叔叔、清洁阿姨、厨师戴着面具到班级，一方面增加游戏的神秘性、趣味性，另一方面也在自然的情景中进一步理解并运用"Who is he/she？""He/She is our ..."体验英语的有趣和有用。

附：

1. Song: Who are you?

Hello, hello, who are you? Hello, hello, who are you? Hello, hello, where are you from? I'm from Korea. Hello, hello, who are you? Hello, hello, who are you? Hello, hello, where are you from? I'm from China. Hello, hello, who are you? Hello, hello, who are you? Hello, hello, where are you from? I'm from ...

2. I want to be a firefighter

I want to be a firefighter, I want to be a firefighter, fire fire firefighter, fire fire firefighter, I want to be a firefighter.

I want to be a soccerplayer, I want to be a soccerplayer, soccer soccerplayer, soccer soccerplayer, I want to be a soccerplayer.

3. 相关游戏

（1）网小鱼：幼儿答对了老师的问题就向前走一步，当出现大灰狼的单词时，幼儿需用最快的速度蹲下，以免被捉住。

（2）传卡片：教师背对着幼儿，一边敲铃鼓一边念"go go ..."，当老师说停时，幼儿在教师数一二三时将卡片藏起来，老师找读相应的单词并寻找卡片在哪个孩子之处。如果教师找错，幼儿说"No, go away"，教师也可故意找错增加游戏趣味性。

（3）萝卜蹲：教师说"boy"，男孩站起来，教师说"girl"，女孩站起来。第二遍增加难度，教师说"boy"，男孩不能站起来，女孩站起来。游戏过程中可以连续念、变换速度念以增加难度和趣味性。

（4）拍拍你的头：教师轻拍幼儿的头，幼儿说相应的句型。教师在此过程中故意说错he/she以增加游戏趣味性

（5）扔骰子：教师扔骰子，当出现"女巫"的单词时，幼儿用最快的速度回到自己的座位，被捉住的幼儿给其他孩子表演跳舞。

（活动设计：成都市嘉祥实验幼儿园　易楠　指导教师：卢伟）

思考与练习

1. 你如何看待当前的"英语热"现象？请收集资料进行分析，并提出你的建议和意见。

2. 学前儿童英语教育目标与小学英语教育目标有什么区别和联系？

3. 分组学习或创编一个儿童英语游戏，用课前5分钟时间进行交流。

4. 观摩幼儿园一节英语教学活动，分析活动中所使用的教学方法。

5. 观摩幼儿园一个英语主题教育活动，分析活动安排的层次和结构。

6. 尝试以"Toys"为内容，编写一个英语教育活动方案。

7. 分组讨论：中国传统节日、中华文化如何应用在英语教育活动中？

学前儿童语言教育评价

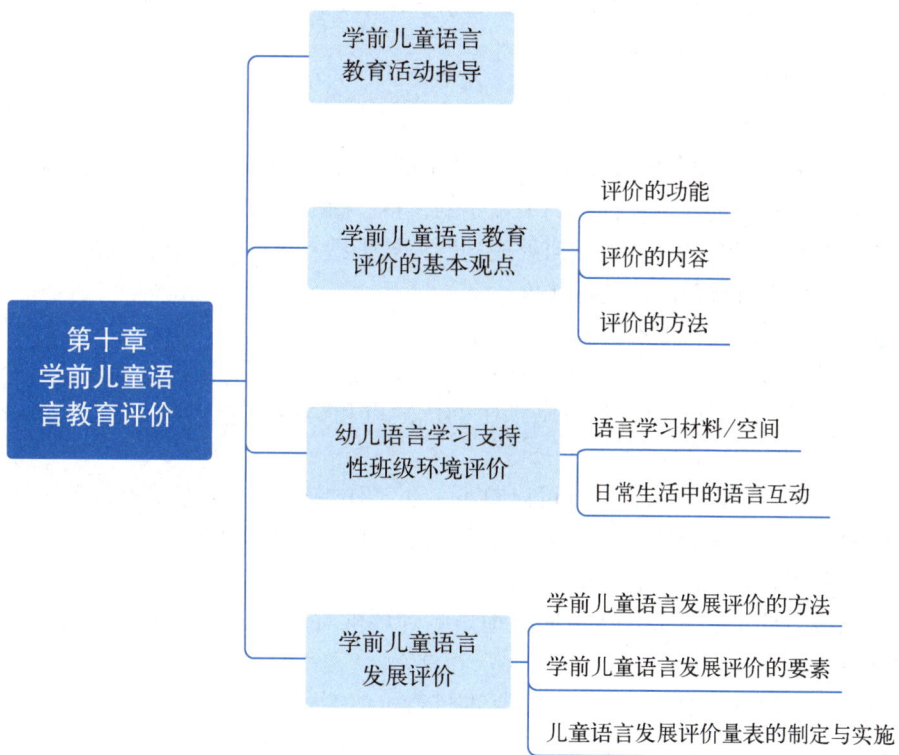

```
                    ┌─ 学前儿童语言
                    │  教育活动指导
                    │
                    │                        ┌─ 评价的功能
                    │  学前儿童语言教育        │
                    ├─ 评价的基本观点 ────────┼─ 评价的内容
  第十章             │                        │
  学前儿童语         │                        └─ 评价的方法
  言教育评价 ────────┤
                    │  幼儿语言学习支持        ┌─ 语言学习材料/空间
                    ├─ 性班级环境评价 ────────┤
                    │                        └─ 日常生活中的语言互动
                    │
                    │                        ┌─ 学前儿童语言发展评价的方法
                    │  学前儿童语言            │
                    └─ 发展评价 ─────────────┼─ 学前儿童语言发展评价的要素
                                             │
                                             └─ 儿童语言发展评价量表的制定与实施
```

学习要点

- 学前儿童语言教育活动评价的内涵、类别。
- 学前儿童语言发展五种基本评价方法。
- 评价量表的制定与实施。

教育评价，就是衡量教育工作的价值。对学前儿童语言教育的评价，不仅包括对儿童语言发展状况的评价，而且包括对儿童语言教育的过程、内容、方法、效果等作出判断。

对学前儿童语言教育的评价，是随着对儿童语言发展和语言教育认识的不断深化而发展起来的。

我国的学前儿童语言教育评价，强调把语言作为一个整体来进行评价，包括从儿童语言发展的状况来评价教育效果，以及对语言进行整体的各个部分及其相互关系的分析和判断来评价教育教学过程的实际运行状况。可见，语言教育的评价不限于对儿童语言发展水平的评价，还要对语言教育本身做出价值判断，对教师的教和儿童的学的过程与结果作出评价。

第一节　学前儿童语言教育评价的基本观点

语言教育活动的评价是收集语言教育活动系统各方面的信息，并根据一定的客观标准对教育活动及其效果作出客观衡量和科学判断过程。语言教育活动评价是语言教育活动过程一个不可缺少的环节，它调节和控制着整个教育活动过程，使之朝着预定的活动目标前进并最终达到该目标。

⭐ 一、评价的功能

学前儿童语言教育活动的设计与组织，总是不断指向教育目标，并又是依据此目标展开活动的。那么，在活动的实施过程中是否达到了预定的目标？事先拟定的教育活动目标得到了多大程度的实现？活动的设计与组织是否合适？何处成功？何处失败？下一个活动如何展开？等等。要对以上问题作出判断，就要对教育活动进行评价。

归纳起来，学前语言教育评价具有以下四个功能。

一是诊断功能。在语言教育评价中，通过对收集到的资料、信息进行整理、分析，能够发现学前儿童在语言发展、教师的语言教育活动中的优缺点和存在问题，从而可以诊断评价对象的基本状况。

二是改进功能。在诊断的基础上，可以对下一步工作提出有针对性的教育策略和建议。比如，发现儿童在讲故事时"故事中没有或者很少对话"（诊断），这就需要在教育活动中加强对故事中的人物角色活动、细节关注等相关的教育（改进）。

三是激励功能。评价通常会直接或间接地影响到评价对象的心理活动，能够激发其成就动机，追求更好的结果。

四是导向功能。评价是根据一定的价值标准进行价值判断的活动。以评价标准为准绳、与评价标准逐步靠近的过程，就是一个不断完善、不断追求高质量教育的过程。

明确评价的功能，可以帮助我们根据《纲要》和《指南》的要求，更加科学而准确地设计学前儿童语言教育评价的体系和评价指标，正确地开展评价工作，避免在评价过程中不符合儿童发展实际的、不利于儿童可持续发展的过低或拔高要求。

⭐ 二、评价的内容

语言教育活动的评价涉及许多方面，但概括起来主要是两个方面：一是对儿童的评价；二是对活动本身的评价。

（一）对儿童的评价

教育活动评价是以引起儿童身上出现的变化或儿童在活动中的表现为着眼点。具体说，可以从两个维度来进行：一是从儿童学习效果的角度，对目标达成情况进行分析和评价，称为静态的评价；另一种是从儿童在活动中的表现，对儿童的参与活动程度进行分析和评价，称为动态的评价。

1. 对目标达成的评价

在对语言教育活动目标达成情况进行分析和评价时，要有整体观念。关于语言教育活动的目标，可以从三个层面来认识：第一层是指《纲要》和《指南》提出的语言教育方向要求，这是对儿童在语言教育这个领域的发展全面的规定；第二层是指幼儿园语言教育各种活动类型的核心经验，这是对儿童的语言在某一方面的发展做出规定；第三层是指幼儿园语言教育具体活动的目标，这是对儿童在每一次活动之后应产生的变化提出具体的要求。这三个层面的目标在语言教育目标系统中相互联系、相互渗透。

在对活动目标的达成情况进行分析时，一般涉及三个方面。

（1）分析认知目标的达成情况，即了解儿童是否获得了目标所规定的语言知识，是否掌握了有关的词汇和句型，是否懂得了在什么样的语言环境下运用这些词汇和句型。

（2）分析情感目标的达成情况，即了解儿童是否形成了耐心倾听别人说话的态度，是否乐意在集体面前讲述自己经历的事情和图片内容，是否懂得并遵守语言交往中的一般规则。

（3）分析能力目标的达成情况，即了解儿童组词成句的能力和在具体语境下运用语言的能力，是否能根据活动中的语言情境来运用有关的词汇、语法和语调，是否能用连贯的语句说清楚自己所要表达的意思。

在对以上三个方面进行分析的同时，还应对达成的程度作出判断，一般分为完全达成、基本达成、未达成三个层次。经过这样两个维度的分析，就能对儿童经过教育活动后的变化有所了解。

2. 对儿童在活动中表现出来的独立见解的评价

用于考察儿童对活动目标要求的理解程度，以及自己独有的生活、学习经验与该活动中语言学习任务之间相互作用情况等。需要列出某一儿童与其他儿童不一样的具体语言行为表现，如说出"跳跳糖很有趣，能在舌头上跳舞"，说出"核桃还可以用来给爷爷在手掌上面玩耍健身"等。

3. 对儿童在活动中创造性运用语言的评价

主要分析儿童对语言结构的创造性应用，以及在操作、想象等方面的创造性表现。需要具体列出儿童的行为表现内容，如"使用了'到……为止'或者'不久之后'这类比较复杂的时间标记"等。

4. 对儿童参与活动程度的评价

对儿童评价的另一个方面，是对儿童参与活动程度的分析与评价，这是一种动态的评价。通过对儿童在活动中的表现，可以了解活动设计与活动组织的情况，也可以了解儿童语言发展的状况。因此，重视观察儿童在活动中的表现是关键。关于儿童参与活动的程度，可以分为三个等级：主动积极参与——一般参与——未参与。

主动积极是儿童参与活动的最佳状态，在这种状态下儿童有着强烈的学习动机，有着浓厚的学习兴趣。从外在表现看，儿童的注意力集中，对于教师的指导用语和同伴的发言都能专心倾听。当教师提问时，儿童纷纷举手发言，乐意在集体面前表述自己的观点或叙述一件事情。当分组活动时，儿童的情绪非常高涨，活动气氛异常活跃。如果某一个教育活动在组织过程中，儿童能主动积极参与，就说明该活动从目标的制定到内容的选择都是恰当的，与儿童的语言发展状况有着高度的适应性。当然，也可以说明儿童的发展状况是良好的。

一般参与是儿童参与活动程度中的中间状态。在这种状态下儿童仍然进行着学习活动，但基本上属于被动学习。在教师的不断提醒下，能够集中一定的注意力倾听教师的话语和同伴的发言。当教师提出问题时，并不积极主动地举手发言，但是当老师点到名字时，也能站起来回答老师的问题，并且能够在集体面前表述自己的观点。在一般参与的状态下，通过教师的精心组织，基本上可以达到教育活动的目标，也能够完成教育任务。但是，这种状态的出现说明活动目标的制定和活动内容的选择与儿童语言发展的状况还缺乏高度的适应性，还需要加以改进。

未参与是儿童活动程度的不理想状态。在这种状态下，儿童对于正在进行中的活动毫无兴趣，当教师发出指令或是同伴发言时，他们不能集中注意倾听，或是东张西望，或是与同伴打闹戏耍，或是昏昏欲睡。这种状态的出现说明教师事先在设计活动方案时，从活动目标的制定到活动内容的选择都是不恰当的，需要舍弃而重新设计。

以上四个方面的评价内容相互区别，又相互联系，共同构成了儿童在语言教育活动中以语言学习行为为评价的主要内容。这些内容是根据幼儿园语言教育活动目标和语言发展目标建构而成的，它们反映了影响儿童在语言教育活动中语言学习效果各个方面的因素。

（二）对语言教学活动的评价

对语言教学活动的评价也可以说是对教师教学工作和教学效果的评价。虽然通过对儿童的评价能一定程度上反映教师教学的质量，但是教学质量并不能在对儿童的评价中得到全部的体现。因此，为了科学、准确地评价教育活动的效果（包括教师教学的效果），除了要对儿童进行评定以外，还要对教师的教学活动进行评价。这个内容的评价主要涉及教育目标、教育内容、教育方法、教育组织形式、教学环境材料的利用、教师与儿童之间的互动等。

1. 目标的评价

在评价教育活动的目标时，主要分析这一活动目标的提出是否以《指南》和各个活动类型的核心经验为依据；是否从本班儿童的实际情况出发提出恰当的教育要求；在目标中是否包含了认知、情感、能力等三个方面的内容；整个活动的设计与组织是否围绕教育目标而进行。

2. 内容的评价

在评价教育活动的内容时，主要分析内容的选择与目标的要求是否相一致；活动内容是否符合科学性和教育性；内容的分量是否恰当，有无过多或过少的情况；内容的组织是否分清了主次、突出了重点，是否抓住了关键内容；内容的分布是否合理，各要点之间的衔接是否自然流畅；与儿童的发展状况是否适合。

3. 方法的评价

在评价教育活动的方法时，主要分析方法的运用是否刻板划一，方法的选择与运用是否随着活动目标、活动内容及儿童实际而变化；各种具体活动的方法与儿童学习方式的适合情况如何；有没有采用有效的方式保障儿童积极参与教育活动。

4. 组织形式的评价

在评价教育活动的组织形式时，主要分析在活动展开过程中，是否适当地进行了集体活动、分组活动、个别活动等的组合与变换，是否只是局限于采用一种特定的活动形式；在活动的组织过程中，有没有考虑到因材施教的问题；在分组时，是否考虑到人际关系以及儿童的情感因素。

5. 环境材料的评价

在语言教育活动中，常常要创设和利用一些有助于儿童学习的环境、材料、教具和学具。在对其进行评价时，主要分析是否创设和选择了适合于活动内容和儿童实际的环境材料；利用这些环境和材料是否适合于教育活动的展开；选择的材料、学具等是否适合于儿童的操作；教具和学具能否作出若干组合；是否最大限度地利用了环境、材料、教具和学具所具有的功能。

6. 师幼互动评价

教师与儿童的互动情况，对教育活动的效果有直接的影响。在评价教师与儿童的互动关系时，主要分析是否正确发挥了教师的主导作用；是否创造条件使儿童成为活动的主体；教师与儿童在活动过程中的交往是否和谐融洽，是否积极主动地相互交往；儿童的注意力、兴趣、情绪、意志、性格等非智力因素是否得到充分的激发。

（三）对幼儿语言学习支持性班级环境的评价

儿童语言的学习不能脱离环境而单独存在。良好的环境能够对幼儿积极参与学习、表达自身的经历想法、产生更复杂的对话以及与他人交往与互动产生积极的推动作用。为儿童创设符合其发展需要、能够有效支持其语言学习的环境已经成为各国早期教育课程和教学中的重要趋向。《纲要》中强调，要为师幼间、同伴间的交谈创造自由、宽松的语言交往环境，同时明确指出"发展语言的关键是创设一个能使他们想说、敢说、喜欢说、有机会说并能得到积极应答的环境"。

学前儿童语言教育评价指标体系框架图

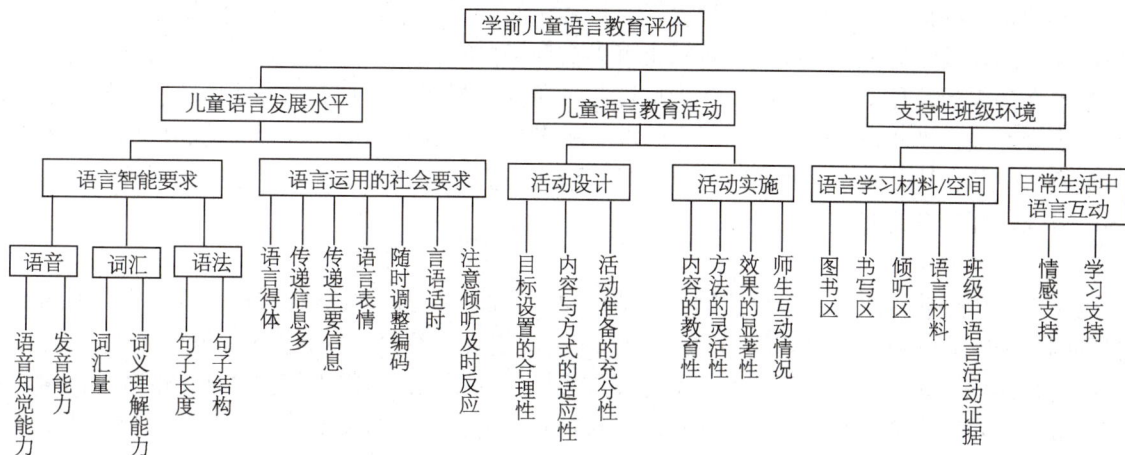

支持幼儿语言学习的班级环境主要强调班级的教师作为支持者，以支持幼儿语言学习的需求（包括个别化需求）、支持幼儿开放而平等的语言学习，以及支持幼儿在活动中扩展语言经验为出发点，为幼儿提供一个宽松、自由的能够增加幼儿语言学习兴趣的环境。

视频：材料
分类整理[①]

三、评价的方法

对教育活动进行评价，需要一定的方法，常用的有自由叙述法、观察评价法、综合等级评价法。

1. 自由叙述法

自由叙述法是将对教育活动的意见、判断、感想等自由地写下来，通过文字叙述对教育活动加以评价的方法。这种方法既适合于自我评价，也适合于对他人的评价。

自由叙述法的最大特点是不做定量分析，不需要专门的测量工具和复杂的评价程序。一般所谓科学的评价方法，首先需要一套完整的指标体系，还要确定各指标的权重；对于根据各指标获取的评价信息还要予以加权求和；最后通过一系列的统计计算，得出最终的评价结果。显然，这样的评价方法，广大的幼儿教师操作起来是很困难的。

自由叙述法则有利于综合反映活动过程中的情况，既可以对静态的因素（如目标、内容、方法、材料、环境等）加以评价，又可以对动态的因素（如儿童在活动中的行为表现）加以描述。不过，为了清楚地用文字表述对某一活动的评价，在叙述时应该分类。叙述中的分类可以有多重维度，可以按照活动的要素将叙述的内容分为对目标的评价、对内容的评价、对方法的评价、对师幼关系的评价、对活动气氛的评价等等，也可以按照优缺点分成两大类。还可以分为对儿童的评价，对教师的评价。总之，可以灵活多样，自由评述。

2. 观察评价法

在幼儿园语言教育活动的评价中，观察是一种有效的评价方法。通过观察可以获取大量的评价信息，可以及时了解教育活动运行的状况。如果评价者是教师本人，还可以通过观察得来的反馈信息，随时调整活动的内容、方法和组织形式，从而达到评级为教育服务的目的。观察评价法主要

---

① 视频由绵竹市第二示范幼儿园提供，执教：王冬雷

通过对儿童行为表现的观察了解，来对整个教育活动的效果进行分析，包括分析活动目标的达成情况、活动内容和方法与儿童的适合程度，以及了解儿童通过活动之后在语言方面产生的变化。观察既是一种行之有效的评价方法，又是一种容易掌握的评价方法，在实践中深受广大幼儿教师的欢迎。如果把观察评价法与其他评价法结合起来使用，将会取得较好的评价效果。

观察评价法的具体运用可以有多种途径。最常见的是在自然情景下的观察，即在日常教育活动中作密集性的连续性的观察。有时，教师也可以借助于提问，对回答问题的儿童的语言表述情况进行观察。在分组活动和个别活动中，教师可以通过巡视来观察儿童的语言表述情况。另外，也可以与儿童个别交谈，借此来了解儿童的语言情况，稍微复杂一点的是按照教育活动的目标和内容，创设某种语言情境，让儿童在这种语言情境中进行语言交流，教师从中观察儿童是否了解与掌握了有关的语言知识和语言技能。

3. 综合等级评价法

为了在评价中获得对语言教育活动的总体印象，我们可以选用综合评定法。这种方法既对活动的各种因素进行分析和评价，又对活动的各种状态进行分析和评价，从而能够得到综合的评价信息。

综合评定法从纵向和横向两个维度确定评价指标。纵向包括构成语言教育活动的各种因素，主要有目标、内容、形式、儿童参与活动程度、材料利用情况、师幼关系等。横向包括教育活动各种因素在运行过程中的状态及等级。根据这两个维度制定以下综合评定表，教师在活动评价中使用时，只要在相应的位置上打"√"即可，操作很方便。

由于综合评定法采用两个维度、多种指标，因此，只要使用此方法，就可获得多重评价信息。例如表10-1：

表10-1　综合评定表

	目　标	完全达到	基本达到	未达到
目标达成分析	目标1			
	目标2			
	目标3			
		完全适合	基本适合	不适合
适合程度分析	内　容			
	形　式			
	方　法			
活动因素分析	参与程度	主动参与	一般参与	未参与
	环境创设和材料利用	充分利用	一般利用	未利用
	师幼关系（回应）	积极互动	一般配合	消极被动

第二节　学前儿童语言发展评价

★ 一、学前儿童语言发展评价的方法

常用的学前儿童语言发展评价的方法有以下五种。

（一）自然观察法

自然观察法是指在日常生活的自然状态下，有目的、有计划地对儿童的语言发展进行直接观察、记录，从而获取儿童语言发展信息的方法。自然观察法的特点是：不对儿童的语言发展进行人为干预和控制，教师与儿童都处于自然状态下，因此能观察到儿童在日常生活中最真实、最典型、最一般的语言发展情况。

观察儿童的语言发展，可以有多种目标。目标不同，观察的角度就不同。归纳起来儿童的语言发展有以下三种观察角度：一是语言发展跟踪观察；二是语言发展的选择观察；三是语言发展的检测观察（这是一种非自然状态中的语言检测，在此不作介绍）。

1.语言发展的追踪观察

追踪观察是一种纵向角度的观察。这种观察以某一个或某一些儿童的语言现象为观察对象，坚持较长的时期，在追踪观察对象的语言发展线索中了解他们语言发展的获得过程，以求把握一个完整的儿童语言学习系统的印象。

语言发展的追踪观察有一定的适用范围。首先，有志于研究学前儿童语言习得过程的人可以采用这样的观察角度，通过较长时间的跟踪观察记录，获得有关儿童语言形成发展的知识。其次，运用追踪观察可以帮助家长和幼儿教师了解儿童的语言发展情况，得出儿童语言发展是否正常的结论，这样可以及早发现及早干预，帮助儿童获得正常的语言。

在采用追踪观察法时应注意以下要求。

（1）设置采用统一的表格和记录形式。

设置统一的表格是为了较长时间的跟踪，保证跟踪观察时的参与因素基本一致（参见表10-2）。

表10-2 语言跟踪观察例表

观察对象 _____ 出生年月 _____ 性别 _____

参与交谈者 _____ 与观察对象关系 _____ 性别 _____

观察地点 _____ 观察时间 _____ 观察者 _____

观察对象言语记录（伴随动作）	参与交谈者言语记录（伴随动作）

（2）控制追踪观察中参与谈话者因素。

在追踪观察时，要求与观察对象交谈的参与者（家长或教师）不要过多地刺激儿童说话。参与谈话者可以跟孩子玩，回答孩子的问题，根据孩子提的要求做某些动作，附和孩子的某些话，讨论孩子提的某件事，但不要问太多的"这是什么""那又会怎样"等问题，以免干扰儿童的自然语言。如果参与谈话者是同龄孩子，则不作任何规定。

（3）选择恰当的观察时间。

观察儿童语言，每次最好不要超过半小时。年龄小的儿童时间可更短。要选择儿童身体健康、心境正常的时候观察。

（4）及时做好记录转换工作。

我们在观察记录儿童谈话时，要对他们说话时的游戏动作，或发生什么使他们转移注意力和话题的事加以简单注释，用括号记下伴随动作即可。

2. 语言发展的选择观察

选择观察是就学前儿童语言发展中某一个内容进行着重观察。它不同于追踪观察的是：选择观察一般注意点在语言发展横断面，通过某一种语言现象的观察，获得对语言发展过程中这种现象的认识。比如，教师在教育中发现个别儿童"zh""ch""sh"发音不正确，通过观察发现这三个声母是3岁儿童发音的难点，因而创设出相应的"捉老鼠"和"小动物吃什么"等游戏活动，在游戏中训练孩子的发音，帮助儿童习得这些语音。

语言发展的选择观察与追踪观察有相仿之处，但选择观察的重点是某种语言现象，因此要较多地注意语言现象的出现与语言环境的关系，以及某一语言现象在同龄儿童中是否具有普遍性的问题。所以，观察者的面要广一些，观察对象要多一些（见表10-3）。

表10-3　语言发展的选择观察例表
（儿童在游戏情景中的语言现象）

观察对象（1）＿＿＿＿　性别 ＿＿＿＿　出生年月 ＿＿＿＿	观察对象（2）＿＿＿＿　性别 ＿＿＿＿　出生年月 ＿＿＿＿	观察对象（3）＿＿＿＿　性别 ＿＿＿＿　出生年月 ＿＿＿＿	
对象（1）交谈内容：	对象（2）交谈内容：	对象（3）交谈内容：	备注（游戏动作）
语言现象分析 1. 2. 3. 4. 5.	语言现象分析 1. 2. 3. 4. 5.	语言现象分析 1. 2. 3. 4. 5.	语言环境综合描述
思考要点与分析结论			

总之，在运用自然观察法时应注意以下四个问题。

第一，要创造自然的观察环境和气氛。评价者不应对儿童的语言进行干预、限制或评价。此外，还要避免儿童注意或发觉评价者的观察意图，以防儿童出现紧张及其他非自然的语言，确保观察结果的真实性。

第二，要有明确的观察目的。评价者应始终明确每次观察的任务和目的，要选择与观察目的有关的语言和重要情节进行记录。

第三，要做好观察记录。精确记下反映儿童语言发展状况的事实及发生的条件、环境，以便对儿童的语言发展情况做出正确判断。

第四，要对儿童的语言情况进行多次观察。儿童语言易受环境和主客观因素的影响，而在不同时间、不同条件下表现出不同特点。如果以一次观察得到的信息作为依据，对儿童的语言发展进行判断，将会影响评价结果的客观性、科学性。所以，在运用自然观察法对儿童语言发展进行评价时，一定要注意进行多次观察。

（二）情景观察法

情景观察法是在教育的实际情景下，按照研究目的，控制和改变某些条件，将儿童置于与现实生活场景类似的情景中，观察到儿童在情景中的语言表达能力。

情景观察法有三个突出的特点：一是可以在一次活动中集中地获得大量信息；二是既可控制和改变某些条件保证观察的效果，又可保持情景的自然和真实，易于观察到儿童的自然表现；三是方法比较简单，完全可以和幼儿园各个领域的教育活动结合起来使用。

运用情景观察法搜集儿童语言发展评价信息时要注意以下三个问题。

第一，要围绕观察目的设计情景，所创设的情景要能引发儿童表现出评价者欲观察到的情况。

第二，设计观察情景应尽量与儿童的日常生活情景相似，应该是儿童感兴趣的活动，能够使儿童积极参与并产生真实感，以免使儿童产生受骗的感觉。

第三，情景观察应与日常观察相结合。儿童在某一特定情景中的语言情况，不一定代表其在日常生活中的所有情况，所以不能以一次情景观察得到的材料对儿童进行评价，经过多次情景观察并与日常生活中的自然观察相结合，才能使教师对儿童的语言发展评价有比较充分的事实依据。

（三）谈话法

谈话法是通过与儿童面对面的交谈搜集语言发展评价信息的方法。运用此方法需要教师对谈话内容进行记录，然后对谈话记录进行分析。谈话法的明显优点是可以弥补自然观察法和情景观察法的不足，能比较快捷地了解儿童语言发展中的问题，丰富已有资料。

使用谈话法搜集语言发展评价信息时要注意以下问题。

第一，要有明确的谈话目的。

第二，谈话内容应在儿童生活范围内并使儿童能够理解。与儿童谈话时要使用儿童语言，提问尽可能简单。

第三，谈话要在自然状态下进行。教师最好在游戏时间里与儿童边游戏边进行交谈，以免儿童出现紧张情绪，影响谈话结果的真实性。

第四，教师与儿童谈话时要创造轻松、亲切的气氛，谈话口吻要温和、自然。当儿童在谈话过程中出现对问题不理解、不作回答及回答错误等现象时，教师要耐心启发或等待，切忌斥责、批评儿童或表现出急躁情绪，以避免谈话中断，或得不到所需要的事实材料。

（四）问卷调查法

问卷调查法是由评价者根据评价目的，向被调查对象发放问卷调查表，广泛搜集儿童语言发展信息的一种方法。在儿童语言发展评价中，使用问卷调查法的目的主要是向家长了解儿童在家庭环境中的语言发展情况。

问卷调查法的优点是可以在短时间内获得大量的评价信息，但有时通过这种方法得到的信息可能会不够准确和真实。造成这种现象的原因有很多，但主要可能有以下两点：一是家长未真正理解儿童语言发展评价的意义和调查的意图，顾虑较多，怕反映真实情况引起教师对儿童的偏见；二是调查题目和表达方式的设计可能存在一定的缺陷，影响家长对问题的理解。

因此，使用问卷调查法时应注意以下问题。

第一，要让家长了解问卷调查的意图，使其建立对教师的信任感，消除顾虑。

第二，问卷的语言应明确、易懂，便于家长正确理解问题的内容。

第三，问卷设计应涵盖所需了解的全部内容，但问答方式应尽量简便，以在不增加家长过多负担的情况下得到比较丰富的信息。同时，简便的回答方式还有助于得到明确的回答，以利于日后进行统计分析。

因此，掌握问卷设计的技能至关重要，只有编制出易于家长理解和接受的调查表，问卷调查才可能收到实效。

（五）现场实录法

现场实录法是利用现代化的录音、录像设备，现场实际拍摄记录儿童语言发展评价信息的一种方法。这种方法的优点是：首先，搜集到的信息真实，拍摄记录的儿童语言以及伴随的动作较为可靠；其次，这种方法记录的信息可以多次再现，便于教师反复观察和研究；再次，现场实录法如果配合自然观察、情景观察等方法使用，可以弥补这些方法的不足，使观察记录的评价信息更加丰富和全面。

使用现场实录法时应注意以下两个问题。

第一，在使用录音、录像设备进行观察记录前，最好先让观察对象与观察者玩一会儿，像让体育运动员先进行热身活动一样，给他们一点"热身"的时间，相互适应，然后当他们进入正常状态时，才可以开始录音、录像。

第二，妥善保存观察记录资料。使用录音、录像机拍摄记录后，要及时将录音、录像整理出来，以免时间长了忘却。整理出的录音带、录像带要标出记录的时间、对象、年龄、环境、内容等，以便归类存档和检索。另外，也可运用计算机对录音、录像资料进行拷贝存档。

⭐ 二、学前儿童语言发展评价要素

（一）语音和词汇

语音是语言的基本要素之一，是语言的物质外壳。培养儿童听音、辨音的能力有助于儿童语音的发展，只有发音清楚、正确，才有助于儿童对词汇的理解和掌握。

词汇是语言的基本单位，是儿童语言发展的重要标志之一。词汇的发展对儿童的社会交往也具有重要意义。在社会交往中，儿童对他人情感的理解，与他人思想的沟通以及知识经验的交流都要通过以词为基本建筑材料的语言来进行。词汇丰富，可促进儿童语言表达能力和理解能力的发展，并直接导致儿童社会交往质量的提高。

对语音和词汇的评价可以结合在一起，设计成游戏的形式进行测量。可选择一批包含汉语拼音方案中的声母和韵母的常用词，配上简图，让儿童看图说词，教师做记录，特别要重视把发错的音、说错的词按原始情况记录下来。对发错的音及说错的词可用游戏或儿歌方式进行练习。

（二）讲述

讲述指儿童能够独立地、清楚连贯地向他人表达自己的愿望和请求。讲述能力是在儿童认知能力特别是思维能力发展的基础上产生并发展的，是儿童口语表达能力发展的重要标志之一。

儿童讲述能力的发展主要表现在语句的完整性、语言的连贯性和逻辑性等方面，因此关注和培养儿童的讲述能力，对儿童未来的学习和社会生活具有深远的影响。

（三）回答问题

回答问题指儿童能够针对他人所提出的问题准确地表达自己的看法。回答问题的能力是儿童语言理解能力和语言表达能力两个方面发展的结果。

回答问题需要多种心理活动的参与。首先是倾听，即接受他人发出的信息，然后在大脑中储存和记忆信息，进而对信息进行分析，产生理解，在此基础上，才能对信息作出准确的应答。因此，培养儿童回答问题的能力有利于儿童倾听能力、语言记忆能力、理解能力和表达能力的发展。

（四）理解文学作品

文学作品是语言艺术的结晶。儿童文学作品主要包括儿歌、诗歌、散文和故事。儿童对文学作品的理解，以其语言的发展为基础。也可以说，儿童理解文学作品的能力，是儿童语言发展的综合表现。培养儿童对文学作品的理解力，不仅对儿童的语言发展，而且对儿童认识能力以及情感等方面的发展都具有重要意义。

（五）阅读

图画书以具体、生动的形式向儿童展现了自然与社会中丰富多彩的景象，非常适合儿童具体形象思维的特点。图画书的内容、情节和寓意通过人物动作、场景等的变化来表现，因此，阅读图画书可以促进儿童的观察力和想象力的发展。儿童对人物形象和故事内容与情节的理解，需借助于词在大脑中进行分析、综合、判断、推理等思维活动，所以阅读可以促进儿童语言功能的发展和思维的发展。

三、学前儿童语言发展评价量表的制定与实施

幼儿教师掌握正确的评价方法，并能制定简单可行的评价量表，对儿童进行语言发展的相关评价，这是《幼儿教师专业标准》中，对幼儿教师提出的能力要求。根据上述语言发展评价要素，结合幼儿教师的工作实际，以下列案例提供参考。

案例一

评价指标：词汇。

评价方法：测查。

评价内容：通过儿童对词的理解、定义来判断儿童词汇掌握情况。

为了了解学前儿童词汇的理解情况，评价者逐一提及下列词语。指导语为："我想知道你已经懂了多少词，仔细听，告诉我这些词是什么意思？"

可以问的词汇包括鞋、自行车、帽子、伞、钉子、信、汽油、驴子、跷跷板、宝塔、按钮、毛皮、有礼貌、家禽、参加、英雄、钻石、锯子、喜爱、显微镜等。

每次问新的词时，都重复"什么是××"或"××是什么意思？"

分析儿童的回答，并分别记为2分、1分和0分。

符合下列情况，可以记为2分：

- 用一个好的、恰当的同义词进行解释。如，用"加入"解释"参加"。
- 说出物品的主要用途。如，"伞"是"可以避雨的"。
- 说出事物一种或一种以上主要形状、形式。如，"信"是"在纸上与人谈话"。
- 将词进行一般的分类。如，用"工具"来解释"锯子"。
- 说出几种事物的正确的形状。虽然不是准确的定义，但合起来可以说明对这个词的理解。如，用"它有两个轮子和把手"来解释"自行车"。
- 对一个动词的定义，能够说出该动词的具体动作的例子或因果关系等。如，用"把两条线路连在一起"来解释"连接"。

符合下列情况，可以记为1分：

- 回答并不一定是错误，但不能抓住突出的主要特征。如，用"高的房子"解释"宝塔"。
- 用含糊、不确切的同义词来进行解释。如，用"鸽子"来解释"家禽"。

说出物品的非主要用途，且未加以进一步说明。如，用"烧火的"来解释"木头"。

- 采用举例的方式来下定义，但举的例子中含有要解释的词，且不加以进一步的说明。如，用"你坐在上面跷的"来解释"跷跷板"。
- 对与本词有关的另一个词下了一个准确的定义。如，要求解释"赌博"，儿童回答的却是对赌者的定义，"那些赌钱的人"。
- 不是用语言、字句来回答，而是用动作来回答。如，不断地做骑自行车的动作，用以解释"自行车"。

符合下列情况，记0分：

- 明显的错误回答。如，其回答与所给的词毫无关系。
- 用相同的词语进行解释。如，用"皮衣服"解释"毛皮"，或用"毛皮就是毛皮"回答。

案例二

评价指标：词汇。

评价方法：测查。

评价内容：掌握部分常用量词和常用词的反义词。

1. 量词

材料：各种物品的图片或实物。

指导语："请你看完图片以后告诉我，每张图片上的东西是多少？比如，这张图（范例：鸟）你应该说是一只鸟，不能说是一个鸟，现在我们开始看看这些图片。"

逐次向儿童出示以下各种物品或实物并提问：

"这是多少娃娃？"（个）　　　　　"这是多少书？"（本）

"这是多少鞋？"（双、只）　　　　"这是多少衣服？"（件）

"这是多少汽车？"（辆、部）　　　"这是多少花？"（朵）

"这是多少积木？"（块）　　　　　"这是多少飞机？"（架）

"这是多少树？"（棵）　　　　　　"这是多少笔？"（支、杆）

要求：能正确说出7个以上（含7个）量词。

2. 反义词

引导语："我们一起玩一个游戏，我说一个词，然后你说一个和我说的意思相反的词，比如我说大，你就说小。"

上——下，远——近，高——低、矮，快——慢，黑——白，软——硬，

长——短，轻——重，冷——热，胖——瘦，厚——薄，深——浅。

要求：能正确说出8个以上（含8个）反义词。

案例三

评价指标：讲述。

评价方法：日常观察和情景观察。

评价内容：

一、能用完整的简单句讲述

在日常生活和语言教育活动中，观察儿童能否使用完整的简单句与人交谈或根据图片讲述一件事情。

比如：看图讲述《自己的事情自己做》（图片内容：一个小朋友坐在床上穿袜子，旁边有一只玩具小鹿。）

教师向儿童提问："图片上说了什么？"（小弟弟起床了，小弟弟自己穿袜子，这只小鹿看着小弟弟笑。）

二、能用完整的句子清楚地讲述

在日常生活和语言教育活动中，观察儿童能否使用完整的句子与人交谈或根据图片讲述一件事情。

例如，看图讲述《关紧水龙头》（图片内容：图一：一个小姑娘正在看滴水的水龙头；图二：小姑娘正在关水龙头）

教师提问："图片上说了什么事情？"（有一个小姑娘，洗完手刚要走开，听到滴答滴答的声音，回头一看，原来水龙头没有关紧，她赶紧走过去，踮起脚把水龙头关紧。这样就不浪费水了。）

三、能用完整的句子连贯地讲述

在日常生活和语言教育活动中，观察儿童能否使用完整的句子连贯地讲述一件事情。

例如：看图讲述《共伞》（图片内容：一辆公交汽车，一位头顶手绢的老奶奶，一位打伞的小姑娘。）

教师提问："图片上说了什么？"（有一天，突然下起了雨，从公交车上下来一位老奶奶，她没

有带伞，就用一块手绢顶在头上，急急忙忙往家赶。这时，一位小姐姐赶紧追上去，对老奶奶说：奶奶咱们一起打伞吧。老奶奶笑了，高兴地说：谢谢你，好孩子。汽车上的人看见了，也夸小姐姐是个好孩子。）

案例四

评价指标：回答问题。

评价方法：个别谈话。

评价内容：日常生活中通过与儿童个别谈话，观察儿童对教师所提问题的反应或在教育活动中观察儿童回答教师提问时的表现。

一、能针对提问回答简单问题

例如："今天谁送你来幼儿园的？"

　　　"你的家在哪里？"

　　　"周末你和爸爸妈妈到什么地方去了？"

要求：儿童的回答必须与提问内容相符。

二、能根据提问回答比较复杂的问题

例如："为什么饭前便后要洗手？"

　　　"小朋友为什么要来幼儿园？"

　　　"你最喜欢什么游戏？为什么？"

三、比较准确、简练地回答比较复杂的问题

例如："为什么要尊敬老年人？"

　　　"假如人们不节约用水，会有什么后果？"

　　　"你喜欢上小学吗？为什么？"

案例五

评价指标：理解文学作品。

评价方法：情景观察法。

评价内容：在语言教育活动中，观察儿童对教师讲述的故事内容的理解。

一、知道故事中的角色和发生的情节

例如，讲述《谢谢小猴子》后提问：

"故事里都有谁？"

"元元为什么哭了？"

"小猴子是怎样帮助元元的？"

二、能按顺序讲出故事的主要情节

例如，讲述《小猪盖房子》后提问：

"三只小猪是怎么盖房子的？"

"后来又发生了哪些事？"

三、能理解故事的主题思想

例如，讲述《马神医选徒弟》后提问：

"这个故事说明了什么？"

案例六

评价指标：阅读。

评价方法：日常观察和情景观察。

评价内容：

一、儿童的阅读习惯

儿童是否意识到封面；是否知道从哪里开始读；是否会一页一页翻看；用手指翻还是用手抓；是否用手指指文字或画面；是否注意到文字的印刷习惯；眼睛是否注意看整个画面；是否仔细观察画面某个细节等。

方法：1.评价者向儿童提供一本"新"的儿童图书，封面朝下放在桌面上，让儿童自己先看看，然后讲讲都看到了什么。2.评价者观察儿童的阅读行为并记录。

二、儿童阅读图画书的水平与状况

方法：选择几幅有内在逻辑联系的图画，让儿童排序进行讲述。如果儿童不能讲述，可以进行必要提示，如：有谁、在什么地方、他们在做什么、他们想怎么样等。

评价标准：

0级：经提示，仅回答一个问题或仍不能回答以上任何一个问题。

1级：经提示，能回答两个以上问题。

2级：能独立描述以上某些画面，但画面间关系不清楚，排序无逻辑、不合理。

3级：能独立描述以上某些画面，排序不完全正确，但有一定合理性。

4级：能独立描述以上画面，排序逻辑合理。

案例七

评价指标：前书写。

评价方法：日常观察和情景观察。

评价内容：

3～4岁：以涂鸦或非传统的形状写字。

具体指标及示例：在纸上涂鸦，同时说明这些涂鸦所代表的想法；画一些线条，然后说"下雨了"；以涂鸦的方式写一些字当作"请安静"告示牌，并放在阅读区警告别人；在纸上画或写一些像字的东西，然后说那是他的名字；玩角色游戏时，在纸上画一些短短的曲线当作购物清单。

4～5岁：能以像字的形状、符号和字母来传递想法。

具体指标及示例：在纸上画一些弯弯曲曲的东西，然后说那是字；随笔写几个像字的形状，并为图画命名；在作品上靠记忆写下自己的名字；从教室内的标示或告示上抄下一些字，很享受"写字"的乐趣；扮演去商店买东西前，会用图画、涂鸦和像字的形状的"字"来制作购物清单；开始能正确地写出一些字；要求教师示范一些字，好让他们抄写。

5～6岁：能以像字的形状、字母或字来传递想法

具体指标及示例：写一些像字母、字的符号，会从纸的最上面开始，由左到右、由上到下书写；在作品上写自己的名字；在纸上画一台电视并写下"电视机"；保存一张"我会写的字"的清单，列出自己会写的字；写日记时，看看美术区的牌子，以知道"美术"这两个字是怎么写的；为图案写下标志、说明或标题；主动写字并拿给老师看，说"老师，这是我写的字"；在老师帮忙下，试着在日记上写下某个字。

资料①

美国加利福尼亚州学前教育发展与监控体系中的婴幼儿预期发展结果评估档案（Desired Results Developmental Profile，简称DRDP），其中语言与读写领域（Language and Literacy Development，简称LLD）主要用于评估儿童在语言发展和读写技巧上的能力水平（见表10-4）。

---

① 张丽玮，刘晓晔.家园合作开展学前儿童发展评价——基于DRDP语言与读写领域评价工具的分析［J］.早期教育（教育科研）2022（3）：52-54

表10-4　语言与读写领域（LLD评价维度）

序　号	评　价　指　标	具　体　内　涵
LLD1	语言理解力（接受力）	儿童能理解日益复杂的交流和语言
LLD2	对语言回应	儿童通过交流或对行为及逐渐复杂的语言作出回应
LLD3	沟通与语言运用（表达能力）	儿童的交流从非语言交流发展到使用越来越复杂的单词和句子
LLD4	相互沟通与交谈	儿童进行反复对话沟通，进而发展成越来越长的对话（对话可包括运用手语或其他沟通方式）
LLD5	对读写的兴趣	儿童能通过各种途径对书籍、儿歌、故事和其他识字活动表现出兴趣
LLD6	符合年龄的阅读理解力	儿童能根据成人提供的、符合其年龄的读物，理解其相关的细节和观点
LLD7	理解书籍和语言符号的概念	儿童对图画书表现出好奇、喜爱，并且知道书籍的相关知识和语言符号的内涵
LLD8	语音认识	儿童能从听到的语言中辨认出独立的音素，并在自己的语言表达中运用它们
LLD9	字母和单词认识	儿童对环境中的字母及其与声音的关系越来越敏感，并理解单词由字母构成
LLD10	前书写	儿童表现出越来越强的书写能力，使用涂鸦、标记、图画、字母、字符或单词来表达意思

　　DRDP是一个评估儿童发展的评价体系，在评估方法上强调基于真实生活情境的自然观察，附有八大领域的观察量表，每个量表都由五大部分组成。DRDP将每个量表评价内容的发展水平都划分为回应、探索、建立、综合四个类别，在每个类别下根据儿童的发展阶段划分出早期、中期和后期（见表10-5）。如此划分便于家长和教师跨领域对比幼儿不同能力的发展水平，找到幼儿全面发展的短板所在，从而在教育中精准发挥幼儿的能力优势，弥补其发展不足。以语言与读写领域中"理解书籍和语言符号的概念"这一指标为例，呈现的观察评估量表包含如下关键信息：（1）该评估范围中评价内容的定义（明确指明需要观察的发展方面）；（2）发展水平（分为回应、探索、建立和综合）；（3）每一水平下细分的发展阶段（早期、中期、后期）；（4）每一阶段的特征描述（界定一个孩子在某一发展程度会被观察到的行为的描述）；（5）范例（现实中可能看到的，显示一个孩子已经掌握了某一发展程度的具体行为）。

表10-5　DRDP（2015）-LLD7量表

发展领域：语言与读写
LLD7：理解书籍和语言符号的概念
（儿童对图画书表现出好奇、喜爱，并且知道书籍的相关知识和语言符号的内涵）

回应程度		探索程度			建立程度			综合程度
早期	中期	早期	中期	后期	早期	中期	后期	早期
不适用	不适用	此测量无较低等级	探索书籍	在成人阅读书籍时，接触该书籍	表现出对书籍阅读方式的认知	理解书籍和符号的意义	能了解领会书籍的印刷方式	了解书的构成单位，如字母、声音和单字

		1. 打开和合上书本 2. 在自己看书时触摸书页 3. 拿起或拿走一本书 4. 把书拿给成人	1. 在成人大声读图书时指着书中的图片 2. 指着书中的图画问："这是什么？" 3. 在成人读出书中内容时，揭开互动图书的插页	1. 拿起书打开，然后转到正确的方向 2. 自己"读书"，尝试从最前页翻到最后一页	1. 在生活中散步时指着停止标志并说"那表示停止" 2. 在阅读有文字和图画的一页时假装指着文字读 3. 要求成人在图画旁边写字	1. 以手指沿文字从书页的一边划到另一边 2. 指着一页的第一个字然后表示"从这里开始读" 3. 指着书封面或书名页上的文字，然后表示那是书的名称	1. 在看到一个写有"中心"的标志时表示"这个标志上有两个字" 2. 以看似字词的字符作一个假的购物清单，然后指称那些字是购物清单，例如："玉米""牛奶""面包" 3. 表示同伴名字的首个字母或发音，和自己名字的首个字母或发音相同

通过量表，评估人员可以明确评估的内容，并通过四个发展程度（回应、探索、建立、综合）优先将幼儿的发展水平进行划分，再类比实例定位幼儿该能力发展水平的阶段，即处于前期、中期或后期，并对此进行记录。量表中的例子均源于幼儿生活情境中的行为表现，能有效帮助评价者有目的地实施观察——当幼儿出现这些典型行为时，就是达到某一水平的标志。比如，某大班幼儿发现自己名字中的"宇"字和同伴名字中的"雨"字读音相同，就可以对应到此量表中综合程度（早期）的事例，说明此幼儿在"理解书籍和语言符号的概念"这一指标中，达到了综合程度早期的水平。

第三节　幼儿语言学习支持性班级环境评价①

幼儿语言学习支持性班级环境评价内容，可以从语言学习材料/空间、日常生活中的语言互动两个方面进行。

一、语言学习材料/空间

班级中的语言学习材料/空间可以为幼儿成为有效的述说者、倾听者、阅读者和写作者提供学习机会。具体包括：图书区、书写区、倾听区、语言材料的分布情况以及发生在班级中的语言活动的证据等。

（一）图书区

1. 图书

对班级中图书的评价不仅仅停留在对图书种类、数量以及质量高低的评估上，同时对于图书的适宜性（是否适宜幼儿年龄、满足幼儿语言发展需求）以及图书的摆放（图书摆放是否拥挤、图书封面是否容易让幼儿看到）和维护状况（图书是否存在破损或缺页现象）、更新时间与频率（图书是否定期更新、是否有意识地随着主题活动进行图书的增加或调整）也应包含在内。另外，班级中的图书是否可被幼儿使用、接触以及教师是否鼓励幼儿自主使用图书也应该关注。

---

①　陈爱琳.幼儿语言学习支持性班级环境评价工具编制的前期研究——基于CECERS量表评价指标的内容指向分析与重构[D].浙江师范大学2018.5

2. 图书区的规划设计

在对图书区角规划设计评估时，需要考虑区角的位置是否适宜，图书区是否靠近自然光、采光良好，大小是否适宜（研究建议，图书区的大小至少要能够容纳5～6个幼儿同时进行阅读），是否让幼儿感到舒适美观、富有吸引力。

3. 机会与时间

具体指标主要评估班级中的图书与阅读空间的使用机会与时间。

（二）书写区

主要考量萌发书写、书写区的规划设计、机会与时间三方面。

萌发书写评估要点主要包括书写材料、物品，幼儿是否看到教师记录自己的说话内容。"书写材料、物品"主要关注班级中是否有幼儿可取用的书写材料（比如纸张、铅笔、黑板等）、是否有标记好的架子或储物柜/盒子来存放书写作品材料，是否定期更新轮换以维持幼儿兴趣。"幼儿是否看到教师记录自己的说话内容"主要是关注在班级中这一事件发生的频率，是没有看到，还是有时候，还是经常会看到。在班级中评估这一内容的主要目的是引导幼儿知道文字有记录作用，能将口头语言或意义记录下来以及理解文字跟口头语言存在一一对应的关系。书写区以及倾听区在区角规划设计与机会时间上评估内容与图书区大致相同。

（三）倾听区

主要包括倾听材料、物品，区角规划设计和机会时间三项指标。其中倾听材料与物品主要关注班级中是否有幼儿可取用的录音机、耳机，是否有适宜幼儿倾听的故事录音带、磁带等倾听材料，是否有标记好的架子或储物柜/盒子来存放倾听材料，是否定期更新轮换以维持幼儿兴趣。

（四）语言材料的分布情况

包括环境中的文字和语言辅助材料的分布状况和种类。其中环境中的文字主要评估在班级环境中幼儿是否能够看到一些/许多附了标签的物品或者附有图像的标签。语言辅助材料指用来鼓励幼儿沟通、发展语言的辅助性材料。如海报和图画、绒布板故事、图卡游戏和故事录音带，用来认识事物或看图说话的卡片，玩具电话，木偶、玩偶和戏剧活动道具，小人及动物，以及用于残障儿童的沟通板和其他辅助器材。在评估语言辅助材料时，主要关注其数量的多少以及这些材料是否分布在各个区域。另外，还有材料是否定期更新轮换以维持幼儿兴趣。

（五）发生在班级中的语言活动的证据

评估这一内容主要关注的是班级环境中是否有证据可以显示教师会在班级中开展与语言相关的活动以促进幼儿的语言发展。比如展示相关的创意书写或集体设计的图表等。

二、日常生活中的语言互动

日常生活中的语言互动分为情感支持与语言学习支持两部分。

（一）情感支持

包括教师的可得性、情感上的温暖、反应性和会话的平衡四个维度。其中"教师的可得性"是指教师在身体和心理上都是贴近幼儿的。如教师在活动中身体总是低于儿童的水平的，且相对于班级任务或是与其他成人交流，教师优先考虑与儿童交流与游戏。"情感上的温暖"是指教师与幼儿的言语互动是温暖的和充满爱的。儿童在与教师互动时感到舒适与安全。"反应性"是指教师遵循孩子的兴趣和关注的焦点，对儿童发起的相关评论反应迅速且敏感以及对儿童语言运用/能力敏感。"会话的平衡"是指教师更关注孩子的谈话而不是自己的想法，愿意和孩子们"分享舞台"。

---

① ② 视频由绵竹市第二示范幼儿园提供，执教：周玉嫦

（二）学习支持（见表10-6）

1.教师语言表达的规范性

教师使用的语言应规范且表达清晰，易于幼儿理解。另外，对于以招收少数民族儿童为主的少数民族地区的幼儿园，教师在使用当地民族语言时，也应当具有规范性，使用本民族普遍认同的语言。

2.关注文字的发音

教师要经常为幼儿诵读儿歌或绕口令，引导幼儿关注儿歌中押韵的成分（即韵母部分）以及单字中声母的发音。同时还要引导幼儿注意到每个音节的声调。即使同样的音节，在标上不同的声调后，其含义可能就完全不同。

3.使用语言介绍新词汇、概念与语言结构

教师在和幼儿谈论时，应该经常包含丰富的词汇（其中也应包含一些对幼儿可能是新的词汇），描述性的语言（如副词和形容词）和对一些物体、动作或是概念的解释。相比于幼儿经常使用的语言结构，教师可以更多地使用一些更复杂的结构以提高幼儿的语法技能。

4.教师鼓励儿童使用和扩展口头语言

教师应在幼儿园中鼓励幼儿谈话，用开放性的表达（如可以告诉我更多一点）或是对儿童的反应展现出兴趣来扩展幼儿谈话。同时，教师还可以适当增加新单词或是概念，或有时详细描述幼儿的想法以及表述来扩展儿童的口头语言。

5.成人与儿童一起使用图书

研究发现，教师的阅读行为对发展儿童早期的阅读能力是有帮助的。教师与幼儿分享阅读，是一种促进幼儿读写能力增长的有效手段。教师应在一日生活中与儿童进行阅读活动（可以是小组的或个人的），鼓励儿童参与使用图书，并在阅读过程中注意以一种吸引幼儿的方法讨论图书内容，为儿童好奇的事物提供信息。

6.鼓励同伴之间的交流与互动

教师应鼓励幼儿与同伴交谈、做游戏，相互谈论生活中发生的事情，激发幼儿交谈兴趣，使幼儿在与同伴交流过程中发展自身的语言能力。这一方面主要考察教师是否允许幼儿在一日生活中交谈以及教师在同伴间交谈时给予的指导。

表10-6　幼儿语言学习支持性班级环境评价内容框架

一级指标	二级指标	三级指标
语言学习材料/空间	图书区	图书
		图书区的规划设计
		机会与时间
	书写区（增设项目）	萌发书写
		书写区的规划设计
		机会与时间
	倾听区（增设项目）	倾听材料、物品
		倾听区的规划设计
		机会与时间

续 表

一级指标	二级指标	三级指标
语言学习材料/空间	语言材料的分布情况	环境中的文字
		语言辅助材料的分布状况与种类
	发生在班级中的语言活动的证据	证据的数量和所反映的内容
日常生活中的语言互动	情感支持	可得性（availability）
		温暖（warmth）
		反应性（responsiveness）
		平衡（conversational balance）
	语言学习支持	教师语言表达的规范性
		关注文字的发音
		使用语言介绍新词汇、概念与语言结构
		教师鼓励儿童使用和扩展口头语言
		成人与儿童一起使用图书
		鼓励同伴之间的交流与互动

思考与练习

1. 观察记录小中大班儿童的语言，并对他们的发音、词汇运用、讲述、回答问题、理解文学作品、阅读等能力进行分析和评价。

2. 选择一名一岁半到两岁的孩子，让其在自然状态下（自玩积塑或摆弄娃娃家玩具）与父母或教师谈话15分钟，用录音机或录像机记录下所有的言语。要求观察者在两个月之后再进行重复观察一次，比较分析儿童语言习得情况。

3. 依据《幼儿园教师专业标准（试行）》，尝试设计幼儿园语言教学活动教师评价表。

附录 1

《幼儿园教育指导纲要（试行）》（节选）

第二部分　教育目标与内容要求

⭐ 二、语言

（一）目标

1. 乐意与人交谈，讲话礼貌；
2. 注意倾听对方讲话，能理解日常用语；
3. 能清楚地说出自己想说的事；
4. 喜欢听故事、看图书；
5. 能听懂和会说普通话。

（二）内容与要求

1. 创造一个自由、宽松的语言交往环境，支持、鼓励、吸引幼儿与教师、同伴或其他人交谈，体验语言交流的乐趣，学习使用适当的、礼貌的语言交往。

2. 养成幼儿注意倾听的习惯，发展语言理解能力。

3. 鼓励幼儿大胆、清楚地表达自己的想法和感受，尝试说明、描述简单的事物或过程，发展语言表达能力和思维能力。

4. 引导幼儿接触优秀的儿童文学作品，使之感受语言的丰富和优美，并通过多种活动帮助幼儿加深对作品的体验和理解。

5. 培养幼儿对生活中常见的简单标记和文字符号的兴趣。

6. 利用图书、绘画和其他多种方式，引发幼儿对书籍、阅读和书写的兴趣，培养前阅读和前书写技能。

7. 提供普通话的语言环境，帮助幼儿熟悉、听懂并学说普通话。少数民族地区还应帮助幼儿学习本民族语言。

（三）指导要点

1. 语言能力是在运用的过程中发展起来的，发展幼儿语言的关键是创设一个能使他们想说、敢说、喜欢说、有机会说并能得到积极应答的环境。

2. 幼儿语言的发展与其情感、经验、思维、社会交往能力等其他方面的发展密切相关，因此，发展幼儿语言的重要途径是通过互相渗透的各领域的教育，在丰富多彩的活动中去扩展幼儿的经验，提供促进语言发展的条件。

3. 幼儿的语言学习具有个别化的特点，教师与幼儿的个别交流、幼儿之间的自由交谈等，对幼儿语言发展具有特殊意义。

4. 对有语言障碍的儿童要给予特别关注，要与家长和有关方面密切配合，积极地帮助他们提高语言能力。

《3～6岁儿童学习与发展指南》
（节选）

⭐ 二、语言

语言是交流和思维的工具。幼儿期是语言发展，特别是口语发展的重要时期。幼儿语言的发展贯穿于各个领域，也对其他领域的学习与发展有着重要的影响：幼儿在运用语言进行交流的同时，也在发展着人际交往能力、理解他人和判断交往情境的能力、组织自己思想的能力。通过语言获取信息，幼儿的学习逐步超越个体的直接感知。

幼儿的语言能力是在交流和运用的过程中发展起来的。应为幼儿创设自由、宽松的语言交往环境，鼓励和支持幼儿与成人、同伴交流，让幼儿想说、敢说、喜欢说并能得到积极回应。为幼儿提供丰富、适宜的低幼读物，经常和幼儿一起看图书、讲故事，丰富其语言表达能力，培养阅读兴趣和良好的阅读习惯，进一步拓展学习经验。

幼儿的语言学习需要相应的社会经验支持，应通过多种活动扩展幼儿的生活经验，丰富语言的内容，增强理解和表达能力。应在生活情境和阅读活动中引导幼儿自然而然地产生对文字的兴趣，用机械记忆和强化训练的方式让幼儿过早识字不符合其学习特点和接受能力。

（一）倾听与表达

目标1　认真听并能听懂常用语言

3～4岁	4～5岁	5～6岁
1. 别人对自己说话时能注意听并做出回应。 2. 能听懂日常会话。	1. 在群体中能有意识地听与自己有关的信息。 2. 能结合情境感受到不同语气、语调所表达的不同意思。 3. 方言地区和少数民族幼儿能基本听懂普通话。	1. 在集体中能注意听老师或其他人讲话。 2. 听不懂或有疑问时能主动提问。 3. 能结合情境理解一些表示因果、假设等相对复杂的句子。

教育建议：

1. 多给幼儿提供倾听和交谈的机会。如：经常和幼儿一起谈论他感兴趣的话题，或一起看图书、讲故事。

2. 引导幼儿学会认真倾听。如：

● 成人要耐心倾听别人（包括幼儿）的讲话，等别人讲完再表达自己的观点。

● 与幼儿交谈时，要用幼儿能听得懂的语言。

● 对幼儿提要求和布置任务时要求他注意听，鼓励他主动提问。

3. 对幼儿讲话时，注意结合情境使用丰富的语言，以便于幼儿理解。如：

- 说话时注意语气、语调，让幼儿感受语气、语调的作用。如：对幼儿的不合理要求以比较坚定的语气表示不同意；讲故事时，尽量把故事人物高兴、悲伤的心情用不同的语气、语调表现出来。
- 根据幼儿的理解水平有意识地使用一些反映因果、假设、条件等关系的句子。

目标2　愿意讲话并能清楚地表达

3～4岁	4～5岁	5～6岁
1. 愿意在熟悉的人面前说话，能大方地与人打招呼。 2. 基本会说本民族或本地区的语言。 3. 愿意表达自己的需要和想法，必要时能配以手势动作。 4. 能口齿清楚地说儿歌、童谣或复述简短的故事。	1. 愿意与他人交谈，喜欢谈论自己感兴趣的话题。 2. 会说本民族或本地区的语言，基本会说普通话。少数民族聚居地区幼儿会用普通话进行日常会话。 3. 能基本完整地讲述自己的所见所闻和经历的事情。 4. 讲述比较连贯。	1. 愿意与他人讨论问题，敢在众人面前说话。 2. 会说本民族或本地区的语言和普通话，发音正确清晰。少数民族聚居地区幼儿基本会说普通话。 3. 能有序、连贯、清楚地讲述一件事情。 4. 讲述时能使用常见的形容词、同义词等，语言比较生动。

教育建议：

1. 为幼儿创造说话的机会并体验语言交往的乐趣。

- 每天有足够的时间与幼儿交谈。如谈论他感兴趣的话题，询问和听取他对自己事情的意见等。
- 尊重和接纳幼儿的说话方式，无论幼儿的表达水平如何，都应认真地倾听并给予积极的回应。
- 鼓励和支持幼儿与同伴一起玩耍、交谈，相互讲述见闻、趣事或看过的图书、动画片等。
- 方言和少数民族地区应积极为幼儿创设用普通话交流的语言环境。

2. 引导幼儿清楚地表达。如：

- 和幼儿讲话时，成人自身的语言要清楚、简洁。
- 当幼儿因为急于表达而说不清楚的时候，提醒他不要着急，慢慢说；同时要耐心倾听，给予必要的补充，帮助他理清思路并清晰地说出来。

目标3　具有文明的语言习惯

3～4岁	4～5岁	5～6岁
1. 与别人讲话时知道眼睛要看着对方。 2. 说话自然，声音大小适中。 3. 能在成人的提醒下使用恰当的礼貌用语。	1. 别人对自己讲话时能回应。 2. 能根据场合调节自己说话声音的大小。 3. 能主动使用礼貌用语，不说脏话、粗话。	1. 别人讲话时能积极主动地回应。 2. 能根据谈话对象和需要，调整说话的语气。 3. 懂得按次序轮流讲话，不随意打断别人。 4. 能依据所处情境使用恰当的语言。如在别人难过时会用恰当的语言表示安慰。

教育建议：

1. 成人注意语言文明，为幼儿做出表率。如：

- 与他人交谈时，认真倾听，使用礼貌用语。
- 在公共场合不大声说话，不说脏话、粗话。

- 幼儿表达意见时，成人可蹲下来，眼睛平视幼儿，耐心听他把话说完。

2. 帮助幼儿养成良好的语言行为习惯。如：

- 结合情境提醒幼儿一些必要的交流礼节。如对长辈说话要有礼貌，客人来访时要打招呼，得到帮助时要说谢谢等。
- 提醒幼儿遵守集体生活的语言规则。如轮流发言，不随意打断别人讲话等。
- 提醒幼儿注意公共场所的语言文明。如不大声喧哗。

(二) 阅读与书写准备

目标1 喜欢听故事，看图书

3～4岁	4～5岁	5～6岁
1. 主动要求成人讲故事、读图书。 2. 喜欢跟读韵律感强的儿歌、童谣。 3. 爱护图书，不乱撕、乱扔。	1. 反复看自己喜欢的图书。 2. 喜欢把听过的故事或看过的图书讲给别人听。 3. 对生活中常见的标识、符号感兴趣，知道它们表示一定的意义。	1. 专注地阅读图书。 2. 喜欢与他人一起谈论图书和故事的有关内容。 3. 对图书和生活情境中的文字符号感兴趣，知道文字表示一定的意义。

教育建议：

1. 为幼儿提供良好的阅读环境和条件。如：

- 提供一定数量、符合幼儿年龄特点、富有童趣的图画书。
- 提供相对安静的地方，尽量减少干扰，保证幼儿自主阅读。

2. 激发幼儿的阅读兴趣，培养阅读习惯。如：

- 经常抽时间与幼儿一起看图书、讲故事。
- 提供童谣、故事和诗歌等不同体裁的儿童文学作品，让幼儿自主选择和阅读。
- 当幼儿遇到感兴趣的事物或问题时，和他一起查阅图书资料，让他感受图书的作用，体会通过阅读获取信息的乐趣。

3. 引导幼儿体会标识、文字符号的用途。如：

- 向幼儿介绍医院、公用电话等生活中的常见标识，让他知道标识可以代表具体事物。
- 结合生活实际，帮助幼儿体会文字的用途。如买来新玩具时，把说明书上的文字念给幼儿听，了解玩具的玩法。

目标2 具有初步的阅读理解能力

3～4岁	4～5岁	5～6岁
1. 能听懂短小的儿歌或故事。 2. 会看画面，能根据画面说出图中有什么，发生了什么事等。 3. 能理解图书上的文字是和画面对应的，是用来表达画面意义的。	1. 能大体讲出所听故事的主要内容。 2. 能根据连续画面提供的信息，大致说出故事的情节。 3. 能随着作品的展开产生喜悦、担忧等相应的情绪反应，体会作品所表达的情绪情感。	1. 能说出所阅读的幼儿文学作品的主要内容。 2. 能根据故事的部分情节或图书画面的线索猜想故事情节的发展，或续编、创编故事。 3. 对看过的图书、听过的故事能说出自己的看法。 4. 能初步感受文学语言的美。

教育建议：

1. 经常和幼儿一起阅读，引导他以自己的经验为基础理解图书的内容。如：

- 引导幼儿仔细观察画面，结合画面讨论故事内容，学习建立画面与故事内容的联系。
- 和幼儿一起讨论或回忆书中的故事情节，引导他有条理地说出故事的大致内容。

- 在给幼儿读书或讲故事时，可先不告诉名字，让幼儿听完后自己命名，并说出这样命名的理由。
- 鼓励幼儿自主阅读，并与他人讨论自己在阅读中的发现、体会和想法。

2.在阅读中发展幼儿的想象和创造能力。如：

- 鼓励幼儿依据画面线索讲述故事，大胆推测、想象故事情节的发展，改编故事部分情节或续编故事结尾。
- 鼓励幼儿用故事表演、绘画等不同的方式表达自己对图书和故事的理解。
- 鼓励和支持幼儿自编故事，并为自编的故事配上图画，制成图画书。

3.引导幼儿感受文学作品的美。如：

- 有意识地引导幼儿欣赏或模仿文学作品的语言节奏和韵律。
- 给幼儿读书时，通过表情、动作和抑扬顿挫的声音传达书中的情绪情感，让幼儿体会作品的感染力和表现力。

目标3 具有书面表达的愿望和初步技能

3～4岁	4～5岁	5～6岁
1.喜欢用涂涂画画表达一定的意思。	1.愿意用图画和符号表达自己的愿望和想法。 2.在成人提醒下，写写画画时姿势正确。	1.愿意用图画和符号表现事物或故事。 2.会正确书写自己的名字。 3.写画时姿势正确。

教育建议：

1.让幼儿在写写画画的过程中体验文字符号的功能，培养书写兴趣。如：

- 准备供幼儿随时取放的纸、笔等材料，也可利用沙地、树枝等自然材料，满足幼儿自由涂画的需要。
- 鼓励幼儿将自己感兴趣的事情或故事画下来并讲给别人听，让幼儿体会写写画画的方式可以表达自己的想法和情感。
- 把幼儿讲过的事情用文字记录下来，并念给他听，使幼儿知道说的话可以用文字记录下来，从中体会文字的用途。

2.在绘画和游戏中做必要的书写准备，如：

- 通过把虚线画出的图形轮廓连成实线等游戏，促进手眼协调，同时帮助幼儿学习由上至下、由左至右的运笔技能。
- 鼓励幼儿学习书写自己的名字。
- 提醒幼儿写画时保持正确姿势。

幼儿教师资格证历年考试语言领域真题例选

⭐ 一、单选题

1. 关于幼儿言语的发展顺序，正确的表述是（　　　）。
   A 言语理解先于言语表达　　　　　　　　B 言语表达先于言语理解
   C 言语理解与言语表达平行发展　　　　　D 言语理解与言语表达独立发展

2. 阳阳一边用积木搭火车，一边小心地说："我要快点搭，小动物们马上就来坐火车了"，这说明幼儿自言自语具有的作用是（　　　）。
   A 情感表达　　　　　B 自我反思　　　　　C 自我调节　　　　　D 交流信息

3. 一般情况下，能结合情境理解一些表示因果、假设等关系的相对复杂的句子的是（　　　）年龄段的幼儿。
   A 托班　　　　　　　B 小班　　　　　　　C 中班　　　　　　　D 大班

4. 2～6岁的儿童掌握的词汇数量迅速增加，词类范围不断扩大，该时期儿童掌握词汇的先后顺序通常是（　　　）。
   A 动词，名词，形容词　　　　　　　　　B 动词，形容词，名词
   C 名词，动词，形容词　　　　　　　　　D 形容词，动词，名词

5. "饼""吃"并把饼干递过去，这表明这阶段儿童语言发展的一个主要特点是（　　　）。
   A 电报句　　　　　　B 完整句　　　　　　C 单词句　　　　　　D 简单句

6. 教师在幼儿书写准备的指导中，不恰当的做法是（　　　）。
   A 用图画和符号表达自己的愿望和想法　　B 书写自己的名字
   C 形成正确的写画姿势　　　　　　　　　D 学习书写常见汉字

7. 一名从未见过飞机的幼儿，看到蓝天上飞过的一架飞机说："看，一只很大的鸟！"从语言发展的角度来看，这一般反映的特点是（　　　）。
   A 过度规范化　　　　B 扩展不足　　　　　C 过度泛化　　　　　D 电报句式

8. 1.5～2岁的儿童使用的句子主要是（　　　）。
   A 单词句　　　　　　B 电报句　　　　　　C 完整句　　　　　　D 复合句

9. 下列属于幼儿园语言教育目标的是（　　　）。
   A 能认读拼音字母　　　　　　　　　　　B 能清楚地说出自己想说的事
   C 能认读一定量的汉字　　　　　　　　　D 能正确书写常用汉字

10. 冬冬边玩魔方边自己小声嘀咕："转一下这面试试，再转这面呢?"这种语言被称为（　　　）。
    A 角色言语　　　　　　　　　　　　　　B 对话言语
    C 内部言语　　　　　　　　　　　　　　D 自我中心言语

11. 儿童学习语言的关键期是（　　　）。
    A 0～1岁　　　　　　B 1～3岁　　　　　　C 3～6岁　　　　　　D 5～6岁

⭐ 二、判断题

有家长说："这家幼儿园天天让孩子玩，什么都没教。不教拼音，不教写字，孩子连字都认不了几个。"该家长的说法是否正确？请说明理由。

⭐ 三、简答题

1. 简述幼儿口语表达能力的发展趋势。
2. 简述《幼儿园教育指导纲要（试行）》中语言教育的指导要点。

⭐ 四、材料分析题

1. 在某幼儿园大班的家长座谈会上，家长们纷纷提出，孩子快上小学了，幼儿园应减少游戏时间，增加算术、识字等教学内容，以便于孩子适应小学的学习生活。

问题：

（1）请根据上述说法，分析家长观念中存在的问题。

（2）请针对问题，提出解决办法。

2. 开学不久，小班王老师就发现，李虎小朋友经常说脏话。虽然老师多次批评，但他还是经常说，甚至影响其他孩子也说脏话。

问题：

（1）请分析李虎及其他幼儿说脏话的可能原因。

（2）王老师可以采取哪些有效的干预措施？

⭐ 五、活动设计题

大班的江老师出差两天，回来以后，孩子们都过来告亮亮的状，说亮亮总是搞破坏。亮亮说："我不是在搞破坏，我是孙悟空，我在打妖怪。"晶晶说："我不是妖怪，我是唐僧。"其他孩子也说"我不是妖怪，我是玉皇大帝"。还有的说"我也是孙悟空，我要扮演孙悟空"。孩子七嘴八舌，早就忘记了告状这件事。都在讨论自己要扮演什么。

问题：请设计谈话活动，从孙悟空的行为目的和意义开始，将幼儿的破坏性扮演行为引导成为表演性游戏行为。要求写出活动名称、目的和活动过程。

参考文献

1. 张明红.0—3岁婴幼儿语言发展与教育［M］.上海：华东师范大学出版社，2020.

2. 姜晓燕，郭咏梅.学前儿童语言教育（第三版）［M］.北京：高等教育出版社，2019.

3. 赵艳.学前儿童语言教育概论与实践［M］.长春：吉林人民出版社，2019.

4. 王泉根.儿童文学教程［M］.北京：北京师范大学出版社，2009.

5. 张淑芝，康素洁，刘东航.学前儿童语言教育与活动指导［M］.长沙：湖南大学出版社，2017.

6. 李文玲，舒华.儿童阅读的世界［M］.北京：北京师范大学出版社，2016.

7. 周兢.幼儿园语言教育与活动指导［M］.北京：高等教育出版社，2015.

8. 叶奕乾，何存道，梁宁建.普通心理学（第五版）［M］.上海：华东师范大学出版社，2016.

9. 幼儿园优质课例精选［M］.北京：中国科学文化音像出版社，2016.

10. 周兢.幼儿园语言教育资源［M］.北京：人民教育出版社，2015.

11. 周兢，余珍有.幼儿园语言教育［M］.北京：人民教育出版社，2004.

12. 余珍有.幼儿园语言领域教育精要——关键经验与活动指导［M］.北京：教育科学出版社，2015.

13. 陈杰琦，（美）埃米勒·艾斯贝勒，（美）玛拉·克瑞克维斯基.多元智能理论与儿童的学习活动［M］.何敏，李季湄，译.北京：北京师范大学出版社，2015.

14. 郑慧俐，季燕.学前儿童语言教育［M］.南京：南京大学出版社，2014.

15. 周兢.学前儿童语言学习与发展核心经验［M］.南京：南京师范大学出版社，2014.

16. 李季湄，冯晓霞.《3—6岁儿童学习与发展指南》解读［M］.北京：人民教育出版社，2013.

17. 唐燕.幼儿园教育活动设计与实施［M］.上海：华东师范大学出版社，2013.

18. 陈帼眉，冯晓霞，庞丽娟.学前儿童发展心理学［M］.北京：北京师范大学出版社，2013.

19. 中华人民共和国教育部.3～6岁儿童学习与发展指南［M］.北京：首都师范大学出版社，2012.

20. 俞春晓.幼儿园集体教学活动设计方法与实例［M］.北京：中国轻工业出版社，2012.

21. 王晓玉，孟临.儿童文学作品选读（第二版）［M］.北京：高等教育出版社，2012.

22. 祝士媛.学前儿童语言教育（第二版）［M］.北京：北京师范大学出版社，2011.

23. 文颐.婴儿心理与教育［M］.北京：北京师范大学出版社，2011.

24. 孙向阳.放飞天性　幼儿游戏新编［M］.北京：北京少年儿童出版社，2011.

25. 鄢超云.学前教育评价［M］.北京：高等教育出版社，2010.

26. 马戈·迪希特米勒，朱迪·雅布隆，阿维娅·多尔夫曼，等.作品取样系统：教室里的真实性表现评价［M］.廖凤瑞，陈姿兰，译.南京：南京师范大学出版社，2009.

27. 周兢.早期阅读发展与教育研究［M］.北京：教育科学出版社，2007.

28. 张明红.学前儿童语言教育（修订版）［M］.上海：华东师范大学出版社，2006.

29. 何克抗.语觉论——儿童语言发展新论［M］.北京：人民教育出版社，2004.

30. 王斌华.双语教育与双语教学［M］.上海：上海教育出版社，2003.

31. 袁贵仁.中国教师新百科　幼儿教育卷［M］.北京：中国大百科全书出版社，2003.

32. 中华人民共和国教育部.幼儿园教育指导纲要（试行）［M］.北京：北京师范大学出版社，2001.

33. 周兢，陈娟娟.幼儿园活动整合课程指导［M］.南京：南京师范大学出版社，2002.

34. 全国幼师工作协作会.幼儿语言教育活动指导［M］.北京：北京师范大学出版社，2002.

35. 人民教育出版社中学语文室.幼儿文学［M］.北京：人民教育出版社，2001.

36. 周兢.语言·中班［M］.南京：南京师范大学出版社，2001.

37. 易进，林丹华.幼儿语言教育［M］.北京：中国劳动社会保障出版社，1999.

38. 余珍有.幼儿园活动指导——英语［M］.南京：南京师范大学出版社，1999.

39. 周兢，程晓樵.幼儿园语言教育活动设计与组织［M］.北京：人民教育出版社，1996.

40. 林崇德.发展心理学［M］.北京：人民教育出版社，1995.

41. 于涌.幼儿语言发展与教育［M］.长春：东北师范大学出版社，1995.

42. 赵寄石，楼必生.学前儿童语言教育［M］.北京：人民教育出版社，1993.

43. 周兢.幼儿园语言文学教育活动［M］.北京：中国广播电视出版社，1992.

44. 张丽玮，刘晓晔.家园合作开展学前儿童语言发展评价——基于DRDP语言与读写领域评价工具的分析［J］.早期教育，2022（12）.

45. 顾晨华.基于PCK视域下的学前儿童语言教育探索［J］.天津教育，2021（14）.

46. 宋春，光王，红丽李，等.基于OBE理念的学前教育专业活动设计类课程教学改革与实践——以《幼儿语言教育与活动指导》为例［J］.河西学院学报，2020，36（6）.

47. 钱影倩.以激发幼儿语言能力为目的，对大班语言区材料的评价［J］.家庭生活指南，2019（11）.

48. 侯奇焜.学前儿童第二语言教育的原则与策略［J］.学前教育研究，2019（11）.

49. 张晓燕.学前儿童的语言教育规律及指导策略［J］.吕梁教育学院学报，2018，35（2）.

50. 吴志煌.多元化的幼儿语言发展评价［J］.教育教学论坛，2018（39）.

51. 吴瑞林，王华，赵晓非，朱新吉.大规模幼儿语言能力测评的设计与实践——基于表现性评价理念与平板电脑技术［J］.学前教育研究，2017（09）.

52. 梁静，王朝晖.S-S语言发育迟缓评价法与Gesell发育评估量表在幼儿语言评定应用中的对比［J］.中国儿童保健杂志，2017，25（5）.

53. 周兢，张莉，李传江.汉语学前儿童的词汇语义发展研究［J］.语言战略研究，2017，2（06）.

54. 徐可莉，刘宝根，李菲菲，等.近年来我国幼儿语言教育研究的特点和趋势分析——基于我国2011～2015年主流学前教育期刊论文的内容分析［J］.幼儿教育·教育科学，2017（3）.

55. 黄敏施，林艳，何慧静，等.婴幼儿沟通和象征性行为发展量表应用研究［J］.中国实用儿科杂志，2016，31（10）.

56. 郑荔."语言资源观"与学前儿童语言教育［J］.学前教育研究，2014（10）.

57. 舒华，李平.学前儿童语言与阅读的发展及其促进［J］.学前教育研究，2014（10）.

58. 周兢，陈思，CATHERINE SNOW，等.学前语言教育的新取向：重视儿童学业语言的发展［J］.学前教育研究，2014（6）.

59. 王津.幼儿说明性讲述的核心经验与教育指导策略［J］.幼儿教育，2014（Z1）.

60. 周兢.关注《指南》背景下的幼儿园语言教育［J］.幼儿教育，2013（13）.

61. 李娟娟.幼儿看图讲述活动中的提问设置和指导策略［J］.学前教育研究，2013（2）.

62. 朱征宇.有关幼儿双语教育重要问题的探讨［J］.学前教育研究，2012（5）.

63. 张明红.正确区分谈话活动和讲述活动［J］.幼儿教育，2011（3）.

64. 严晓燕.试析早期阅读活动与讲述活动的教学指导差异［J］.宿州学院学报，2010（4）.

65. 张杰，陈永香，朱莉琪.学前儿童语言发展测量与评估［J］.中华行为医学与脑科学杂志，2009，18（6）.

66. 何梦燚.英美早期语言学习标准化运动及其对我国的启示［J］.学前教育研究，2007（9）.

67. 周兢，余有珍.幼儿园整合课程状态下的语言教育——关于目前我国幼儿园语言教育问题的讨论［J］.幼儿教育，2006（23）.

68. 张彩英.促进幼儿语言发展的讲述策略［J］.早期教育，2003（5）.

69. 陈迎.排图讲述的"眼"与"点"［J］.早期教育，2003（8）.

70. 崔利玲.看图讲述教学模式的改善策略［J］.早期教育，2001（3）.

71. 陈庆香.幼儿讲述经验的巩固与迁移［J］.教育导刊，2000（1）.

72. 孙秀荣.凭借物在讲述活动和谈话活动中的区别［J］.早期教育，2000（4）.

73. 李碧华.看图讲述"三要素"［J］.山东教育，2000（5）.

74. 蔡淑兰.学前儿童语言教育评价指标体系的构建［J］.内蒙古师范大学学报：哲学社会科学版，1999，0（S1）.

75. 周兢.中国幼儿园语言教学研究的新进展［J］.学前教育研究，1997（04）.

76. 周兢.幼儿园讲述活动新探［J］.幼儿教育，1994（11）.

77. Kenneth S. Goodman，宋惠芳.阅读是一种心理语言的猜测游戏［J］.国外外语教学，1983（01）.

78. 周燕.《学前儿童个体语言学习支持评价系统（试用版）》的研制与试用研究［D］.浙江师范大学，2021.

79. 马明明.4～6岁学前儿童词汇发展水平与家庭亲子阅读环境的相关研究［D］.广西师范大学，2021.

80. 邹群霞.中美《早期儿童学习与发展标准·语言领域》比较研究［D］.湖南师范大学，2020.

81. 陈爱琳.幼儿语言学习支持性班级环境评价工具编制的前期研究——基于CECERS量表评价指标的内容指向分析与重构［D］.浙江师范大学，2018.

82. 李传江.学前儿童双语学习对执行功能的影响［D］.华东师范大学，2018.

83. 李星.学前儿童故事类绘本阅读理解水平发展及阅读教育实践研究［D］.上海师范大学，2017.

84. 刘召波.民国以来学前儿童语言教育理念发展的研究［D］.上海师范大学，2014.

85. 于婷慧.全语言教育理念下幼儿园故事教学活动设计策略研究［D］.东北师范大学，2014.

86. 李林慧.学前儿童图画故事书阅读理解发展研究——多元模式意义建构的视野［D］.华东师范大学，2011.

87. 陆香.未成曲调先有情　一枝一叶总关情——小学语文教学语言发展性评价量表及其要素浅析［C］.国家教师科研专项基金科研成果（华夏教师篇卷1）.2013.

图书在版编目（CIP）数据

学前儿童语言教育活动指导/卢伟主编.—4 版. —上海：复旦大学出版社，2023.4(2025.6 重印)
ISBN 978-7-309-16488-6

Ⅰ.①学… Ⅱ.①卢… Ⅲ.①学前儿童-语言教学-幼儿师范学校-教材 Ⅳ.①G613.2

中国版本图书馆 CIP 数据核字(2022)第 194517 号

学前儿童语言教育活动指导（第四版）
卢 伟 主编
责任编辑/查 莉

复旦大学出版社有限公司出版发行
上海市国权路 579 号 邮编：200433
网址：fupnet@ fudanpress. com http://www.fudanpress.com
门市零售：86-21-65102580 团体订购：86-21-65104505
出版部电话：86-21-65642845
常熟市华顺印刷有限公司

开本 890 毫米×1240 毫米 1/16 印张 14 字数 433 千字
2025 年 6 月第 4 版第 5 次印刷

ISBN 978-7-309-16488-6/G · 2423
定价：49.00 元